Transición

Transición

Hacia un español
avanzado a través de
la historia de España

Josebe Bilbao-Henry

The George Washington University

Yale University Press   New Haven and London

Publisher: Mary Jane Peluso
Editorial Assistant: Elise Panza
Project Editor: Timothy Shea
Manuscript Editor: David R. Pritchard
Production Editor: Ann-Marie Imbornoni
Production Controller: Karen Stickler

Designed by Sonia Shannon
Set in Bulmer MT type by The Composing Room of Michigan, Inc.
Printed in the United States of America.

Library of Congress Cataloging-in-Publication Data

Bilbao-Henry, Josebe, 1964–
    Transición : hacia un español avanzado a través de la
historia de España / Josebe Bilbao-Henry.
        p. cm.
    Includes bibliographical references.
    ISBN 978-0-300-14217-4 (pbk. : alk. paper)   1. Spanish
language—Readers.   2. Spain—History—1975–
I. Title.
    PC4127.S63B55   2010
    468.6—dc22   2009014000

A catalogue record for this book is available from the
British Library.

This paper meets the requirements of ANSI/NISO
Z39.48–1992 (Permanence of Paper).

10 9 8 7 6 5 4 3 2 1

For Jorge
Non relinques

Índice

Preface

Welcome to *Transición: Hacia un español avanzado a través de la historia de España*, a content-based language program designed for Spanish students at the Intermediate-High and Advanced levels (B2 under the European system of reference). This textbook and its accompanying episodes of the Spanish TV series *Cuéntame cómo pasó* ["Tell Me How It Happened"] include a variety of tasks to help students reach the Advanced-Mid or C1 level by means of a selection of readings and audiovisual materials about those aspects of Spanish society that have changed the most during the post-Franco democracy. Many students in the Intermediate-High and Advanced levels are already familiar with the main points of Spanish grammar, can communicate in most familiar situations, and are able to discuss familiar topics, but have difficulties understanding and discussing new and unfamiliar subjects with ease. The main goal of this textbook is to help students develop critical thinking skills in new and unfamiliar topics in Spanish through a series of readings, discussions and writing activities that provide an in-depth analysis of Spanish society in the last thirty years. Specifically created readings, along with eight episodes of the TV series and a selection of authentic texts from a variety of published and unpublished sources, provide the resources for such an analysis. These materials are intended to engage students through a set of activities of reflection and analysis about content and form, as well as about each student's strategies for dealing with unfamiliar material.

Although this is not a history textbook per se, *Transición* showcases the experience of Spaniards born between 1960 and 1975, the generation of the demographic boom made possible by Spain's incipient economic development. This is the generation that came of age in a new political regime, with possibilities and conflicts that their parents and grandparents had never encountered. This is the generation of the *chiripitifláuticos*, as they are known in reference to a popular TV show they watched as children. All the lessons include materials about the transition to democracy and about key current topics of debate in Spain. Students will discuss many issues about recent history in Spain that many Spaniards are currently debating in the public arena.

The title of the textbook also makes reference to its main instructional goal. *Transición* represents the change that students should experience as their reading, listening comprehension, and oral production skills improve and make a transition from the Intermediate-High to the Advanced-Mid level. It also represents the transition that takes place in the learning process, from the merely reactive to the proactive, when students encounter a set of challenges that force them to become aware of their own input in the process of building linguistic proficiency. This textbook offers a variety of tasks that will help students improve their interpretive, interpersonal, and productive skills by engaging them through a set of challenges that integrate all standards of foreign language learning (communication, cultures, connections, comparisons and communities).

Features

Transición has been designed with the following principles in mind.

1) **A communicative approach to second language acquisition.** This textbook asks students to think of themselves as competent interlocutors in a series of conversations about the recent history of Spain. Once students start thinking of themselves as contributors to the many discussions that are part of today's Spanish society, they may become competent researchers, readers, writers, and speakers in the target language. In this regard, *Transición* facilitates meaningful exchanges of information and personal assessments in a content-rich environment. Thus, the activities in each lesson are designed to foster a true exchange of ideas, and are not conceived as mere

practice for reading comprehension and grammatically accurate oral and written production.

2) **Critical thinking as the basis for an exchange of ideas in the target language and
as a means to foster "real world" skills.** The goal of developing critical thinking
skills in Spanish pervades all activities in each lesson. The content-rich lesson plan
presents a series of tasks that make students infer, analyze, seek additional information, gather and organize dispersed information, and solve problems. Critical thinking in the context of improving linguistic proficiency is also a means to foster con-
textualized learning skills. Students working with this textbook are asked to move
beyond the learning patterns they are accustomed to in foreign languages and to act
much the way Spanish university students would in their classes, thus developing
higher-order thinking skills.

3) **Meta-cognition as a source of language learning strategies.** This pedagogical feature is present in activities that help students to reflect on the nature of the materials
at hand, on the best way to approach those materials, on the lessons learnt from them,
and on the way each student's own learning style has an impact on the specific strategies used to approach new challenges. The basis for this idea is recent research on
how "thinking about thinking" and development of strategies enhance learning,
problem solving, information and media literacy, communication, and collaboration
skills in any education program. In language learning in particular, this meta-cognitive approach further enhances students' motivation and self-conscious contribu-
tion to their own linguistic improvement.

All key activities are presented as a set of challenges. In order to face those challenges, students are led to take stock of their skills, their previous knowledge, and the set
of tools they use while analyzing new and unfamiliar materials. *Transición* works on the
assumption that language learners who are aware of their own learning process and the
tools they acquire tend to become more motivated and better at handling difficult tasks
in the target language.

4) **Collaborative learning.** Many activities presented in *Transición* involve working in
pairs or in small groups. Once a class starts completing these activities, it should be-

come a community of learners who exchange ideas and reflect upon their own learning process. This method of work gives students with different learning styles a chance to benefit from the input of other learners, and to compare the knowledge and skills achieved by other group members with their own. It also provides an opportunity for students to contribute their previous knowledge to the process of building an enduring understanding of content and form.

5) **Transferable activities.** Whether the activity at hand involves analysis and critical evaluation of a text, interpretation and analysis of an episode of a TV series, research on the Internet, or debating a current topic, it is designed to be transferable to the world beyond the classroom. With this in mind, *Transición* is a practice tool for those students who plan to pursue study abroad and research projects in Spanish-speaking countries.

6) **Student-centered approach through the development of learning strategies.** Once students realize that the scope of the ideas, vocabulary, and activities presented in each chapter may be beyond their initial skills, they will develop strategies for reading authentic materials, for preparing and conducting debates, for making oral presentations, for group thinking, and for essay writing. By putting the emphasis on the student's strategies, *Transición* shifts the focus of the learning process to the student. Thus, students become actively involved in the process of enhancing their own linguistic and critical thinking skills.

7) **Flexible format.** The activities presented in these lessons are not components of a linear program. Instructors may choose those readings and activities in each chapter that better suit their course objectives, the goals for each instructional unit, and students' interests. All components in each chapter offer a selection of materials, practice, and integrated assessment such that the instructor may decide to focus, for instance, on the debate as the key production assessment task and select the knowledge and skills from the chapter necessary to perform this task.

Organization and Components

This textbook is divided into seven chapters and an epilogue, each covering a specific aspect of the transition Spanish society has made from Franco's era to its current robust democracy. Each chapter is organized into five major components: the first focuses on students' prior knowledge; the second comprises all the readings and activities on content and form; the third proposes further research and writing on current topics related to the subject of the chapter; the fourth presents a topic for debate; and the last is a set of activities about an episode of *Cuéntame cómo pasó*. The key features of these components are described below.

¿Cuánto sabemos ya?

This section introduces the main topics of the chapter, its scope, and the key terms and expressions that students will find in the readings. It proposes a set of writing and oral collaborative activities that should elicit students' prior knowledge on the subject and on related topics. These activities seek to connect the new and unfamiliar with those words and themes that are already familiar. No translation of the vocabulary is provided in the chapter glossary because one of the activities involves having students reflect on the differences between the meaning that a dictionary assigns to a term and the new meaning that this term may acquire in a specific context. An additional feature is the inclusion of the beginning of the answer for questions on content, as a means to direct students' attention to form.

Preguntas para el análisis

This section, which is presented at the beginning of each of the readings, includes a variety of collaborative activities aimed at focusing students' attention on the specific ideas they will encounter in that particular reading. This strategy helps students establish an implicit set of goals with which to approach their receptive and interpretive tasks. The activities emphasize content rather than form, although the added feature of providing the beginning of the answer is meant to blur the distinction between focus on content and focus on form.

Sacado del texto

Appearing right after each of the readings, this component is designed to focus on form without completely leaving aside the content of the previous text. Although not a comprehensive program of grammar instruction, each activity provides opportunities for students to practice those aspects of grammar that enhance both oral and written production at an advanced level.

Repaso de las preguntas para el análisis

Whether the instructor chooses to complete the *Preguntas para el análisis* before or after the reading, this section proposes collaborative activities that integrate different learning styles such as visual, oral, and kinetic, and give the instructor an assessment tool to determine achievement of instructional goals. This opportunity for students and instructor to evaluate interpretive skills also includes a meta-cognitive focus on learning.

Ensayos

Each essay proposes a research task that integrates the newly acquired understanding with current debates and trends in Spanish society. Since the scope of each chapter is limited to the period from the end of Franco's Spain to the achievement of a stable democracy, students may want to explore how some of the themes presented in the chapter continue to play out in contemporary Spanish society.

Debate

The debate presents an additional opportunity for collaborative learning and for exploring how the themes presented in the chapter resonate in Spain today. It should involve a multiple process of research, preparation of briefs, pre-debate meetings, and the actual performance of the debate. This activity may be used as an assessment tool for both presentational and interpersonal skills or as a capstone project for each chapter, to be completed in at least two class sessions.

Cuéntame cómo pasó

In addition to the textbook, this language program benefits from a companion set of eight episodes of *Cuéntame cómo pasó,* a television series produced by TVE in Spain. The series starts in the late 1960s, during the last years of Franco's regime, and it shows the changes that were taking place in Spanish society through the lives of the Alcántaras, a middle-class family from Madrid. In the late 60s, the Alcántaras can hardly imagine that Franco will ever die, but the changes they face herald the transition to democracy. In this sense, each episode constitutes an accurate portrait of a crucial period of Spanish history. It combines macro-history with micro-history in an account of key events from the perspective of Carlitos, the youngest member of the Alcántara family and a member of the generation of *chiripitifláuticos*. Although the series was created in Spain with the goal of provoking a collective effort of reconstruction of the last thirty years of Spanish history, it is a superb pedagogical tool. Students may watch this episode on their own or with the instructor.

The various activities relating to each episode explore a range of different language skills, from the receptive and interpretive to the presentational. Students are asked to find and interpret idioms, to focus on specific parts of the monologue by the narrator, to comment on themes related to those presented in the chapter, and to produce a dialogue based on the episode. These activities can be completed all in sequence, or the instructor may want to focus on a few choices.

Acknowledgments

This book would not have been possible but for the interest and endless questions of my students about my own experience and that of my generation during the transition to democracy in Spain. Their inquiries sparked my own search for a way to combine a compelling account of the events that punctuated my school years and the pedagogical tools required to improve several linguistic skills in Spanish. I also want to thank colleagues, many friends from my generation, and family who encouraged me to pursue this project and generously provided me with inspiration and insights on the period of Spanish history I tried to chronicle.

My deepest gratitude goes to Mary Jane Peluso for believing in my project and pedagogical approach, and for encouraging me to pursue components of this textbook program that I would never have thought possible. Both Mary Jane and her assistant, Elise Panza, allowed me to seek the support of Spanish Television and gave me great freedom with regard to the art that now accompanies this book. Elise's feedback and enthusiasm were the best form of encouragement. David Pritchard's suggestions on the manuscript showed his fine ear for Spanish and his keen eye for the text. I would also like to thank Ann-Marie Imbornoni and everyone at Yale University Press for their work, their attention to detail, and their commitment to bringing this project to completion.

I extend my heartfelt gratitude to Mercedes Valén for her comments, her keen sense of the right tone and voice, her insights on the period, and her generosity in providing connections to further insights. I thank María Spear for her comments on the pedagogy and activities, and Carolina González de Armas for her eye for those endless mistakes that kept creeping up in my manuscript. I am grateful to Manuel López for sharing his personal experiences in the Spanish military. To all those who contributed with comments about the period, old friends, new friends, and family, my sincerest thanks for providing personal accounts that allow history to come alive. And to the reviewers of this project, Elena González-Ros, from Brandeis University, Manel Lacorte, from the University of Maryland, Eufemia Sánchez de la Calle, from Marquette University, and Nela Navarro, from Rutgers University, I want to give thanks for their generous expertise, their detailed and thoughtful comments, and their informed encouragement.

My deepest gratitude goes to Alain M. Urrutia, for his enthusiasm about the art in this textbook, his fresh look at the events I describe, and his endless creativity. To Mónica Escorza from TVE, I also want to extend my gratitude for making it possible for students to experience the television series *Cuéntame cómo pasó*. Finally, to Ignacio Elguero, who reminded me that I was also a *chiripitiflàutica*, my sincerest thanks for his fresh look at our adolescence and youth.

About the Illustrations

All the illustrations in this book are the work of Spanish artist Alain M. Urrutia. Alain is not a *chiripitifláutico*. He was born in 1981 and did not live through many of the events described in this book. Like many members of a younger generation, he did not grow up with constant references to the Civil War, nor did he experience the greatest part of the transition to democracy in Spain.

Only now is Alain's generation starting to explore both Franco's legacy and the stories of the transition, and the resulting views are fresher and a bit edgier. His illustrations, part of a tradition of black-and-white comics very much in vogue in Spain, exemplify these views. Thus, three generational perspectives on the history of Spain come together in *Transición*. First, the *chiripitifláuticos*—theirs is the view of those who were born between 1960 and 1975, and their adolescence coincided with the adolescence of Spain's democracy. The second view is that of the sons and daughters of the Civil War, our parents, who grew up in Franco's regime. And finally, the generation of those who were born when Spain was already a democracy provides the distance and curiosity that feeds history.

Alain M. Urrutia (1981) was born and lives in Bilbao, Spain. He has an M.F.A. from Universidad del País Vasco, where he is currently conducting research on sculpture. He is a resident artist at Fundación BilbaoArte. His work has been exhibited in several collective shows and is the recipient of multiple art awards. In 2008, his work was included at the ARTIUM Arts Center and in the collective exhibition Aktionismus, both in Spain.

Cronología de los siglos XX y XXI en España

Restauración (1902–1917)

- El Rey Alfonso XIII llega a la mayoría de edad en 1902 y comienza su reinado, con varios gobiernos bajo el Partido Conservador y el Partido Liberal. Entran en España nuevas tendencias políticas (el obrerismo socialista y el nacionalismo, entre ellas).

Agonía de la Restauración (1917–1923)

- Periodo de crisis en el cual un gobierno llegó a clausurar el parlamento. Es un momento de violencia y de desastres militares, aunque España no participó en la Primera Guerra Mundial.

Dictadura de Primo de Rivera (1923–1930)

- Con el apoyo del ejército, Primo de Rivera dio un golpe de estado sin violencia, el cual fue reconocido y apoyado por el Rey.

Dictablanda (1930–1931)

- El gobierno de Berenguer, todavía una dictadura, inicia un proceso para la restauración constitucional.

Periodo de la Segunda República (1931–1936)

• Tras la restauración del régimen constitucional, se celebran varias elecciones como resultado de las cuales hay gobiernos de distinto signo político: gobiernos republicano-socialistas (1931–1933), gobiernos de derechas (1933–1936), y un breve gobierno del Frente Popular (izquierdas) en 1936. Durante este periodo se aprobaron los Estatutos de Autonomía del País Vasco y de Cataluña. Las mujeres pudieron votar por primera vez en las elecciones de 1933. Este periodo termina con el alzamiento militar del 18 de julio de 1936.

Guerra Civil (1936–1939)

• Cae Madrid en marzo de 1939, y la guerra termina el 1 de abril de ese año. Empieza la dictadura de Francisco Franco (1939–1975).

Periodo totalitario (1939–1945)

• Aunque España se declara neutral en la Segunda Guerra Mundial, apoya al Eje. *axis*

Periodo de nacional-catolicismo (1945–1957)

Falangista. Spanish Fascism, connected w/ Franco

• Al final de la Segunda Guerra Mundial, España se desvincula de la ideología nacional-socialista (falangista) y el Gobierno cambia de tono. Por ejemplo, se elimina el saludo falangista, y se da prominencia a los intereses de la Iglesia Católica. Concordato con el Vaticano y acuerdo de cooperación con EE.UU., firmados ambos en 1953. Entrada en la ONU en 1955.

Periodo del desarrollismo (1957–1975)

• Gobiernos de tecnócratas interesados en el desarrollo económico del país, impulsado en gran parte por el turismo. Muerte de Carrero Blanco por atentado de ETA en 1973. Conflicto en el Sahara, colonia española en África, territorio que es abandonado a su suerte. Muere Franco el 20 de noviembre de 1975.

Periodo preconstitucional (1975–1978)

• Coronación del Rey Juan Carlos I, nieto de Alfonso XIII, el 22 de noviembre de 1975. Gobiernos de Arias Navarro y de Adolfo Suárez. Con Adolfo Suárez se inician los cambios para la restauración constitucional, entre ellos, la legalización de los partidos políticos. Se inicia la redacción de la constitución que será aprobada el 6 de diciembre de 1978 en referéndum.

Democracia titubeante (1978–1982)

- Con gobiernos de la coalición UCD, Adolfo Suárez primero y Leopoldo Calvo Sotelo después, se inician cambios como la Ley del Divorcio y la aprobación de muchos de los Estatutos de Autonomía de las diversas regiones de España. Intento de golpe de estado el 23 de febrero de 1981.

Democracia consolidada (1982–actualidad)

- Con el Rey Juan Carlos I como Jefe de Estado, hay varios gobiernos de diferente signo político: gobierno socialista con Felipe González (1982-1996), gobierno de derechas con el Partido Popular de José María Aznar (1996-2004), y de nuevo un gobierno socialista con José Luis Rodríguez Zapatero (2004–actualidad).

Transición

El Rey, junto a su familia, cuando fue proclamado Jefe de Estado ante las Cortes el 22 de noviembre de 1975. © Alain M. Urrutia.

Franco ha muerto

Contenido

Forma

Expresión de actitudes

Expresión de deseos en el pasado

Valoraciones y reacciones

Expresión de ideas en contraste

Declaraciones / no declaraciones

¿Qué nos dice la ilustración?

Antes de iniciar el trabajo en este capítulo, piense en lo que representa la ilustración de la página inicial. Comente con sus compañeros qué conexión tiene con el tema que se va a examinar.

El poder de la imagen

Busque en internet, especialmente en youtube .com, segmentos audiovisuales de archivo usando expresiones clave como por ejemplo "muerte de Franco" o "último discurso de Franco". Reflexione sobre lo que estas imágenes expresan acerca del periodo histórico que vamos a estudiar. Escriba sus conclusiones en cinco oraciones y preséntelas al resto de la clase. ¿En qué ideas coincide la clase?

¿Cuánto sabemos ya?

En esta lección se examinan los primeros momentos de la democracia en España y la revisión

Último discurso:

una multitud muy grande quienes tienen banderas que llevan mensajes de reforma. la gente gritan y Franco tiene que decir "atención españoles" muchas veses para que pueda hablar.

¿Como es diferente de los discursos de nuestros líderes y politicos?

1

que de ese proceso se hace ahora en la sociedad española. Con frecuencia se olvida que la democracia en España es joven; tiene aproximadamente treinta años, durante los cuales la sociedad española ha cambiado considerablemente. Es en el momento actual, sin embargo, que este proceso de democratización y la dictadura que lo precedió se han convertido en el tema de un diálogo nacional. La generación que lidera este proceso de reflexión sobre la transición a la democracia es la que ahora se encuentra en el poder; esta es la generación de los nacidos entre 1960 y 1970, y es desde su perspectiva que se contarán muchas de las historias de este libro.

LISTA DE CONCEPTOS CLAVE

En esta lista aparecen algunos de los conceptos clave al hablar de la transición a la democracia en España. Algunos de ellos pueden resultarle ya conocidos en otros contextos diferentes.

Búnker	Generación	Régimen
Continuista	Masas populares	Represalias
Coronación	Memoria histórica	Represaliados
Cortes	Monarquía	Revancha
Despolitización	Nacionales / republicanos	Rupturista
Dictador	Olvido	Talante democrático
Dictadura	Plebiscito	Tener en vilo
Escaños	Referéndum	Transición política
Fosas comunes		

En casa: Busque el significado de estas palabras y expresiones en el diccionario. Como primera aproximación a estos conceptos, es preferible utilizar el Diccionario de la Real Academia de la Lengua, que se encuentra online en www.rae.es, o cualquier otro diccionario que no contenga una traducción al inglés. Seleccione cuatro de entre estos conceptos que usted cree que se encuentran relacionados. Escriba un párrafo explicando cada uno de los conceptos, la razón por la que los ha seleccionado en términos de la relación que los une y la importancia que pueden tener en la historia de la transición española.

En clase: Comente con un compañero su análisis y lleguen a un acuerdo sobre los conceptos que van a presentar a la clase, teniendo de nuevo en cuenta cuál puede ser la importancia de estos conceptos en el contexto de la historia reciente de España. Hagan una breve presentación a la clase. Además de intentar solucionar varias de las dudas iniciales en esta introducción, al final del capítulo volveremos a repasar estos conceptos y compararemos las respuestas con nuestro análisis inicial.

Conocimientos previos

Es posible que usted ya sepa algo sobre la historia reciente de España. Puede ser por alguna película que haya visto o por algún libro que haya leído. O simplemente puede que recuerde alguna noticia que recientemente apareció en la prensa, con información sobre este país. Puede ser un cantante, un actor o una persona famosa que han fomentado su interés por España. La cuestión es cuánto sabemos antes de empezar a leer.

Usando las preguntas que aparecen a continuación, comente con un compañero lo que usted conoce sobre España y comparen sus conocimientos. Presenten entonces sus conclusiones a la clase intentando seguir los modelos de respuesta que se ofrecen, pero si alguna de las expresiones les resulta nueva no olviden preguntar al profesor por su significado.

- ¿Cuál es la primera idea que asocia con España? ¿Por qué? ¿De dónde le viene a usted esa idea? *Lo primero que asocio con España es...*

- ¿Qué tipo de país es? ¿Qué sistema político tiene? ¿Qué tipo de religión practican sus habitantes? *Me parece que ese país tiene un régimen... Es probable que sea...*

- ¿Qué sabe de la historia de España? ¿Cuáles son los eventos históricos que asocia usted con este país? *Para mí, lo más destacado de la historia de España es...*

- ¿Qué películas españolas conoce? ¿Qué tipo de país se muestra en estas películas? *Conozco algunas películas españolas muy taquilleras como... y en ella(s) se transmite una imagen de un país que...*

- ¿Qué sabe sobre Franco? ¿Cuánto tiempo calcula usted que duró la dictadura franquista? *Lo primero que me viene a la cabeza cuando pienso en Franco es... Éste es un tema que desconozco totalmente porque...*

- ¿Cuáles son sus fuentes de información sobre España? *Mi principal fuente de información es...*

Experiencia personal

Como se ha mencionado antes, el primer tema de este capítulo es el del final del franquismo y los primeros años de la democracia, o la transición a un nuevo sistema político. El segundo tema central es el de la memoria histórica y en especial, el testimonio de las personas que han vivido la experiencia del franquismo, la Guerra Civil y la transición. Este tema está relacionado con el viejo problema de cómo cuestiones de perspectiva dan forma a nuestra memoria de ciertos eventos históricos.

Para entender el concepto de "memoria histórica", vamos a hacer un experimento en clase. Cada uno de los estudiantes intentará recordar las primeras noticias de la televisión de las que fue consciente cuando era pequeño, y a los protagonistas de estas noticias. Puede pensar en el campo de la política, la cultura popular o los deportes. Entre toda la clase, se pueden crear pósteres con las categorías de deporte, política, cultura popular, moda personal, y otras que se les ocurran, y escribir en cada uno de ellos las listas de eventos y personas que cada uno recuerde. Las preguntas que aparecen a continuación ayudarán a explicar estos recuerdos y su relativa relevancia.

- ¿Qué eventos fueron importantes cuando usted era niño(a)? *En aquella época se hablaba de... Se veía mucho en la TV... Recuerdo un escándalo relacionado con... Una de las noticias más famosas de esa época fue...*

- ¿Quiénes fueron los protagonistas de estos eventos? *Recuerdo que en este caso la persona más relevante fue... Se habló mucho de...*

- ¿Qué imagen tiene usted de estas personas? *La imagen que relaciono con esta noticia es la de un(a)... Lo primero que se me ocurre cuando pienso en esta noticia es...*

- ¿Ha leído después algún análisis de los eventos de su niñez? *Años después, he leído / visto referencias a esta noticia, y mi impresión es que...*

- ¿Se corresponde su recuerdo con lo que usted ha aprendido después sobre los mismos eventos? *Lo que me parece más curioso de mi vivencia de esta noticia es la diferencia / similitud con...*

[Handwritten annotation in left margin:] Para que puedan relacionar como sienten los que ahora tienen poder en España... que fueron niños cuando inició la democracia de su país.

- ¿Qué nos dice esto sobre la memoria personal de la historia? Saque dos conclusiones y compárelas con las de sus compañeros. *Me parece que dos ideas a destacar sobre la memoria histórica son...*

¿Por qué recordarlo?

PREGUNTAS PARA EL ANÁLISIS

Las siguientes preguntas son guías para la lectura de la sección sobre la necesidad de dar un repaso a la historia reciente de España. Volveremos a ellas tras leer esta sección.

1. ¿Qué relevancia tiene la generación de los nacidos entre 1960 y 1970 para este repaso sobre el final del franquismo y el comienzo de la democracia? *Desde la perspectiva de los nacidos entre los sesenta y setenta, el final del franquismo... Esta generación apenas sabía...*

2. ¿Qué perspectiva diferente tiene esta generación de la figura de Franco y de la democracia? *A diferencia de la generación de sus padres, esta generación...*

3. ¿Por qué hay ahora en España, treinta años después de la muerte de Franco, un nuevo interés en examinar el proceso del final del franquismo? *Es probable que este renovado interés en el final del franquismo y el comienzo de la democracia se deba a... porque...*

4. ¿Cómo murió Franco? ¿Fue un proceso rápido o lento? ¿Qué efecto pudo tener en la reacción de la gente a su muerte? *Es probable que Franco muriera..., lo cual tuvo como resultado...*

5. ¿Cuáles pueden ser algunos ejemplos de que la gente en España tiene un renovado interés en aprender sobre los últimos años de Franco y la transición a la democracia? *Puede que haya... y que se realicen...*

En octubre de 2005, casi treinta años después de la muerte de Francisco Franco, *Cuéntame cómo pasó* – una de las series de televisión más populares en España – iniciaba su séptima temporada sin haber perdido nada de la popularidad inicial. Todavía es uno de los líderes de audiencia. *Cuéntame cómo pasó* ha enganchado a los españoles de diferentes generaciones, tanto a los que vivieron los últimos años de Franco, como a quienes han nacido durante la democracia. La serie presenta los últimos años del régimen franquista y los primeros años de la democracia a través de las vidas de los Alcántara, una familia de clase media que, como muchas otras familias de esa época, vive entre la represión de la dictadura del general Franco y los cambios que la sociedad española sufrió desde finales de los sesenta y comienzos de los setenta.

La popularidad de esta serie televisiva ha provocado una reflexión sobre la Guerra Civil y el franquismo por parte de generaciones que nunca vivieron esta dictadura militar ni la transición a la democracia. Treinta años después de la muerte del dictador, muchos españoles comienzan a redescubrir este periodo de la historia de su país. Por ejemplo, en un reciente proyecto de filmes cortos, *Entre el dictador y yo*, se pidió a seis jóvenes directores de cine españoles que crearan cortos sobre la figura de Franco sin usar imágenes de archivo de los años del dictador. En todos estos cortos, los directores reflexionan sobre su desconocimiento de la dictadura franquista. Todos ellos crecieron en un silencio sobre esta época de la historia de España. Varios incluso manifiestan que conocen más sobre el régimen de Pinochet y sus atrocidades, pero que desconocen los datos más fundamentales sobre la historia reciente de España.

Además, el otoño de 2005 fue un periodo de conmemoraciones y un momento para el recuerdo. Muchos escritores y personalidades de la cultura española escribieron y comentaron sus vivencias durante el final de la dictadura de Franco y lo que esta figura histórica representó para ellos. Para Juan José Millás, un escritor, el recuerdo del "Generalísimo" es el del largo proceso de su muerte, el cual se presenta como una experiencia al mismo tiempo catártica y escatológica para toda una nación. En un artículo del periódico *El País* del sábado, 26 de noviembre de 2005, el autor nos habla de sus recuerdos sobre los informes médicos que describían con cruel precisión el estado de salud del Generalísimo. Estos informes, entre lo preciso y lo grotesco, hablaban de una tromboflebitis que hacía que el dictador defecara por la boca. Los españoles de uno u otro lado del espectro político no hablaban de otra cosa. La habilidad del Caudillo de expulsar heces por la boca era un símbolo de lo que muchos españoles habían sospechado durante años que salía por la boca del dictador. Al final, nos dice Millás, el dictador terminaba como merecía, con una enfermedad de síntomas vergonzosos.

No sólo era el dictador el que estaba enfermo en el otoño de 1975. Elvira Lindo, otra escritora española, nos dice que España era un paciente enfermo que necesitaba toda la energía posible para luchar contra una grave enfermedad. Sospechamos que esta enfermedad, que la autora no menciona por su nombre en el mismo artículo de *El País* del otoño de 2005, es la del deterioro de una sociedad civil de ciudadanos que carecían de toda responsabilidad política. España era un país gris, donde la mayoría de los ciudadanos no tenía ningún sentido de iniciativa política ni cívica, y donde la energía de la cultura que se admira hoy, estaba extinguida por un régimen que no permitía la libre expresión de ideas. Hasta 1975, el régimen político español no propiciaba lo que se llama una sociedad civil y tan sólo había algunos atisbos de ella en un tímido activismo político en asociaciones de vecinos, algunas incipientes asociaciones ecologistas, y grupos asociados a obras de caridad en parroquias católicas. Todo ello estaba lejos de constituir bases o evidencia de una sociedad civil. Se entiende por sociedad civil un sistema político en el cual los ciudadanos toman la iniciativa en la elaboración de medidas sobre cómo vivir y organizarse, tanto dentro de las instituciones políticas, como fuera e independientemente de ellas.

Pero el país no tardó mucho tiempo en recuperarse de esta enfermedad, y completó su transición a la democracia de un modo ejemplar para muchas naciones que también dejaban atrás sus dictaduras militares. Algunos españoles habían comenzado a organizarse y a tomar decisiones de forma democrática cada vez que algo afectaba a sus comunidades, incluso antes de la muerte del General. El régimen franquista toleraba hasta cierto punto esta forma de activismo. Aunque el proceso de transición a la democracia fue una sorpresa para muchos españoles, la gente ya tenía ganas de cambio años antes de la muerte de Franco. Sin embargo, la autora Elvira Lindo apunta también a cómo se va olvidando el esfuerzo que hicieron los miembros de varias generaciones en este proceso de transición a la democracia. Una de estas generaciones, la del Presidente del Gobierno español, José Luis Rodríguez Zapatero, apenas tuvo una vivencia personal y directa de los aspectos más duros de la dictadura de Franco.

Sólo ahora España se encuentra en el momento de reconstruir lo que pasó durante la dictadura de Franco y durante los primeros años de la transición a la democracia. Según algunos expertos, esta transición a la democracia duró aproximadamente siete años, desde 1975, el año de la muerte de Franco, hasta 1982, año en que gana las elecciones el PSOE (Partido Socialista Obrero Español). Pero es ahora cuando, a más de treinta años de la muerte de Franco, los españoles comienzan a terminar el silencio del que hablaban los jóvenes directores de cine, y el desconocimiento de la propia historia que como consecuencia aflige a los españoles. En noviembre de 2000, el periódico español *El País* dedicaba un número especial al 25º aniversario de la muerte de Franco (*El País digital*, "25 años después de Franco"). En este número se incluían testimonios de gente que vivió el final del General y que rememoraba sus vivencias. Entre ellos, Antonio Muñoz Molina, un escritor que nació durante el régimen franquista, y que nos transmite de este modo lo que para él había significado Franco:

> Eran los tiempos anteriores a la televisión, así que nos faltaba la familiaridad visual con las caras de los gobernantes que poco después impusieron los telediarios. Franco, para un niño de cinco o seis años, era sobre todo un nombre, y también una voz, la que de vez en cuando se escuchaba en la radio después del pitido de un cornetín [militar]. En la noche del 31 de diciembre Franco daba un discurso en la radio, y su voz era un hilo tembloroso que tenía la misma irrealidad y la misma presencia paradójica de las voces de los locutores y de los cantantes, de los actores que interpretaban los folletines [radionovelas] de las tardes.[...]
>
> Franco estaba en todas partes, y también muy lejos. Mandaba sobre todos nosotros pero tenía un hilo de voz que a veces se perdía entre los ruidos estáticos de la radio. Una vez nos hicieron formar en uno de los grandes patios del colegio, una multitud cuadriculada en mandiles azules [uniformes], y nos dijeron que Franco iba a venir, o que iba a pasar en su coche delante de nosotros. De pronto hubo un clamor, un mar de vítores y manos agitándose sobre las cabezas pelonas, pero yo era tan pequeño que no pude ver nada, y en unos segundos, todo había terminado.

Así de vaga e irreal es la figura de Franco para muchos miembros de la generación de los nacidos entre 1960 y 1975. Como el mismo Presidente del Gobierno, la generación que ahora gobierna el país tuvo una experiencia de la dictadura franquista filtrada por las historias oídas de la familia, no siempre contadas de buena gana, y por los medios de prensa que ofrecían una versión edulcorada y suavizada del régimen. Estos hombres y mujeres fueron los primeros en llegar a su mayoría de edad pudiendo votar, pero también fueron las víctimas ciegas de una Guerra Civil que no habían vivido. Vivieron la Guerra Civil de modo indirecto, a través de las consecuencias que dejó en el país, pero ignoraban lo ocurrido durante este enfrentamiento entre españoles.

Esta generación tuvo que aprender a vivir en una sociedad nueva, donde las lecciones de sus mayores ya no servían, y como consecuencia, aprendieron a base de cometer errores. Desde un régimen político que sólo era cuestionado por una minoría se pasó, tras la muerte de Franco, a una sociedad en la que se tuvieron que escribir las reglas de la democracia sin un modelo previo. La nueva democracia se construyó intentando no mirar atrás, y olvidando las viejas acusaciones entre quienes participaron activamente en el régimen franquista y quienes lo sufrieron. Se considera que el olvido del pasado fue uno de los factores que posibilitó el proceso de transición a la democracia. Fue un olvido de injurias y sufrimientos que ambos bandos de la Guerra Civil habían infringido en el contrario, así como un olvido de la represión y violaciones de derechos humanos cometidos durante el régimen de Franco. Esta estrategia del olvido ya la había utilizado el régimen franquista para fomentar una imagen de España como un país de paz y prosperidad. Pero como resultado de este olvido y de una deliberada falta de información, la generación de los nacidos entre 1960 y 1970 apenas conocía la realidad de los últimos cincuenta años de historia de su país.

Sólo recientemente ha comenzado en España un diálogo público sobre la historia de la Guerra Civil y la dictadura franquista, con una intención de esclarecer lo que realmente ocurrió en los dos lados de esa España dividida. En lugar de intentar olvidar el pasado y mirar hacia un futuro de democracia – como se hizo tras la muerte de Franco – ahora los españoles intentan aprender de su historia.

SACADO DEL TEXTO: EXPRESIÓN DE ACTITUDES

En la lectura anterior se han descrito tres tipos de experiencias con respecto a la historia del franquismo y de la transición a la democracia. Estas diferentes experiencias pueden clasificarse en *desconocimiento*, *recuerdo vago* y *miedos*. Saque del texto aquellas oraciones que describan mejor estas diferentes reacciones.

Por ejemplo, la oración "Así de vaga e irreal es la figura de Franco para muchos miembros de la generación de los nacidos entre 1960 y 1970" se puede clasificar en la categoría de *Recuerdo vago*. Compare sus listas con las de sus compañeros.

Desconocimiento _____

_____

Recuerdo vago _____

_____

Miedos _____

_____

_____

Muchos españoles no podían creer que había muerto Franco y miles de ellos desfilaron ante su féretro expuesto antes del funeral. © Alain M. Urrutia.

REPASO DE LAS PREGUNTAS PARA EL ANÁLISIS

Ahora es el momento de comparar sus respuestas iniciales a las preguntas para el análisis y concretar lo que ha aprendido. Trabajando en parejas, respondan de nuevo a las preguntas para el análisis. ¿Son diferentes de las que dieron antes de iniciar la lectura? Saquen tres conclusiones de lo que han aprendido y preséntenlas a la clase.

1975–1976: Un año interminable

PREGUNTAS PARA EL ANÁLISIS

Comente con un compañero qué respuesta daría usted a las preguntas siguientes antes de leer la sección. Cada uno de ustedes escriba las respuestas a todas las preguntas, aunque sea de modo especulativo, y entréguenlas al profesor. Volveremos a ellas al finalizar la lectura.

1. Haga balance de la figura del Rey Juan Carlos I. ¿Qué tipo de persona y de líder parece ser? ¿A qué retos y dificultades se enfrentó? *La figura del Rey Juan Carlos I representa un líder..., cuyos retos más duros fueron probablemente...*

2. ¿Hubo un plan de democratización para España justo después de la muerte de Franco? Si era así, ¿quién tenía este plan? *La consolidación del plan de democratización del gobierno de España es una idea que surgió entre...*

3. ¿Qué relevancia tuvo el viaje de don Juan Carlos a Estados Unidos en junio de 1976? *El viaje realizado por Juan Carlos I a Estados Unidos representó por primera vez...*

4. ¿Qué diferencias existen entre las ideas fundamentales del discurso del Rey ante las Cortes españolas en noviembre de 1975 y las contenidas en el discurso ante el Congreso estadounidense en junio de 1976? *Mientras que en las Cortes el Rey destacó que... ante el congreso estadounidense puso de relieve...*

5. En el título de esta sección se dice que el año que iba de noviembre de 1975 a noviembre de 1976 fue muy "largo". ¿Qué significa esto? *En este contexto, "largo" se puede entender en el sentido de...*

La mañana del 20 de noviembre de 1975 se anunciaba la muerte de Franco en todos los medios de comunicación españoles. Su muerte se producía tras una larga enfermedad que tuvo en vilo a una nación durante el verano y otoño de ese año.

Franco enfermó de flebitis y fue ingresado en el hospital el 9 de julio de 1975. Cuando esto ocurrió, tanto las fuerzas políticas de la oposición como los ciudadanos que estaban ya cansados de tanta opresión comenzaron a mostrar un nuevo optimismo, eso sí, no exento de inquietud. Los recuerdos de quienes eran niños en esa época son los de un largo verano con los espacios informativos de TV de las tres de la tarde, en los cuales se ofrecía cada día el parte o informe médico con el estado de salud del Generalísimo. Los españoles vacilaban entre los chistes sobre la "imposible" muerte del Caudillo, hasta el miedo por lo que pudiera pasar una vez muerto. Sus doctores repetían en su informes que su estado continuaba siendo de "pronóstico reservado", es decir, que los médicos no se atrevían a predecir lo que pasaría con Franco, y mucho menos cuándo fallecería. Quizá esto fuera para no decepcionar a algunos (los más cercanos al régimen franquista), y para no animar a otros (los que se oponían a este régimen). Y de este modo, toda la nación pasó el verano de 1975 sin poder dar un paso adelante en la historia.

En algunos círculos políticos se pensaba con optimismo que quizá Franco, viendo reducidas sus fuerzas, pasaría el poder a don Juan Carlos. De hecho, el 19 de julio, todavía en el hospital y sin haberse recuperado completamente, Franco delegó poderes en el príncipe Juan Carlos, si bien sólo lo hizo provisionalmente. Esta decisión fue especialmente humillante para el príncipe, a quien en ese momento se consideraba como una marioneta, un juguete en las manos de Franco. Para decepción de muchos, Franco demostró una enorme tenacidad, incluso en su enfermedad. El 30 de julio abandonó el hospital y, sin perder tiempo, asumió de nuevo sus poderes. Aunque él mismo fue quien había decidido que don Juan Carlos fuera su sucesor tras su muerte, no estaba dispuesto aún a retirarse fácilmente. Entre constantes crisis de salud que llenaban las noticias de la época, Franco duró varios meses más. Sin embargo, es curioso que para muchos españoles, este periodo de vulnerabilidad de Franco fue toda una revelación. Año tras año de la dictadura franquista, parecía que Franco era inmortal e invencible. Nadie podría sacarlo del poder. Muchos españoles estaban incluso resignados a vivir siempre en una dictadura que en los años setenta se veía como benévola.

Franco era humano, y como todos los seres humanos, era vulnerable a la enfermedad y a la vejez. Y al final murió. Franco muere a las 4:20 horas de la madrugada del 20 de noviembre de 1975, y es enterrado en el Valle de los Caídos, un monumento a las víctimas de la Guerra Civil situado a las afueras de Madrid. La coronación de don Juan Carlos tiene lugar el 22 de noviembre de 1975 en las Cortes (el Parlamento español) con la asistencia de los Jefes de Estado y de Gobierno de otros países, muchos de los cuales se habían negado a asistir al entierro de Franco. Hay una anécdota curiosa de esta época que atañe a los Estados Unidos y que muestra el interés con el que se seguía en este país la suerte de los españoles. En un popular programa de humor en directo, *Saturday Night Live*, uno de los personajes que daba las noticias en clave cómica cada semana, durante los meses posteriores a la muerte de Franco, daba el parte médico – en clara referencia a los constantes partes médicos del largo verano del 75 – diciendo que el General *seguía* muerto.

Sin Franco, era imposible que continuara el régimen que éste había diseñado. Ni siquiera su sucesor, don Juan Carlos, tenía intenciones de mantener el mismo sistema político que Franco había establecido firmemente mediante una ley que determinaba los principios y las normas por los cuales el Gobierno seguiría funcionando del mismo modo, incluso después de su muerte. La Ley de Sucesión a la Jefatura del Estado de 1947 dejaba ya fijado el régimen franquista para la posteridad, pues declaraba que sólo

Franco tenía el poder de proponer a las Cortes "la persona que estime debe ser llamada en su día a sucederle a título de Rey o Regente". Para dejarlo todo preparado para cuando muriera, en 1969 Franco nombró al entonces príncipe Juan Carlos como el sucesor que se encargaría de mantener el régimen. Esto también significaba que, en lugar de nombrar a otro militar, Franco ya estaba pensando en la restauración de la monarquía. Sin embargo, en el momento de la muerte de Franco, el Rey no tenía una idea clara de que lo que quería para España era una democracia. Aún así, sus intenciones de cambiar el *estatus quo* se hicieron patentes en su discurso del 22 de noviembre de 1975 en las Cortes Españolas (el Parlamento) con motivo de su coronación, a los dos días de la muerte del Generalísimo. En dicho discurso el Rey declaraba restaurada la monarquía, uno de sus principales objetivos, pero también reconocía el enorme servicio y lealtad que Franco había dado a España, como figura clave de la época contemporánea. A la vez que rinde homenaje a la figura de Franco, declara que como Jefe de Estado, él representa a todos los españoles: "La Institución que personifico integra a todos los españoles, y hoy, en esta hora tan trascendental, os convoco, porque a todos nos incumbe por igual el deber de servir a España. Que todos entiendan con generosidad y altura de miras que nuestro futuro se basará en un efectivo consenso de concordia nacional." Este "consenso de concordia nacional" que menciona don Juan Carlos, apunta ya a la idea de un compromiso nacional, y tímidamente sugiere una participación colectiva en el proceso político.

Las intenciones exactas del Rey en estos primeros días de la monarquía no están claras. Lo que sí parece cierto es que su principal objetivo fue restaurar la monarquía. El primer problema que tuvo que afrontar el Rey en sus primeros actos en cumplimiento de este deber de servir a España fue decidir a quién poner al frente de instituciones tan importantes como el Gobierno, el Consejo del Reino y las Cortes. A insistencia de la familia de Franco, el Rey decidió primero mantener a Carlos Arias Navarro como Presidente del Gobierno. Sin embargo, nombró a un antiguo profesor suyo, Torcuato Fernández Miranda, Presidente de las Cortes y del Consejo del Reino. El Consejo del Reino contaba entre sus funciones la de proponer los nombres de candidatos a Presidente del Gobierno, y la de vigilar la legalidad de las operaciones del gobierno. Fernández Miranda era la persona indicada para iniciar el camino a una "cierta y eficaz participación" de todos los ciudadanos en la sociedad civil. Como Presidente de las Cortes, Torcuato Fernández Miranda podía controlar el orden del discurso político y evitar el obstruccionismo que protagonizaban los leales a Franco – o sectores continuistas. Como participante en el Consejo del Reino, podría incluso influir en el Rey en el nombramiento de un nuevo jefe del ejecutivo si se presentara la necesidad de relevar a Arias Navarro.

Este último dato fue decisivo, pues varios meses más tarde hizo posible el nombramiento de Adolfo Suárez como nuevo Presidente del Gobierno.

Se puede decir que en 1975 el Rey todavía no cuestionaba la legitimidad del régimen franquista y sus instituciones. Su prioridad era, como se ha indicado, reinstaurar la monarquía, lo cual no iba necesariamente en contra de lo establecido por Franco en su Ley de Sucesión. Por otro lado, en cuanto a los principios fundamentales del franquismo, el Rey no parecía tener la intención de instaurar cambios radicales. Los principios fundamentales del franquismo se resumen en la fidelidad a Franco, la creencia en la necesidad de la Guerra Civil como algo que vino a solucionar problemas profundos de España, la hostilidad hacia la democracia parlamentaria, un rígido concepto del orden público, la necesidad de hacer de España un bastión del catolicismo y un fuerte nacionalismo español. En referencia a estos principios del régimen franquista, el Rey fue cambiando paulatinamente de idea con respecto a la democracia al mismo tiempo que la voluntad popular iba empujándole en esa dirección. Simplemente siguió la voluntad de "todos los españoles". Poco a poco, iba tomando forma un compromiso no explícito entre el Rey y las diferentes fuerzas políticas, y dicho compromiso era que defendería una democracia parlamentaria siempre y cuando se consolidara la monarquía.

Sin embargo, fue también la actividad y tenacidad de varias fuerzas democráticas, que contaban con el tácito apoyo popular, la que contribuyó a dirigir a los gobernantes pos-franquistas a buscar una fórmula de gobierno diferente de la que Franco había dejado consolidada. Finales de 1975 y principios de 1976 fue un periodo de intensa actividad política en la calle. En los primeros meses de 1976 hubo manifestaciones masivas a favor de la amnistía para los presos políticos, y se multiplicaron las huelgas laborales a gran escala. En parte, este activismo era consecuencia de un llamamiento por parte del partido comunista – no legalizado aún – a una "acción democrática nacional", y en parte era también muestra de que las masas populares exigían un cambio político. Los trabajadores pedían mejores condiciones en el trabajo, mientras que otros activistas políticos pedían una auténtica reforma institucional. El entonces Presidente del Gobierno, Carlos Arias Navarro, parecía no poder controlar la situación; él representaba el continuismo del sistema franquista, y la opinión popular no tenía respeto por su liderazgo.

Arias Navarro remodeló su gabinete el 12 de diciembre de 1975, y nombró a ministros reformistas como Manuel Fraga, pero esta medida no funcionó porque no terminó con las protestas ni con la inestabilidad social. Resultaba claro que el Presidente del Gobierno no tenía el apoyo de las fuerzas democráticas porque no las había invitado a formar parte del gobierno. Muchos de los partidos políticos de oposición al franquismo, aunque tolerados, no habían sido legalizados todavía ni se los había incluido en el proceso de reforma política. Gran parte de las decisiones en este periodo eran tomadas por el *búnker*, que era como se conocía a los leales a Franco. En la primavera de 1976, algunos meses después de la muerte del General, este grupo de políticos todavía tenía un considerable poder pero los militares creían que lo que se necesitaba era un líder con mano dura, mientras que el Rey pensaba que la persona más indicada debía estar con los nuevos tiempos.

En junio de 1976, el Rey no tuvo otro remedio que sustituir a Arias Navarro al frente del gabinete de ministros. Lo hizo después de una visita oficial a los Estados Unidos, en la cual había presentado su plan de democratización para España, al mismo tiempo en que, desde la misma España, Arias Navarro se negaba a realizar cambios en el sistema político. En una entrevista con *Newsweek* sobre su discurso ante el Congreso de Estados Unidos del 2 de junio de 1976, el monarca calificó al Presidente del Gobierno, Arias Navarro, como un "desastre sin paliativos" *("unmitigated disaster")*. Arias Navarro dimitió poco después, el 1 de julio de 1976. Adolfo Suárez pasó a ocupar el cargo de Presidente del Gobierno. Quedaba claro que era necesario un compromiso con las fuerzas democráticas si se quería evitar problemas más serios.

Adolfo Suárez podía en principio satisfacer tanto a los pseudo-reformistas (que querían una reforma limitada del régimen anterior) como a los "rupturistas" (empeñados en instaurar una auténtica democracia). Había sido secretario del Movimiento, el "partido político" de Franco, y se le consideraba en círculos políticos como alguien todavía cercano al antiguo régimen. Como antiguo secretario del Movimiento, podía llegar a utilizar el sistema "contra sí mismo". Pero precisamente estas credenciales franquistas que hacían a Adolfo Suárez aceptable a los miembros del *búnker*, horrorizaron a la oposición, la cual convocó manifestaciones masivas a favor de las libertades políticas en la segunda semana de julio. Estas manifestaciones hicieron evidente para Suárez que era necesaria una reforma rápida y completa para resolver la crisis sin violencia. Con un gobierno formado por elementos conectados a los sectores más progresistas del capitalismo español, Suárez estableció planes para una democratización más profunda de España. Sin embargo, se enfrentaba a una difícil situación: por un lado estaban los miembros del *búnker* y el ejército; por el otro, una oposición que consideraba a este gobierno como una medida provisional para preparar las primeras elecciones libres, que luego formarían las primeras Cortes constituyentes.

Es en este contexto de los primeros atisbos de cambio político que tiene gran relevancia la visita del Rey a los Estados Unidos. En junio de 1976, a los seis meses de la muerte de Franco, el Rey Juan Carlos I visitaba los Estados Unidos de forma oficial. Los servicios diplomáticos españoles no tenían mucha experiencia en la organización de viajes al extranjero, pues Franco apenas había viajado. Las democracias occidentales habían tolerado su régimen pero no habían buscado la amistad de Franco. Sin embargo, gracias a los contactos de José María de Areilza, ministro de Asuntos Exteriores y antiguo embajador en Estados Unidos, esta visita oficial fue todo un éxito. Pero antes de aterrizar en la base aérea de Andrews, cerca de Washington, el monarca hizo escala en la República Dominicana, donde se entrevistó con el presidente Joaquín Balaguer. Este gesto demostraba que en España se veía la necesidad de que el nuevo gobernante tuviera más proyección y apoyo internacional. El debut internacional del nuevo monarca debía hacerse en un lugar de gran repercusión internacional. El objetivo de este viaje a Washington era explicar las buenas intenciones democráticas del nuevo Rey de España y pedir el apoyo de los Estados Unidos para ponerlas en práctica. El lugar elegido para este anuncio de un plan de democratización fue la sesión conjunta de la Cámara de Representantes y del Senado.

El 2 de junio de 1976 el Rey declaraba en inglés los planes más anhelados por el pueblo español: "La Monarquía hará que se asegure el acceso ordenado al poder de las distintas alternativas de gobierno, según los deseos del pueblo libremente expresados [...]. La Corona ampara a la totalidad del pueblo y a cada uno de los ciudadanos, garantizando, a través del derecho y mediante el ejercicio de las libertades civiles, el imperio de la justicia."

El mensaje no podía ser más claro. Este discurso se había pensado y planificado con gran cuidado, pero también con gran secreto para que en el Gobierno no se supiera de los planes de don Juan Carlos con respecto al régimen franquista. La visita misma no había sido fácil de preparar pues no había precedente de que un monarca no constitucional diera un discurso ante ambas cámaras del Congreso estadounidense. En este discurso tenía don Juan Carlos depositadas sus esperanzas para poder declarar claramente sus intenciones, algo que no había podido hacer ante las Cortes españolas en su discurso de coronación. Aunque José María de Areilza ya había viajado por Europa hablando de elecciones y de constitución, nadie creyó en estos planes hasta que el monarca los anunció en el Capitolio.

El mensaje del Rey se oyó con toda claridad y no sólo en el Congreso de Estados Unidos. Un editorial publicado por el *New York Times* al final de la visita declaraba: "Juan Carlos I ha aprovechado la ocasión de su viaje a EE.UU. para formular el más positivo compromiso de su reinado con la restauración de la auténtica libertad y el gobierno democrático en España. Interesa sobremanera a EE.UU. el ayudar a España de todos los modos posibles." Gracias a este viaje, el Rey se sintió reconocido a nivel internacional y con más fuerzas para enfrentarse a su regreso a España a la tarea de cesar a Arias Navarro de su cargo como Presidente del Gobierno. Con el apoyo internacional, el Rey sentía que podía iniciar cambios en el país, empezando por relevar a un franquista como Arias Navarro, quien no había sido capaz de fijar un nuevo rumbo para la política española. El 3 de julio de 1976, se anunciaba el nombramiento de Adolfo Suárez como nuevo jefe del ejecutivo.

SACADO DEL TEXTO: EXPRESION DE DESEOS EN EL PASADO

En el texto se han mencionado varias posiciones políticas con respecto al nuevo régimen que se instituyó en España tras la muerte de Franco. Conecte primero cada una de las descripciones que se ofrecen a continuación con la posición correspondiente en la columna de la izquierda.

Rupturistas	Querían que el Rey respetara los deseos de Franco
_____	Deseaban que el nuevo régimen no legalizara los partidos políticos
_____	No querían que Arias Navarro fuera el Presidente del Gobierno
	Pedían que se legalizara el Partido Comunista
Pseudo-reformistas	Exigían que se mantuvieran las mismas instituciones franquistas
_____	Deseaban que hubiera una monarquía, pero no parlamentaria
_____	Buscaban un gobierno que respetara los deseos de las masas populares
Continuistas	Querían que el Rey reformara el sistema pero sólo nominalmente
_____	Querían que España formara parte de las naciones con regímenes democráticos, y que fuera respetada

Luego, trabajando junto con un compañero, añada dos ideas más a cada uno de los grupos, y presenten entonces sus ideas a la clase.

Trabajando en parejas, analicen la forma de las oraciones que se han presentado: ¿Qué forma del verbo abunda? ¿Por qué predomina? ¿Qué regla puede deducirse? Escriban juntos la regla y preséntenla a la clase.

REPASO DE LAS PREGUNTAS PARA EL ANÁLISIS

El profesor entregará a cada uno de ustedes el papel con las respuestas que escribieron antes de leer esta sección anterior. Con un compañero, comente cómo sus respuestas a las preguntas para el análisis son ahora diferentes de las que dio antes de leer esta sección. Presenten ambos juntos sus conclusiones a la clase.

Talante de calma política

PREGUNTAS PARA EL ANÁLISIS

Con respecto a los primeros años de la transición, cabe destacar el clima de tranquilidad, o el talante de calma política. Dicha calma fue una sorpresa para los españoles. Las preguntas que se presentan a continuación se proponen como guía para la lectura. Comenten en el grupo de la clase qué respuesta les darían ahora, pero tras la lectura de la sección se volverá a revisarlas.

1. ¿Cuáles eran los partidos políticos que aparecieron en los primeros años de la transición? Es decir, ¿qué tipo de ideologías había representadas en las primeras elecciones? *Se puede considerar que los principales partidos políticos en 1977 eran de signo...*

2. La palabra "serenidad" política ha sido uno de los términos clave en el discurso político español de los últimos treinta años. Después de haber leído toda esta sección ¿cómo interpreta usted este término? *"Serenidad" política no significa que todos estuvieran tranquilos, sino que...*

3. ¿Qué significa "represalia" en el contexto de esta transición a la democracia? *En general, el término significa... pero en este contexto quiere decir...*

4. ¿Hubo en España un proceso de juicio a quienes abusaron de su poder durante el franquismo? ¿Qué consecuencias tuvo este hecho? *De forma tácita, el pueblo español decidió... y como consecuencia de ello...*

La frase "talante de calma política", que describe el tono de la transición a la democracia en España, fue acuñada por el escritor y académico de la Historia, Fernando Díaz-Plaja en su libro *La España que sobrevive*. En esta obra, el autor describe dicho proceso como el de una "dulce y suave transición". A pesar de los conflictos que se han mencionado antes, los historiadores coinciden en calificar a la nueva democracia española como consensual, por la participación de la sociedad civil y por lo meditado que estuvo todo este proceso. En un momento de gran inestabilidad en el que hubo huelgas totalmente radicalizadas, un aumento de la actividad terrorista (no sólo por parte de ETA, los terroristas vasco-nacionalistas, sino también por parte de otros grupos como el GRAPO), una actuación de la policía inadecuada para tratar con esta situación, un creciente desempleo al que se sumaba ya una crisis económica, las elites políticas prefirieron la moderación. El acuerdo entre todos los grupos políticos con agendas opuestas fue la mayor prioridad. En lugar de las represalias y la violencia para llevar adelante su agenda, las diferentes fuerzas políticas españolas optaron por el acuerdo y la moderación.

Esta transición fue una sorpresa debido al pasado violento que muchos españoles todavía recordaban, el pasado no muy lejano de una guerra civil. Durante casi cuarenta años, varias generaciones de españoles habían escuchado de sus mayores – padres y abuelos – narraciones sobre los horrores de este conflicto armado. Además, habían escuchado predicciones apocalípticas sobre el momento en que Franco muriera. Franco, se decía entonces, era el único que podía impedir el avance de esa epidemia moderna que era el comunismo. Para mucha gente el periodo tras la muerte de Franco sólo podía ser una época de caos durante el que España caería en manos del régimen de Moscú. Tras los casi cuarenta años de paz que el régimen franquista había usado en su propaganda a la población, la muerte de Franco sólo podía representar el pandemonio, y esta era una situación en la cual los españoles no querían encontrarse.

Lo sorprendente de este proceso es que ocurrió sin muertes ni represalias. No se intentó ajustar cuentas por el sufrimiento vivido por muchos españoles que todavía defendían el régimen de la República. En su lugar, los españoles recibieron al nuevo régimen político con los brazos abiertos. Esto también representaba una sorpresa, pues la mayoría de los españoles no sabían cómo funcionar en una democracia. Era una experiencia nueva para casi todos. Así pues, los viejos fantasmas y miedos del franquismo y de la Guerra Civil se tuvieron que dejar atrás para aprender a vivir en una democracia. En esta coyuntura, el 15 de diciembre de 1976 se celebró un referéndum, en cual el 94% de los participantes dijo que sí al proyecto de reforma política. Hubo un alto nivel de participación de la sociedad civil en este primer paso en el proceso de democratización. Ésta era la primera votación libre que se celebraba en España desde febrero de 1936. Y lo curioso es que no pasó nada. Nadie murió, nadie luchó, y nadie tomó las armas para defender el régimen franquista.

Sin embargo, es necesario aclarar que éste no fue un plebiscito democrático en su sentido más estricto porque las fuerzas políticas de la oposición no estaban legalizadas todavía. Ni el partido socialista, ni el partido comunista pudieron participar en este proceso de cambio, ya que ambos partidos estaban prohibidos, de la misma forma que estaba prohibido pertenecer a dichos partidos políticos. En preparación de este referéndum, hubo una campaña institucional a favor de la participación en este voto (*Habla, pueblo, habla* fue su lema) y a favor del sí. Un funcionario del Ministerio de Justicia de ese momento, y luego un prominente político, resume de este modo la paradoja de este plebiscito: "No es, sin duda, un referéndum democrático, puesto que no existen las libertades propias de la democracia; pero es un referéndum para establecer la democracia y las libertades que le son propias." En este referéndum no se ofrecieron detalles sobre la forma en que se devolverían las libertades al pueblo español. Por esta razón, las fuerzas democráticas que claramente veían la necesidad de una ruptura con el régimen anterior no pudieron aceptar las condiciones de este referéndum hasta que se las incluyera en el proceso. Hubo una abstención del 23%, pero muchos de quienes no votaron rezaron para que ganara el sí. El siguiente paso, después del sí a la democracia, fue unas elecciones, en junio de 1977, para decidir la composición de las Cortes y del Gobierno que iban a diseñar la democracia en España.

En estas elecciones de junio de 1977 sí que participaron los partidos políticos de la oposición, los cuales ya se habían legalizado. El Partido Socialista Obrero Español (PSOE) había estado reorganizándose incluso antes de su legalización. En un importante congreso celebrado antes de su legalización del 17 de febrero de 1977, el PSOE se había definido como izquierdista para atraer a gente de izquierdas que no podía verse participando en el partido comunista, y como "pactista", para convencer al resto del electorado de que no se trataba de un partido radical sino que estaba abierto al consenso.

En relación a esta meta de facilitar una mayor participación política, uno de los procesos más difíciles de la transición a la democracia fue la legalización del Partido Comunista Español (PCE). En mente de muchos estaba el papel que este partido había jugado durante la Guerra Civil, tomando el control de la lucha contra Franco. Este hecho luego dificultó la ayuda de otros países democráticos que no querían tener en España a un satélite de Moscú. Los altos mandos del ejército español estaban plenamente contra esta legalización, junto con otros sectores más conservadores de la sociedad española,

pero desde otros grupos de decisión se veía esta legalización como prueba de la voluntad de establecer un profundo cambio en su sistema político. Continuar la prohibición
del Partido Comunista hubiera creado considerables dudas sobre el talante democrático
de la sociedad española y sobre el futuro de una sociedad abierta a todas las ideas.

Y fue una sorpresa de nuevo. En las elecciones de junio de 1977 no ganaron los
viejos nombres del régimen franquista, ni los tan temidos "rojos" del Partido Comunista. España intentó dejar atrás tanto a la extrema derecha como a la extrema izquierda.
Ganó la Unión de Centro Democrático (UCD), una coalición de partidos liderada por
Adolfo Suárez. El partido de derecha, AP (Alianza Popular), que reunía a los amigos
del antiguo ministro franquista Manuel Fraga, tan sólo ganó dieciséis escaños (asientos
en las Cortes), aunque había gastado una gran cantidad de dinero en la campaña; hay
que considerar que muchos de los integrantes de este partido ocupaban puestos de
poder en las grandes entidades financieras españolas. Sin embargo, no lograron hacer
olvidar a muchos españoles el hecho de que representaban un resto del antiguo régimen.

Todavía más al extremo de la derecha estaba el partido Fuerza Nueva, de Blas
Piñar, que nunca consiguió una cantidad aceptable de escaños, y que más tarde desa-
parecería. Lo interesante es que durante los primeros años de la democracia, e incluso
años más tarde, se observan de vez en cuando manifestaciones a favor de este partido y
reuniones de nostálgicos que cantan los himnos franquistas en el Valle de los Caídos,
lugar donde está enterrado Franco. Pero este furor nostálgico nunca se ha reflejado en
los resultados de las elecciones. Se trata más, como afirmaba Díaz-Plaja, de algunos
jóvenes fanáticos de algo que no conocieron y algunos viejos irritados porque se les
quitaban el poder. Ellos gritaban y aplaudían cada vez que Blas Piñar atacaba a un gobierno que permitía la pornografía, el crimen y los ataques callejeros, así como la llegada de la droga – era obvio que España estaba cambiando y que no era la España del
orden que había soñado Franco. Pero cuando esta gente llegaba a su casa y pensaba en
lo que significaría revivir el franquismo, decidían dar su voto a partidos con un compromiso democrático.

Decir que la transición fue una sorpresa también significa decir que se realizó sin
represalias ni venganzas. Fue un cambio que se hizo sin pedir cuentas a los que tuvieron
antes el poder. No hubo personas proscritas ni procesos de la verdad. No se acusó a los
que durante el franquismo se habían aprovechado de la corrupción rampante en el país.
Incluso la familia del Generalísimo mantuvo sus propiedades, sus títulos y prerrogati-
vas sociales. Pero lo que es más importante es que en el parlamento español, las Cortes,
en sus momentos iniciales cuando todavía era posible identificar a los protagonistas del
antiguo régimen, nunca se hizo mención de hacerles pagar nada, ni de procesarlos por

supuestos abusos y violaciones de los derechos humanos. España había decidido olvidar por acuerdo mutuo y tácito. Esta decisión comúnmente aceptada, se ha cuestionado más recientemente, como discutiremos en la siguiente parte de este capítulo.

SACADO DEL TEXTO: VALORACIONES Y REACCIONES

1. *¡Sorpresa! Lo que más sorprendió fue que...*
   Complete junto con un compañero esta frase con los aspectos más sorprendentes del periodo inicial de la transición a la democracia en España, haciendo referencia a las ideas que acabamos de leer. Por ejemplo, podría decirse, *Lo que más sorprendió fue que no hubiera otra guerra civil.* Comparen después sus ideas con las del resto de la clase.

   _____

   _____

   _____

2. *¡Miedo! Lo que más temían los españoles era que...*
   Repita la actividad anterior, pero esta vez expresando los temores que tenían los españoles en los primeros momentos de la transición. Por ejemplo, se podría decir, *Lo que más temían los españoles era que se radicalizara la situación política.*

   _____

   _____

   _____

3. Trabajando de nuevo en parejas, observen el uso del subjuntivo en las oraciones que se han presentado en la clase. ¿Cuál es la regla del uso de esta forma del subjuntivo? ¿Cómo se llama esta forma del subjuntivo? Comparen sus respuestas con las del resto de la clase.

   _____

   _____

   _____

REPASO DE LAS PREGUNTAS PARA EL ANÁLISIS

1. Vuelva a revisar sus respuestas a las preguntas para el análisis y compare con un compañero para decidir entre los dos qué errores habían cometido.

2. Trabajando juntos todos los miembros de la clase, usen la pizarra para construir una secuencia de los eventos ocurridos entre noviembre de 1975 y junio de 1977. En las secciones anteriores se han mencionado varios eventos importantes en el proceso de democratización de la sociedad española. Construya una "línea del tiempo" que indique estos eventos en orden cronológico, comenzando con la muerte de Franco.

20/11/1975
------|---
muere Franco

Las generaciones ante la muerte de Franco: El pacto del olvido

PREGUNTAS PARA EL ANÁLISIS

A continuación se ofrecen varias preguntas para el análisis de esta sección. Se propone que trabajen en parejas para intentar responderlas antes de iniciar la lectura, y que comenten sus conclusiones con el grupo. Volveremos a revisarlas tras leer esta sección para reflexionar sobre lo que han aprendido.

1. ¿Cuáles son las reacciones más citadas entre los testimonios de quienes eran adultos cuando murió Franco? ¿Qué ambiente político expresaban dichas reacciones? *Las generaciones que vivieron más años durante el régimen de Franco reaccionaron con... Esto indica que el ambiente político era...*

2. ¿Cómo se pueden resumir las reacciones ante la muerte de Franco de los nacidos en los años sesenta? *Los "nietos de la guerra" reaccionaron...*

3. ¿Por qué se retrasó el anuncio de la noticia de la muerte de Franco? *Es probable que las autoridades del régimen quisieran...*

4. ¿Por qué tenía miedo la gente de izquierdas? ¿Por qué tenía miedo la gente de derechas? *El miedo que existía en ambos lados del espectro político se debía a...*

5. ¿Qué significa la "despolitización" de la generación de los nacidos en los años sesenta en España? *Se considera que la generación de los nacidos entre 1960 y 1970 estaba despolitizada debido a...*

Los eventos narrados hasta el momento tienen poca resonancia en su significado para los nacidos en los años sesenta y todavía mucho menos para quienes nacieron tras la muerte de Franco. Estos últimos empiezan a interesarse ahora por los eventos que vivieron sus padres cuando eran jóvenes. Los primeros recuerdos de la generación de los nacidos entre 1960 y 1970 con respecto a la muerte de Franco están ligados a la alegría de no tener que ir a la escuela. Para muchos españoles que son "nietos" de la Guerra Civil, especialmente para la generación que ahora gobierna, el recuerdo está ligado a la infancia escolar, a esa mañana de un lunes, 20 de noviembre, cuando les despertaron sus padres para decirles que no tenían escuela porque Franco había muerto. Sus vivencias y recuerdos están limitados a la perspectiva de un niño, aunque eran niños que observaron, sin entender completamente, las reacciones de sus mayores. Esta generación, apodada la "generación de los chiripitifláuticos" por el programa infantil de televisión que todos veían, es, sin embargo, una de las generaciones que han impulsado la iniciativa de una Ley para la Memoria Histórica.

Otras generaciones, como por ejemplo la de sus padres, tienen recuerdos más ricos y llenos de emociones de sus vivencias de la muerte de Franco. El testimonio de quienes eran ya adultos cuando Franco murió contrasta con la experiencia de la generación de los nacidos en los sesenta porque podían comprender la importancia de este momento histórico para el país. No obstante, sus testimonios han sido expresados años después; no fueron hechos públicos en el momento de la muerte del General, y mucho menos publicados en la prensa. Hay que tener en cuenta que estos momentos se vivieron con gran tensión pues la muerte de Franco no significaba de modo automático el final de su régimen.

El final de Franco no fue una sorpresa para nadie pues ya en octubre de 1975 había tenido una crisis cardiaca. Pero a la vez que se debilitaba su salud, los aspectos más represivos de su régimen se fortalecían. Aun estando enfermo, Franco no tuvo ningún reparo en firmar cinco penas de muerte a finales del verano de 1975. Así que no es una sorpresa que la prensa, que había estado bajo un fuerte control del Estado, se expresara sobre el final de la vida del General en términos que recordaban sus actos heroicos y cómo había salido vencedor de su enfermedad de ese verano, todo ello en tono laudatorio. El historiador Ricardo de la Cierva comenta que el domingo 19 de noviembre ya había muerto Franco, pero que los miembros de su gobierno decidieron retrasar la noticia para poder controlar posibles disturbios. El 19 de noviembre de la Cierva se reunió en el hotel Velázquez de Madrid con miembros del gobierno franquista, entre ellos Manuel Fraga, y le mostraron el encefalograma de Franco, que ya estaba plano. Se le mantenía la respiración artificialmente, pero ya era cierto que había muerto. Al regresar a casa de la Cierva se lo comentó a su esposa y se pusieron a ver la televisión a esperar la noticia. Esa noche, la televisión puso muchos documentales de osos polares, naturaleza y pingüinos; no se mencionó nada del estado de salud del General.

Los directores de periódicos consultados señalan que llevaban ya varios días de gran tensión, pues se esperaba que Franco muriese de un momento a otro. El 20 de noviembre todas las portadas de la prensa española tuvieron como tema único la muerte de Franco, al cual se dedicaron varias ediciones y números monográficos. El hecho, de obvio impacto para el país, abría una serie de interrogantes sobre el futuro político de España. Por eso, no es una sorpresa que muchos de los testimonios citados expresaran una reacción de alegría atenuada por el miedo. Hasta en su muerte su régimen causaba miedo, de modo que la prensa no vio la necesidad de cambiar su posición de adhesión a Franco y de entrar en un juego democrático. La solución para seguir el nuevo proceso que se abría en el país, y "salvar la piel" en el caso de un recrudecimiento de las posiciones franquistas, fue la de legitimar al Rey.

Incertidumbre, miedo, confusión, o simplemente la inocencia de un niño que observaba las reacciones de sus mayores; estas fueron algunas de las reacciones que las distintas generaciones vivieron cuando se anunció la muerte del General. Es en este contexto que se incluyen, a modo de comparación, los testimonios de varias personalidades de la cultura y la política española sobre dicha muerte. Se han clasificado en dos secciones, una de ella dedicada a los "hijos" de la Guerra Civil, y otra dedicada a los "nietos" de la contienda, es decir, gente más joven que no había vivido los aspectos más represivos del franquismo, pero que era lo suficientemente adulta como para entender la gravedad del evento de la muerte del caudillo.

Testimonios y reacciones: La generación de los nacidos en los cuarenta y cincuenta

El director de cine Pedro Almodóvar se enteró de la noticia en una parada del autobús cuando iba al trabajo en Telefónica. Se unió a los morbosos, que disfrutaban todos los detalles de la muerte de Franco, y comenzó a "diseñar" tarjetas de Navidad con la última imagen del General.

El cantante Manolo Tena dice que se emborrachó esa noche con algún pianista de su orquesta: "Pero de todo aquello me queda un recuerdo a champán barato. Y más me acuerdo del desencanto que vino después al ver que esto todavía deja mucho que desear que de la alegría de aquella borrachera."

El escritor Juan Marsé también quiso celebrarlo: "Fuimos a la coctelería Boadas, en Barcelona. Estábamos Vázquez Montalbán, Campo Vidal, El Perich, Joseph Ramoneda, y otra gente de la revista *Por favor* [todos ellos escritores, periodistas y gente de cultura]. No se cabía, teníamos que poner la copa en alto. Pero nadie gritaba. Todo era discreción, complicidad, miradas."

Carmen Alborch, antigua Ministra de Cultura del gobierno socialista, tuvo miedo y no pudo celebrarlo tanto: "Yo era profesora de la facultad de Derecho. Me despertaron mis colegas a las tantas. Teníamos miedo porque Derecho era una facultad bastante conservadora y ya habíamos recibido amenazas de los *fachas*. Algunos amigos decidieron ocultarse unos días."

Jimmy Jiménez-Arnau, ex marido de una nieta de Franco, dice que supo de la muerte del General al salir del cine: "Iba con dos poetas amigos, Félix Grande y Paca Aguirre. Vimos una portada negra de *ABC* [periódico conservador y afín a Franco] y recuerdo que ellos, como eran de izquierdas, se asustaron mucho. Temían por su integridad física y les ofrecí mi casa."

El líder sindicalista comunista, Marcelino Camacho, estaba en la cárcel de Carabanchel como preso político: "Nos despertaban todas las mañanas a las siete. Aquel día llegó un funcionario antes y nos comunicó la noticia. Yo creo que el hombre lo comunicó con cierta alegría. Lo primero que se nos ocurrió fue solicitar una entrevista con el director de la cárcel para que nos asegurase que los elementos *ultras* [de ultra-derecha] que andaban por la calle no nos hicieran nada. En aquella época los *ultras* pedían la horca para mí. Lo segundo fue solicitar el indulto [el perdón de la condena]. Y a los diez días ya nos lo dieron."

El director de teatro Albert Boadella confiesa que se encontraba en la cama en actitud sádica, disfrutando el dolor que podía estar sufriendo Franco: "Porque éramos una pandilla de sádicos escuchando los partes [los informes médicos]. Cuando oí la música sacra pegué un salto en la cama y grité como si el Barcelona [el equipo de fútbol] hubiera metido un gol. Me temo que no había muchos como yo en la comarca. Vivía en una masía [una granja] entre Olot y Vic. Los campesinos tardan 500 años en reaccionar ante un hecho; por tanto, allí no hubo grandes comentarios, sino miradas. Sin embargo me dio rabia que este señor se muriese en la cama. Creo que somos todos responsables de ello."

La imagen de Franco no desapareció inmediatamente después de su muerte de los lugares públicos de España. © Alain M. Urrutia.

Despolitización: La generación de los nacidos en los sesenta

La generación de los nacidos entre 1960 y 1970 son los "nietos" de la guerra, personas que nunca tuvieron una vivencia personal de la contienda ni de la dura represión inmediatamente posterior a la misma. Ellos son quienes viven la democracia a medida que entran en la edad adulta, casi con toda naturalidad. Su experiencia es muy diferente de la vivida por la generación de sus padres, los "hijos" de la guerra, los cuales vivieron un olvido consciente y voluntario de la guerra y optaron por ignorar la represión franquista por miedo a repetir este conflicto que dividió al país. La inocencia con que esta generación vivió la muerte de Franco se debe en parte a la falta de información política que había en muchos de los hogares españoles. Esta falta de información era resultado de una opción consciente por parte de unos padres que quisieron evitar que sus hijos tuvieran fuertes posiciones políticas, pues entendían que podrían causarles problemas con el régimen. Como consecuencia de esta falta de cultura política se habla de la despolitización de la generación de los "nietos" de la guerra.

Una excepción de este desconocimiento político fue el Presidente del Gobierno, José Luis Rodríguez Zapatero (PSOE), que entonces tenía quince años, y quien había escuchado innumerables historias sobre su abuelo. Este abuelo socialista había muerto ejecutado durante la Guerra Civil por haber luchado contra Franco. El Presidente del Gobierno Zapatero dice que entendió al instante la expresión en la cara de su padre al anunciarse la muerte de Franco: "Todas las madrugadas andábamos pendientes de la radio y esa noche me despertó mi padre." Como él, los más conscientes eran los miembros de esta generación que crecieron en familias más castigadas por el régimen franquista, y donde hubo un mayor activismo político. Estas familias, la verdad sea dicha, no fueron muchas.

Varios miembros de esta misma generación recuerdan el clima de esa época. Mercedes, una profesora de castellano en EE.UU. y nacida en 1960, cuenta sus vivencias sobre los primeros meses del nuevo régimen:

> Recuerdo que era un día de colegio. Recuerdo que en los tres días siguientes no tuvimos clase y para nosotras fue una alegría (yo iba a un colegio religioso sólo de chicas). Recuerdo el mensaje de Arias Navarro, muy serio y compungido, por televisión y que en esos tres días de luto nacional no había cine, en la radio no se escuchaba más que música clásica y militar, y en la televisión se veían las colas de gente para ver a Franco de cuerpo presente. Fueron unos días sin colegio pero muy aburridos.
>
> [Mis experiencias políticas fueron] muy pocas, viviendo en una ciudad pequeña y estudiando en un colegio de monjas, se hablaba poco de política. En el 76, haciendo COU, cambió la cosa. Se respiraba un aire de cambio y de libertad. Se podía hablar de política, se podía decir algo más de lo que se pensaba que antes. Fue un año de mítines políticos, de canciones de libertad, de carteles pegados en las calles con candidatos a las elecciones diferentes a los de siempre, diversidad y campañas electorales. Si no recuerdo mal un grupo de amigos nos apuntamos (porque pagaban bastante bien por sobre enviado) para mandar propaganda política, lo que no recuerdo es de qué partido.

Xoan, un actor y director de escena nacido en 1965, tiene una visión de la muerte de Franco muy similar a la de otros miembros de su generación: "No hubo clase. Ambiente de preocupación. Cierta tristeza por aquella especie de abuelete del que no sabría nada hasta más adelante."

Las dos ideas que los miembros de esta generación asociaban con la noticia eran en su mayoría: varios días sin clase, y la cara del ministro Arias llorando en televisión. Los días sin clase no fueron tan festivos, pues en la tele sólo pusieron música sacra, y documentales de naturaleza que aburrieron a la mayoría. La cara de Arias Navarro podía ser también la cara de incertidumbre de toda la nación. Los miembros de esta generación no entendían muy bien el alcance ni las consecuencias de lo que estaba pasando.

Icíar Bollaín, directora de cine nacida en 1967, expresa sus vivencias en *Los niños de los chiripitifláuticos,* libro de Ignacio Elguero sobre las vivencias de su generación:

> De Franco no me acuerdo de nada, porque a los 8 años vivías en tu mundo infantil sin más. Pero sí que me acuerdo que a las ocho de la mañana, aproximadamente, estábamos desayunando y alguien llamó por teléfono y le dio la noticia a mi madre, que comenzó a dar gritos de alegría diciendo: "¡Que se ha muerto Franco!" Y nosotros nos quedamos mirándola sin saber bien qué pasaba. Dedujimos que era bueno porque mi madre estaba muy contenta. Luego fuimos nosotros los que nos pusimos contentos porque no tuvimos colegio. Pero en mi familia no se vivía para nada la política. Tengo amigos cuyos padres militaban en el Partido Comunista y lo pudieron vivir más conscientes. La mía era una familia de clase medio normal, y no se hablaba de política para nada. Muerto Franco es cuando mi madre se acercó a la política. (p. 18)

Esta despolitización implícita en muchos de los comentarios anteriores había sido, en gran parte, resultado del control informativo que había tenido el régimen franquista sobre los medios de comunicación, y en parte también el resultado de la autocensura que las familias ejercían sobre sí mismas. Incluso los padres más politizados y opuestos al régimen querían salvar a sus hijos del sufrimiento que habían visto en sus propias familias. Esto era por puro sentido proteccionista de los hijos. Incluso al conocerse la muerte de Franco, en las familias más politizadas se intenta alejar a los niños de lo que estaba pasando. Así podemos entender el testimonio de la actriz Aitana Sánchez Gijón, nacida en 1968, en el citado libro de Ignacio Elguero:

Cuando murió Franco yo tenía 7 años, y me acuerdo de que mis padres me mandaron a la casa de un vecino que vivía en el piso de arriba. Recuerdo ver en la televisión a la gente desfilando delante del féretro, y haciendo colas inmensas con el frío que hacía. Y recuerdo las fotos de las portadas de los periódicos con esas demostraciones de dolor, y yo con perplejidad preguntándome: si este señor era tan malo, ¿por qué hay tanta gente que va a verlo? Y tengo clavada en la memoria una imagen que vi en la tele: la de un señor vestido con mono de trabajo, de operario o algo así, que se quedó firme, cuadrado frente al féretro, y se lo tuvieron que llevar fuera porque no se movía. Esa imagen se me ha quedado clavada, tenía 7 años y me acuerdo de ella perfectamente. Luego la he vuelto a ver en televisión en algún reportaje, y me impactó muchísimo.

Mi padre estuvo en la cárcel durante la dictadura y se tuvo que ir a Italia. Allí conoció a mi madre, yo nací allí, y vinimos a España en el 69. Mi padre ha sido siempre del Partido Comunista y la lucha política ha estado presente en mi casa, y yo eso lo mamé desde que nací. No tengo imágenes ni recuerdos del franquismo, pero sí la idea de que moría alguien malo, también por las circunstancias especiales de mi casa. (p. 21–22)

La experiencia de Aitana Sánchez Gijón representa la de gran parte de los nacidos en los sesenta. Aunque esta generación conoce algo sobre la lucha política, simplemente por razón de edad, no participó en ella. Esta generación sabe las cosas a medias, un poco de lo que ha oído en casa, y un poco de lo que va descubriendo por su cuenta, no por lo que le hubieran dicho directamente. Es un conocimiento de la realidad del franquismo indirecto, a través de imágenes y recuerdos incompletos. El entendimiento de lo que estaba pasando en esa época es también bastante parcial. Por ejemplo, pocos de los nacidos en los sesenta leyeron los periódicos en esa época, y mucho menos la prensa libre, como para calcular los riesgos políticos que se estaban corriendo.

No obstante, los miembros mayores de esta generación ya habían comenzado a participar en las manifestaciones y las protestas, pero los pequeños tenían más miedo del conflicto, porque habían oído demasiadas historias en la familia sobre la privación y las penurias que se pasaron durante la Guerra Civil y el periodo posterior. La idea de separación de la familia, cárcel, y la arbitrariedad que se había aprendido a asociar con los años más duros de la represión habían contribuido a generar un clima de ansiedad sobre la posibilidad de otro conflicto nacional en los días posteriores a la muerte de Franco.

Por consiguiente, se puede dividir la generación de los nacidos en los sesenta en dos grupos. El grupo de los mayores, que por estar ya en la escuela secundaria y gozar de mayor libertad, intentaban poner a prueba la nueva libertad política, y los más jóvenes que, por edad o por el ambiente de despolitización instaurado por sus padres, tenían una mayor indiferencia política. La razón de estas dos reacciones opuestas puede encontrarse en el desconocimiento. Y este desconocimiento de la realidad política española (de la vieja, y de la nueva) era consecuencia de un silencio. La sociedad española había estado caracterizada, y todavía lo estaba a la hora de la muerte de Franco, por el silencio.

Debido a este silencio se desconocía, por ejemplo, que en las cárceles españolas todavía en 1975 había presos políticos. Ellos esperaban, junto con sus familias, la muerte del General y el fin de su régimen. Pero ni siquiera podían buscar la comprensión de la sociedad, pues en esta época estas situaciones se vivían con vergüenza y con miedo. Se ocultaba el que algún familiar estuviese en la cárcel por miedo a las represalias laborales (perder el trabajo) o de otro tipo (social, religioso). El dolor se llevaba en secreto en el seno de la familia. Muchos niños conocían del padre, primo, hermano o tío de algún compañero de clase que estaba o había estado en la cárcel, pero esto se comentaba en voz baja. Además, muchos de estos niños, especialmente los nacidos en la segunda mitad de los sesenta, descubrieron algo que los tuvo distraídos de los acontecimientos. La televisión.

Ésta fue la primera generación que tuvo otras distracciones que las de la política. Los programas infantiles de la televisión – entre ellos, *Los chiripitiflaúticos*, programa que da el nombre informal a este grupo – y el nuevo poder adquisitivo de las familias, que les permitía comprar los juguetes recién diseñados. Franco era ese recuerdo distante de una molestia cuando intentaban ver un programa favorito de televisión. Era un vejete de voz temblorosa que inauguraba un nuevo centro educativo, o – un favorito franquista – un nuevo embalse u obra pública. Así pues, no sólo fue que a esta generación se le ocultó la realidad del franquismo, sino que simplemente no estaba tan interesada como sus mayores, al tener "mejores" opciones que las de la lucha política. Estaba más interesada en mirar hacia delante, hacia las nuevas posibilidades de modernización del país (en cultura, educación, música, sociedad, entre otras) que en mirar hacia atrás con revanchismo.

Esta generación empezaba a vivir, y España empezaba a olvidar. Pero no se trataba sólo de la generación de los "chiripitiflaúticos", "nietos" de la guerra. Tanto los "hijos" como los "nietos" de la Guerra Civil llegaron a un tácito acuerdo sobre la necesidad de olvidar el pasado vergonzoso y doloroso del país. Se entendía por un lado que ambos bandos habían cometido atrocidades durante la Guerra Civil. Por otro lado, se miraba al futuro pensando en el reto de crear una democracia desde cero para la cual no había un precedente cercano. España hizo un esfuerzo consciente por olvidar su pasado y mirar hacia delante, dejando de lado el franquismo. Fue un acuerdo tácito, en palabras del historiador Paul Preston. Pronto se olvidaron los planes para reavivar el régimen franquista, se miró a otro lado para no ver a quienes habían cometido atrocidades, y los españoles se unieron en lo que dio en llamarse el "pacto del olvido".

SACADO DEL TEXTO: EXPRESIÓN DE IDEAS EN CONTRASTE

Después de examinar las reacciones de dos generaciones ante la muerte de Franco, toda la clase junta va a establecer comparaciones en la pizarra para explicar las diferencias entre ellas. Para ello, se proponen expresiones de comparación y de contraste de ideas, que se colocarán en dos columnas que permiten el contraste entre una y otra generación. Para hacer más visibles estas transiciones, se propone confeccionar un póster con cada columna, y colocarlos en la pizarra entre los espacios dedicados a que los alumnos escriban las actitudes de una y otra generación en este ejercicio de contraste.

Mientras que los "hijos" de la Guerra...	los "nietos", por otro lado...
Por un lado, esta generación ya adulta a la muerte de Franco...	y en cambio, los chiripitifláuticos...
En el caso de esta generación...	y sin embargo, en el caso de la otra generación...

REPASO DE LAS PREGUNTAS PARA EL ANÁLISIS

Ésta es una actividad de reflexión sobre los errores que se habían cometido por falta de información al intentar responder a las preguntas al comienzo de esta sección. ¿Cómo habían respondido a las preguntas para el análisis antes de iniciar la lectura? Comente con un compañero sobre qué conceptos o preguntas estaba usted equivocado, y sobre cuáles tenía razón. En la pizarra, se marcarán dos secciones, una para las ideas equivocadas, y otra para las ideas que eran correctas. Cada pareja debe escribir en cada sección las ideas o respuestas que correspondan. El grupo comenta después cuál es la respuesta correcta con respecto a las ideas equivocadas.

Olvido y proyecto para la memoria histórica

PREGUNTAS PARA EL ANÁLISIS

Sólo se propone una pregunta para comentar con sus compañeros antes de leer el preámbulo a un artículo del historiador español Moradiellos: ¿Qué cree usted que es la memoria histórica y en qué se diferencia de la historia que se encuentra en los libros de texto?

El concepto de memoria histórica resulta de crucial importancia cuando lo que se describen son eventos conflictivos o incluso violentos. La idea clave para comprender la importancia de este concepto es el entendimiento de que los libros de historia, con un potencial de sesgo político, tienden a olvidar el testimonio personal de lo vivido, aunque éste sea, por definición, limitado en su perspectiva. Se entiende, pues, que la memoria histórica representa el intento de dar voz a las vivencias personales de eventos cruciales en un pueblo. La memoria histórica, cuando integra una pluralidad de voces, se convierte en posible fuente de conocimiento de eventos vividos por una generación. Muchos de los testimonios de quienes eran adultos cuando murió Franco demuestran las emociones de quienes habían vivido los aspectos más represivos de su régimen. Los recuerdos sobre los aspectos más negativos de la Guerra Civil y del franquismo se habían reprimido durante el periodo franquista como si se tratara del secreto de familia más vergonzoso. Estas vivencias no se habían hecho públicas, en parte por el esfuerzo del régimen franquista por ofrecer una visión idílica de la paz conseguida tras una guerra necesaria; por otro lado, los testimonios personales sobre la Guerra Civil y la represión franquista fueron acallados por las propias víctimas que no querían revivir una historia colectiva traumática. Esto no significa que la gente hubiera olvidado. Las historias personales, las leyendas de cada familia, se habían mantenido vivas en privado en algunos hogares.

Después, con el advenimiento de la democracia, la atención de toda la nación se dirigió al futuro y a evitar revanchismos que pudieran reavivar un conflicto civil. Todavía estaban vivos muchos de los participantes en la contienda nacional, algunos de los cuales eran miembros de la misma familia que habían luchado en bandos contrarios. Reavivar estos recuerdos para saldar cuentas como mínimo hubiera demorado el establecimiento de una sociedad civil y de las bases para la democracia. En su mayor extremo, podría haber resucitado el conflicto. Y el pacto del olvido pareció funcionar. La nueva democracia se instauró sin derramamiento de sangre y con el apoyo de toda una nación. Sin embargo, tras años de ocultar las historias de los perdedores en la Guerra Civil y en la lucha contra el franquismo, estas narraciones de vivencias personales comienzan a hacerse públicas sólo ahora. Los testimonios personales, tanto de la Guerra Civil como del régimen franquista, constituyen lo que se ha venido a llamar la memoria histórica, y se hacen públicos en la actualidad a través de la literatura, el cine o la internet.

Muchos de estos testimonios constituyen la base para procesos de exhumación de fosas comunes y de iniciativas para que algunas familias españolas recuperen los restos de familiares muertos durante la guerra y los primeros años del régimen, todo ello canalizado a través de la Asociación para la Recuperación de la Memoria Histórica (ARMH). Se estima que el número de cuerpos que todavía yacen en fosas comunes sin identificar es de 30.000, pero nadie está completamente seguro. Esta asociación, creada en 2000 por Emilio Silva y Santiago Macías, tiene como objetivo recoger los testimonios orales y escritos de las víctimas de Franco, además de exhumar los restos que se encuentran en fosas comunes por todo el país. Estos esfuerzos por sacar el pasado de debajo de la tierra constituyen un intento de recordar un pasado que cuarenta años de represión y más de veinte años de amnesia colectiva habían relegado a un simple ejercicio académico.

El artículo de opinión que aparece a continuación examina el tema de la Guerra Civil y su narración histórica. Hablar de la guerra y de la dictadura es también hablar de una perspectiva limitada de la historia, y este artículo del historiador Enrique Moradiellos ofrece una serie de recomendaciones en el proceso de confrontar la historia traumática de un país, tanto para los historiadores que quieren examinarla como para los políticos que quieren manipularla. En opinión de Moradiellos, el proyecto para la memoria histórica resulta intelectualmente sospechoso pues está abierto a la manipulación política de los testimonios personales de eventos vividos. Dada la pasión con la que se discute el tema de la memoria histórica, se podría afirmar que el capítulo histórico del franquismo no había quedado completamente cerrado. Este proceso se está realizando ahora, con el llamado Proyecto de la Memoria Histórica, una iniciativa del Gobierno que, como veremos más adelante, culminó con la aprobación de la Ley de Memoria Histórica.

ACTIVIDADES DE PRELECTURA

1. Trabajando en parejas, piensen en el título del artículo y escriban tres ideas que es posible que aparezcan en él. Hagan una lista con todas las ideas que aporte la clase.

2. Observe los datos de publicación de este artículo: el tipo de publicación, la sección en la que aparece, las credenciales de su autor. Piense en artículos similares en su país. ¿Cuál cree usted que puede ser su nivel de dificultad? Lea por encima y comente con la clase.

3. En el artículo de Enrique Moradiellos se habla de "revisionismo histórico" sobre la Guerra Civil. Explique qué significa este concepto. Busque en el artículo información sobre qué causas se indican para este revisionismo.

4. Fíjese en esta pregunta y esté atento a las secciones del texto que puedan responder a ella: ¿Qué dos versiones opuestas se ofrecen de la Guerra Civil y del franquismo en la España de años recientes?

5. El profesor Moradiellos hace una serie de recomendaciones en el punto "quinto" sobre este proceso de repaso de la historia reciente de España. Señale alguna de estas recomendaciones siguiendo este modelo: *Según Moradiellos, cabría...*

Uso y abuso de la historia: *la Guerra Civil*

Enrique Moradiellos

El País – Opinión – 31-10-2005

Por varias razones confluyentes, la llamada "memoria histórica" de la Guerra Civil española ha regresado al primer plano del debate mediático y del ámbito público. Es un fenómeno apreciable en el creciente volumen de publicaciones y polémicas registradas en los últimos años. Sin duda, este resurgir conlleva indudable importancia sociopolítica porque dicha contienda se sitúa en el origen de nuestro tiempo (aunque sólo sea porque aún viven protagonistas de un inmenso cataclismo con una cosecha de medio millón de muertos y otro medio millón de exiliados).

El confuso perfil que está cobrando este debate sobre la génesis, curso y desenlace del conflicto, sobre todo por el enconamiento de algunas manifestaciones, hace recomendable establecer unos parámetros historiográficos para su discusión razonada. Es una tarea difícil como sucede en todas las sociedades que deben afrontar un pasado traumático y divisivo (véase el peso del Holocausto en Alemania). Pero es también una tarea imprescindible para lograr que el conocimiento histórico desapasionado se convierta en fundamento de una convivencia social equilibrada y libre de hipotecas legadas del pasado. Los siguientes parámetros facilitarían ese encauzamiento del debate en términos propios de una ciencia histórica que tiene como divisa actuar *bona fides, sine ira et studio* (con buena fe, sin encono sectario y tras reflexión sobre la información disponible).

Primero. Cabría empezar orillando por absurdo el concepto de "memoria histórica". La memoria de cualquier persona, como facultad de recordar, es un atributo dado a escala individual: yo recuerdo mi infancia y el exiliado recuerda su partida al exilio. Lo que llamamos "memoria histórica" no es recuerdo biográfico sino "conciencia" formada por un tejido de experiencias, ideas recibidas, valores asumidos y lecturas mediadas: materiales de distinta procedencia que tanto se nutren de las propias vivencias biográficas como de las interacciones con otros iguales. Como ha recordado Todorov, la memoria es individual y las ideas que abrigamos sobre acontecimientos que no hemos vivido son parte de una conciencia que discurre en una esfera pública de discursos contrapuestos. Yo, nacido en 1961, tengo memoria de la llegada de la televisión en color, pero no puedo tener memoria del 18 de julio de 1936 porque no estaba allí. Y puesto que la "memoria histórica" no es tal sino conciencia, discurso o imagen, no puede ser unívoca sino plural. Me permito recordar una anécdota relatada por el padre Hilari Raguer sobre su conversación con el general Salas Larrazábal. Ambos tenían "memoria" de los bombardeos de Barcelona en marzo de 1938: el primero porque estaba a ras de suelo y corría a refugiarse para evitar la muerte; el segundo porque pilotaba aviones y buscaba los objetivos a batir.

Segundo. El reciente *revival* de ideas filo-franquistas que justifican la legitimidad de la sublevación militar de julio de 1936 por el carácter anárquico-comunista del régimen republicano suele atribuirse al contexto político favorable que supuso la segunda etapa de Gobierno del presidente Aznar. Sin descontar esa posibilidad, creo que dicho fenómeno responde igualmente al cambio generacional registrado en la pirámide social española: el predominio en sus segmentos activos (de 25 a 45 años) de generaciones de "nietos" de la guerra, que ya no ven las cosas como los "abuelos" (soporte físico del difundido mito de la guerra como una "gesta heroica": ya sea franquista o republicana), ni tampoco como los "hijos" (base humana del mito del olvido necesario frente a una "tragedia colectiva" vergonzante). Este cambio de mirada correlativo al cambio generacional no es un fenómeno singular del caso español. Se encuentra en todas las sociedades de nuestro tiempo: ahí está la "desmitificación" de la heroica resistencia al nazismo en Francia o en Italia. Por otro lado, puesto que toda historia es historia contemporánea (en el sentido de que el pasado se mira e interroga desde la última generación viviente), ¿cómo cabe sorprenderse de que haya nuevas preguntas sobre la multifacética entidad de la Guerra Civil?

Tercero. La puesta en cuestión de imágenes consagradas sobre la guerra por relevo generacional se ha producido en un contexto social en el que era casi dominante, en el discurso público, una visión de la época de la Segunda República (1931–1936) que podríamos llamar "arcádica". Dicha visión fue resultado de un proceso iniciado en la década de los sesenta y tuvo grandes virtudes cívicas en la transición del franquismo a la democracia, en la medida en que restablecía la legitimidad de una demanda de restauración democrática y contrapesaba la masiva difamación que había constituido la razón de ser legitimadora de la propia dictadura. Pero era una visión filorrepublicana que la lenta labor de la historiografía nunca dejó de someter a crítica porque su labor es siempre sacrílega y nunca santificante. ¿De qué visión filorrepublicana hablamos? De aquella que supone que allá por 1936 había una tranquila y pacífica república democrática y, súbitamente, cuatro generales, otros tantos obispos y terratenientes, todos ellos alentados por Hitler y Mussolini, se lanzaron al asalto contra el régimen constitucional que tenía el apoyo de "todo" el pueblo español.

Contra esa visión simplista, que eclipsaba la profunda escisión social existente y la crisis de autoridad pública del primer semestre de 1936, se metieron a fondo unos nuevos historiadores profranquistas que vieron su oportunidad intelectual y aprovecharon el contexto político. Y lo hicieron maniqueamente y con abuso presentista de sus argumentos porque su propósito no era meramente historiográfico. Hay que recordar que esos nuevos autores ya no eran los viejos historiadores oficiales del franquismo, cuya legitimidad para pontificar sobre el tema estaba lastrada por su compromiso con un régimen hostil a las libertades y basado en la censura. Al contrario, algunos de ellos fueron activos y armados opositores a la dictadura. Y en esa novedad del neófito (aparte de su facundia y eficacia narrativa) reside buena parte de su fortuna. Aunque quepa dudar de su leal compromiso historiográfico. De otro modo, ¿cómo es posible que ignoren el análisis de Santos Juliá sobre la futilidad suicida de la Izquierda Socialista entre 1934 y 1936 y su efecto sobre la estabilidad del sistema democrático republicano? ¿Por qué desprecian los estudios de Martin Blinkhorn, Gil Pecharromán y otros sobre

las vetas violentamente totalitarias e insurreccionales que definían a grupos derechistas como el carlismo, el falangismo o el monarquismo alfonsino?

Cuarto. El contexto político del *revival* del discurso oficial franquista (porque de eso trata el sedicente "revisionismo") es un factor clave de su fortuna mediática y pública. Con anterioridad a la etapa del último Gobierno del presidente Aznar, sus trabajos (todavía escasos) tenían el mismo éxito (para convencidos) de sus predecesores. Pero desde finales de los años noventa empezaron a recibir un apoyo mediático y parapolítico indudable (que no fue obra de todas las derechas existentes, en el poder o al margen de él). ¿Qué había detrás de esa cobertura? Creo que una voluntad amorfa e inconsciente de poner coto a las demandas del llamado movimiento de recuperación de la "Memoria Histórica" de los represaliados por el franquismo. Y ello sobre la base de impugnar la crueldad de los crímenes cometidos con el argumento de que eran parte de un proceso general de violencia "de ambas partes y por igual". Y también atribuyendo la exclusiva responsabilidad del fracaso de la democracia republicana a las víctimas de la represión y los partidos de la izquierda "irresponsable y antidemocrática".

Era una posición inteligente y previsible. Porque si la recuperación de la dignidad de aquellos muertos se hacía con la voluntad de señalar que "la nueva derecha en el poder era la heredera de los asesinos de 1936", no cabía esperar sino que los aludidos respondieran que "los reclamantes de ahora son los herederos de los subversivos que dieron al traste con la paz entre 1934 y 1936". Y así volvemos a las andadas de la generación de los "abuelos": los muertos como arma arrojadiza de legitimación propia y demonización ajena.

Me temo que estamos ante unos derroteros sociopolíticos peligrosos. Porque, si bien las responsabilidades de 1936 están claras en términos historiográficos (los militares que inician un golpe de Estado *faccional* son los primeros y máximos responsables de lo que viene después), también es verdad que la gradación de responsabilidades no deja inmaculado a ningún personaje, grupo político u organismo social, por acción u omisión. Y por eso "recordar" la Guerra Civil y "honrar" a sus víctimas requiere tanto sentido de la justicia como sentido de la prudencia. De hecho, sin entrar en primacías temporales o grados de vesania criminal, por cada "paseado" como García Lorca a manos militares siempre cabría presentar otro "paseado" como Muñoz Seca a manos milicianas.

Quinto. ¿Qué cabe hacer, entonces, con la "memoria" de la guerra y sus víctimas? Pues lo mismo que han hecho distintas sociedades enfrentadas a un pasado traumático, cercano y divisivo. Cabría poner punto final a la amnistía de 1977 y abrir un proceso para ajustar cuentas penales, como se hizo en 1945 en muchos países tras la liberación aliada del yugo nazi. El peligro es que sus resultados fueron muchas veces discutibles porque las responsabilidades afectaban a tantos millones que no cabía proseguir su curso hasta el extremo dado que ponía en cuestión la supervivencia del país. También

cabría resignarse a saber únicamente lo que pasó mediante una comisión de encuesta que renunciara a ajustar cuentas y sólo compensara moral o materialmente a las víctimas. Es la opción asumida en la Suráfrica posterior al *apartheid* de la mano del informe del obispo Desmond Tutú y la preferida desde 1990 por los países ex soviéticos. Se trata, en fin, de un dilema clásico: o bien suscribimos el principio *Fiat Iustitia, Pereat Mundo* (Hágase justicia aunque se hunda el mundo); o bien nos inclinamos por la máxima *Salus Publica, Suprema Lex* (El bienestar de la sociedad es la ley suprema).

Honestamente, yo preferiría la segunda alternativa. Sin que por ello dejara de lado la necesaria restitución oficial de la "memoria" de los represaliados por el franquismo. ¿Por qué motivo? Porque sería una mera equiparación de situaciones entre víctimas. Porque es indigno no ayudar a los familiares actuales a localizar los restos de sus antepasados enterrados en fosas anónimas. Porque las otras víctimas de la violencia republicana (muchas inocentes y bien contadas gracias a la eficacia de la Causa General incoada por el franquismo) ya tuvieron su restitución oficial, sus muertes reconocidas, sus tumbas honradas, sus deudos gratificados. Se trata, en esencia, de una mera cuestión de justicia equitativa. Y deberíamos dejarla estar así, sin mayores polémicas sociopolíticas donde todas las partes, me temo, tendrían mucho que perder y más que lamentar.

Un par de años después de la publicación del artículo del profesor Moradiellos, y varios más tras la fundación del Proyecto para la Memoria Histórica de forma un tanto polémica, se aprobaba en el Congreso de los Diputados la Ley de Memoria Histórica, con fecha del 31 de octubre de 2007. Varios días más tarde era aprobada también por el Senado y entraba en vigor el 27 de diciembre de ese mismo año. En virtud de esta ley se reconocían y ampliaban los derechos de quienes sufrieron persecución o violencia durante la Guerra

Civil. La aprobación de la ley se veía como el cumplimiento de una promesa electoral que José Luis Rodríguez Zapatero había realizado en las elecciones de 2004.

La ley contempla el reconocimiento de las víctimas de la Guerra Civil de ambos bandos, las víctimas de la dictadura, la retirada de los símbolos franquistas de los espacios públicos, y la apertura de fosas comunes en las que todavía se encuentran los restos de las víctimas del bando nacional. Esta última labor estaba siendo realizada hasta la aprobación de la ley por entidades privadas o las comunidades autónomas. Esta ley no es el primer documento aprobado por las Cortes que compensa a las víctimas del franquismo y les da una voz. Otras leyes anteriores ya habían establecido un sistema de compensaciones como pensiones a las viudas, hijos y familiares de quienes murieron durante la Guerra Civil, así como a los mutilados. Los hijos y los nietos de los republicanos exiliados bajo la dictadura que perdieron o tuvieron que renunciar a la nacionalidad española podrán obtenerla si lo solicitan entre 2009 y 2011, hayan o no nacido en España.

En su preámbulo, la ley establece que los juicios realizados durante el franquismo contra las personas que legítimamente defendieron el régimen democrático quedaban sin efecto alguno. También establece que los símbolos que exalten el régimen franquista serán eliminados de los espacios públicos, con la excepción de aquellos que presenten un considerable valor histórico. Esto es especialmente importante en el caso del Valle de los Caídos, lugar donde se encuentra enterrado Franco. Al ser un espacio religioso, se controlará por las normas aplicables a lugares de culto y religiosos, pero se establece su despolitización. Es decir, se prohíbe que se celebren en dicho espacio actos públicos de claro signo político nostálgico y franquista.

SACADO DEL TEXTO: DECLARACIONES / NO DECLARACIONES

Explique a la clase cómo entiende usted los efectos de esta Ley de Memoria Histórica siguiendo el esquema que se le presenta.

1. *La Ley de Memoria Histórica permite que se abran las fosas comunes y que el Gobierno lo pague. También permite que los represaliados intenten* _____ _____. *Asimismo, abre la posibilidad de que los monumentos franquistas* _____. *La ley hace posible que* _____ _____ *y obliga a que* _____.

2. *La Ley de Memoria Histórica establece que los exiliados pueden* _____ _____ *y que los mutilados tienen derecho a* _____

_____. *También afirma que* _____

y dice que _____.

3. Reflexionen sobre las declaraciones que acaban de hacer; elijan las respuestas correctas.

    - En la primera explicación de la ley se usan verbos en (subjuntivo / indicativo) porque las oraciones presentan (información / intención).

    - En la segunda explicación de la ley se usan verbos en (subjuntivo / indicativo) porque las oraciones presentan (información / intención).

Ensayos

Para escribir los textos que se proponen a continuación es necesario realizar un poco de investigación en internet. Busque la información y combínela con las ideas que ya ha obtenido a través de las lecturas de este capítulo.

1. **Procesos similares de recuperación de la memoria histórica.** Busque información en internet sobre otros países que hayan vivido un pasado de conflicto y violencia y en los que el regreso a la democracia haya establecido un proceso de recuerdo. De entre todos ellos, seleccione el proceso que más interesante le parezca y escriba un ensayo comparando dicho proceso con el del olvido y la recuperación de los recuerdos sobre el franquismo en España.

2. **Una carta al profesor Moradiellos.** Busque en internet información sobre el trabajo del profesor Moradiellos para familiarizarse con el mismo. Después, lea de nuevo el artículo "Uso y abuso de la historia" que aparece en este capítulo. Escriba entonces una carta al profesor Moradiellos expresando lo que usted ha aprendido al leer dicho artículo, junto con la opinión que le merecen las ideas en él expresadas.

3. **Una carta al director.** Investigue en internet las reacciones que la Ley de Memoria Histórica ha provocado en España hasta la fecha de hoy. Por ejemplo, puede usar

periódicos como *El País*, *El Mundo*, *ABC*, o *La Vanguardia*. Reflexione sobre la opinión con la que usted está de acuerdo y defina las ideas más importantes sobre las que se basa dicha postura. Escriba entonces una carta al director de un periódico español – usted decide cuál – expresando y explicando su postura con respecto a la Ley de Memoria Histórica de diciembre de 2008.

4. **El Valle de los Caídos.** Lugar de reposo final de Franco, este monumento a las afueras de Madrid está rodeado de polémica pues se cuestiona desde ciertos grupos si fue construido por prisioneros de guerra condenados a trabajos forzados. Como a este monumento, también rodea la polémica a estatuas de Franco que han ido eliminando de sus espacios públicos las ciudades españolas. Investigue sobre este tema y escriba un informe analizándolo desde la perspectiva de un proceso de revisión de la historia española.

5. **Fosas comunes y ADN.** En la actualidad se está dando en España el caso de aperturas de fosas comunes y exhumaciones de los allí enterrados. Gracias al uso de identificación del ADN se está devolviendo a las familias los restos mortales de los seres queridos a quienes perdieron en la Guerra Civil. Investigue este tema en internet y escriba un informe sobre ello.

Debate: ¿Qué hacer con el pasado en España?

La clase se dividirá en dos equipos. Algunos de los argumentos se pueden encontrar a través de todo el capítulo. Los otros se pueden encontrar en la web, a través de casos similares al español.

Equipo A. Defiende la postura de que tras treinta años de democracia en España y con un pacto del olvido que ha funcionado bien, lo mejor es dejar el pasado tranquilo y mirar hacia el futuro. España tiene otros asuntos por los que preocuparse.

Equipo B. Defiende la postura de que es ahora, cuando los españoles tienen la suficiente distancia histórica, cuando se pueden rectificar los errores cometidos durante el franquismo y durante la transición por el olvido auto-impuesto por la sociedad española.

Cuéntame cómo pasó – Episodio 3: "A lo lejos el mar"

Resumen del episodio: En este episodio conocemos a la familia Alcántara, que al comienzo están frente a su recién adquirido televisor y ven imágenes de los turistas europeos que llegan a las playas españolas. Ellos también querrían ir de vacaciones, pero la economía familiar no es muy buena, incluso con los dos trabajos de Antonio y los pantalones que cose Mercedes. Son los últimos años del franquismo y el país está cambiando.

En el descampado, Carlitos y Luis descubren un trozo de una fotografía de la revista *Playboy* en la que se puede ver a una mujer mostrando un pecho. Por otro lado, en la peluquería en la que trabaja, Inés se decide a comprar un bikini, a pesar de que tiene ciertas dudas morales. En otra línea diferente de la historia, Antonio descubre en el cuarto de baño del bar una cartera con mucho dinero y también tiene un dilema moral sobre qué hacer con el dinero.

Contexto: Antonio es un pluriempleado, como muchos españoles de su época. Antes de ver el episodio, investigue en la web qué significa este término y explique a la clase la información que ha encontrado.

Reflexiones de Carlitos: En varias partes del episodio es posible oír la voz de Carlitos ya adulto, que reflexiona sobre los cambios vividos por la sociedad española. Escuche con atención durante el episodio y escriba un resumen de lo que Carlitos dice desde la perspectiva del presente. Compare su resumen con el de un compañero. ¿Han entendido algo diferente? Pregunten al profesor si les quedan dudas.

PREGUNTAS PARA EL ANÁLISIS

1. ¿Qué personajes aparecen en esta serie? ¿De qué clase social es esta familia? ¿Cómo lo sabemos? Hagan juntos en la clase o por separado en casa una lista de los personajes junto con una descripción de la edad, personalidad y trabajo de cada personaje.

2. ¿En qué época viven? ¿Qué tipo de moralidad es la típica de esa época, por lo que se ve en el episodio? Tengan en cuenta el bikini de Inés y la reacción de la familia, así como la fotografía que Carlitos encuentra y la reacción del cura.

3. ¿Dónde cree que vive esta familia? ¿Ciudad? ¿Pueblo pequeño? Justifique su respuesta.

4. La policía ("los grises") está presente en la universidad. Explique las posibles razones, así como las razones para las protestas estudiantiles.

5. Una de las personas en el bar dice que "Franco no se va a morir nunca." ¿Qué representa esta declaración en relación a la situación de España a finales de los sesenta?

Imagine el diálogo: En este episodio parece que la economía de la familia Alcántara no está para echar cohetes. Esta expresión indica que no tienen tanto dinero como para estar contentos. Al ver el episodio anote algunas de las expresiones y dichos que usan los diferentes miembros de la familia.

En clase, con otro compañero, improvisen un breve diálogo entre dos miembros de la familia, una escena adicional. Para hacerla más real, deben usar al menos cinco expresiones o dichos que hayan oído en el episodio.

¿Qué es España? © Alain M. Urrutia.

Identidad nacional

¿Qué nos dice la ilustración?

Antes de iniciar el trabajo en este capítulo, piense en lo que representa la ilustración de la página inicial, la cual hace referencia a una peculiaridad del idioma español que contiene el nombre mismo del país. Comente con sus compañeros qué conexión tiene con el tema que se va a examinar.

El poder de la imagen

Busque en internet, especialmente en youtube.com, segmentos audiovisuales de archivo usando como palabras clave el nombre de una de las regiones de España junto a "turismo" o "visita". Por ejemplo, puede buscar imágenes con la expresión clave "Galicia turismo". Reflexione sobre lo que estas imágenes expresan acerca de la variedad regional de España, y escriba sus conclusiones en cinco oraciones para presentarlas al resto de la clase.

¿Cuánto sabemos ya?

En las lecturas que aparecen a continuación, se examina el concepto de nación en España, pues dicho concepto todavía es tema de debate. Esto se puede comprobar en la prensa del momento, en artículos sobre iniciativas para reformular los estatutos de autonomía de diferentes regiones de España. Estas regiones comienzan ahora a repensar sus relaciones administrativas con el Gobierno central. El tema de la identidad de España como nación es relevante en el proceso de transición a la democracia, especialmente en tanto en cuanto contrasta con el nacionalismo español por decreto que impuso el régimen franquista. Durante dicho régimen no se permitía la expresión de ninguna identidad regional, excepto como manifestación folclórica a través de la danza y música populares. Inmediatamente tras la muerte de Franco, salen a la superficie estos nacionalismos regionales que habían estado reprimidos durante su régimen.

Unido al tema de los nacionalismos regionales aparece la cuestión de qué constituye la base de la identidad nacional española y cómo debe manifestarse en el nuevo sistema de organización política y territorial del país. Así pues, el proceso de transición a la democracia planteó la pregunta de cómo administrar el territorio español, bien desde un gobierno central en Madrid como había hecho Franco, o bien desde gobiernos regionales con un alto grado de autonomía.

LISTA DE CONCEPTOS CLAVE

Los conceptos que se enumeran a continuación ofrecen claves para entender la temática de este capítulo. Es posible que sus significados sean diferentes en este contexto de los que usted pueda conocer ya.

Autogobierno	Derecho de autodeterminación	Fueros
Autonomía	Estado de autonomías	Identidad nacional
Competencias	Estatuto	Ordenación territorial

En casa: Averigüe el significado de estas expresiones. Para buscar su significado, es preferible utilizar el Diccionario de la Real Academia de la Lengua, que se encuentra en internet en www.rae.es, o en cualquier diccionario que esté íntegramente en español. Decida qué dos expresiones de entre ellas son las claves para entender este capítulo y escriba un párrafo corto con su razonamiento.

En clase: Compare su opción de dos expresiones clave con las del resto de la clase. Use su razonamiento para convencer al resto del grupo. El objetivo de esta actividad es que el grupo seleccione los dos conceptos centrales para iniciar el estudio de la identidad nacional y nacionalismos en España.

Conocimientos previos

Intente recordar todas las ciudades españolas sobre las que ha oído hablar o ha visitado. Quizás alguno de sus amigos haya pasado tiempo en España y le haya contado sobre sus experiencias en varias regiones de la geografía española. Tal vez usted mismo ha visitado algunas de las ciudades españolas o tiene planes de visitarlas pronto.

Comente con sus compañeros sus respuestas a las preguntas que aparecen a continuación. Tras reflexionar sobre ellas en parejas, presenten sus conclusiones a la clase. Intenten seguir los patrones de respuesta que se ofrecen, pero si alguna de las expresiones les parece extraña o no la entienden, no olviden preguntar al profesor por su significado.

- ¿De qué ciudades ha oído hablar o ha visitado? *Hasta el momento, he visitado... Un(a) amigo(a) mío(a) me ha contado sobre... He visto un documental sobre España y se hacía referencia a... Recuerdo una película que vi cuya historia tenía lugar en...*

- ¿Por qué son famosas estas ciudades? *Lo más destacado de estas ciudades es... Las ciudades mencionadas son famosas por...*

- ¿En qué regiones españolas están ubicadas estas ciudades? *Se encuentran en... Se hallan en...*

- ¿Qué rasgos caracterizan estas regiones y ciudades? *Los rasgos o características que yo asocio con estas regiones y ciudades son...*

- ¿Qué rasgos considera usted que caracterizan la cultura española en su conjunto? Haga una lista de los primeros conceptos que le vienen a la mente cuando se menciona la cultura española: *Los rasgos más distintivos asociados con la cultura española son...*

- ¿Sabe usted cuál es el idioma oficial en España? ¿Hay más de uno? *Por lo que yo sé, el idioma oficial es el... Por lo que a mí me consta, España (no) tiene más de un idioma oficial...*

Experiencia personal

Uno de los temas que dirigen la exploración de este capítulo es el de la identidad nacional. Este concepto es un tanto elusivo y se podría decir que hasta problemático.

Todos tenemos ideas diferentes sobre los rasgos que caracterizan la cultura de nuestro país y nuestra identidad cultural y nacional. Por ejemplo, si un visitante de otro país nos pidiera que seleccionáramos los conceptos que definen a nuestra cultura, seguramente ofreceríamos una larga lista, aunque algunos de estos conceptos sean contradictorios y parezcan excluirse mutuamente. Puede que ni siquiera estemos de acuerdo con la lista de conceptos que ofrecen nuestros compañeros de clase.

Comente con sus compañeros los siguientes temas que se proponen a continuación. El objetivo de esta actividad de comentario de las preguntas es generar ideas para que al final cada alumno tenga dos tarjetas con conceptos que se asocian con la identidad de su país y otros dos conceptos que creen que los extranjeros asocian con el mismo. La pizarra se dividirá entonces en dos secciones, una para colocar las tarjetas con los conceptos que la gente del país piensa que lo definen, y la otra para las tarjetas con los conceptos que los extranjeros posiblemente asocian con ello. Cada alumno debe colocar sus tarjetas en la sección que considere correcta y después explicar su decisión a la clase.

- ¿Cuáles son en su opinión los elementos que definen una cultura-país? *Los elementos primordiales de una cultura...*

- ¿Puede usted identificar una lista de rasgos que caracterizan la cultura de su país? *Algunos de los rasgos más característicos de la cultura de mi país / región son... Es probable que un observador defina la cultura de mi país / región como...*

- ¿Hay regiones diferentes en su país? ¿Qué elementos sirven para diferenciar estas regiones? *Desde mi punto de vista, se pueden diferenciar las regiones de...*

- ¿Qué nivel de poder político hay en estas regiones? ¿En qué áreas tienen jurisdicción o competencias políticas? *De acuerdo con la ley,... Por lo que a mi me consta / por lo que yo sé...*

- ¿Cree usted que dichas regiones deberían tener más autonomía política? Justifique su respuesta. *Considero que... Me parece que... y esto se debe a...*

- ¿Qué hubiera pasado si en los Estados Unidos se hubiera mantenido la diversidad lingüística de sus inicios (francés, alemán, español, lenguas nativas e inglés) en diversas regiones? *Si los Estados Unidos no se hubieran unificado lingüísticamente, la situación habría sido...*

Organización territorial de España: La presión nacionalista

PREGUNTAS PARA EL ANÁLISIS

Las siguientes preguntas presentan una guía para la lectura de la sección. Antes de leer el texto, decida con un compañero de clase la posible respuesta a cada una de estas preguntas. Escriba entonces estas respuestas en una tarjeta que entregará al profesor. Tras la lectura de esta sección tendrá la ocasión de volver a leer esta tarjeta y de corregirla. Por ahora, las preguntas le servirán como una estrategia para hacer la lectura más clara.

1. ¿Por qué resultó tan importante mantener los idiomas regionales durante el franquismo a pesar de la represión de la que fueron objeto? *El impulso para mantener los idiomas regionales a pesar de la represión franquista se debió a...*

2. ¿Cuál fue la iniciativa más destacable que hubo para mantener los idiomas regionales? *Entre las varias iniciativas se puede destacar...*

3. ¿Qué relación existe entre nacionalismo y lengua? *Es posible que sin una lengua propia, muchos nacionalismos regionales españoles hubieran tenido / sido...*

4. ¿Por qué tenía Franco que reprimir el uso de idiomas regionales? *Franco se vio obligado a reprimir el uso de lenguas regionales debido a que...*

5. ¿Qué consecuencias tuvieron los nacionalismos regionales en el proceso de transición a la democracia en España? *Los diversos nacionalismos regionales se vieron reflejados en el proceso...*

Muchos de los miembros de la generación que ahora está en el gobierno mandan a sus hijos a escuelas donde toda la educación se realiza íntegramente en uno de los varios idiomas oficiales del territorio español. Por ejemplo, en Cataluña, ir de compras, llevar a los niños al colegio, llamar a la oficina de servicio al cliente de la compañía telefónica, o relacionarse con los compañeros de trabajo, son actividades que probablemente se realicen sólo en catalán, una de las dos lenguas oficiales en la región autónoma de Cataluña. En el caso de Cataluña, es posible que muchos de los miembros de esta generación fueran los primeros en asistir a una universidad pública donde parte de las clases comenzaron a enseñarse en la lengua catalana. Por otro lado, se da el caso de que en la actualidad algunos españoles no pagan sus impuestos al Gobierno central, sino que lo hacen al gobierno autónomo de su región, el cual pasa luego una cantidad de dinero previamente acordada al gobierno de Madrid. Los españoles de hoy viven en lo que se llama un Estado de autonomías, es decir, una forma de ordenación territorial y política en la que diecisiete regiones poseen parlamentos y ejecutivos con un alto nivel de control sobre temas tanto legislativos como de gobierno.

Las experiencias descritas son algunos de los aspectos que la nueva democracia en España hizo posibles. Muchos de los padres de la generación que ahora gobierna, o generación de los chiripitifláuticos, no habían podido usar en público el idioma de su región. Estas lenguas eran idiomas regionales que para algunos miembros de la generación de los "hijos" de la Guerra Civil eran lenguas maternas. Dichos idiomas como el gallego, el vasco o el catalán habían sido relegados al ámbito doméstico durante el régimen franquista. No se enseñaban en la escuela, no se hablaban en la iglesia, y no se hablaban en público por miedo a recibir multas o a ser acusado de separatista. Franco entendía que la unidad nacional que buscaba se veía comprometida por la existencia de idiomas regionales que podían contribuir a un fuerte sentimiento nacionalista diferente del español, y por eso había prohibido su uso en público. Sin embargo, el lema franquista de "España, una, grande y libre", con énfasis en *una,* no había conseguido convencer a los españoles de que todos compartían una misma cultura unificada y uniforme, y el uso de los idiomas regionales había continuado en el ámbito del hogar y de la familia. Esto había ocurrido de modo más acentuado en las zonas rurales. Las tensiones nacionalistas habían jugado un importante papel durante la Guerra Civil, y Franco había reaccionado tratando de imponer una unidad nacional por decreto, es decir, por obligación. Con la muerte de Franco, la presión por establecer centros de poder en las diversas regiones, junto con la necesidad de dar expresión a manifestaciones culturales como el idioma, dieron impulso a un modelo de ordenación territorial basado en la descentralización.

Por otro lado, el concepto mismo de "nacionalismo español" es histórico, en el sentido de que no aparece automáticamente con la nación española. Más bien, es un producto del siglo XIX, que cambia adaptándose a las circunstancias políticas y sociales del momento. El concepto de España ha tenido manifestaciones muy variadas a lo largo de su historia, una España formada por regiones que también reclamaron reconocimiento como entidades políticas. Esta tensión entre el concepto de una España unitaria, y el reconocimiento de su variedad regional, constituye la base de un debate que fue reprimido durante el franquismo, y que se retomó a raíz del advenimiento de la democracia. Así pues, las vivencias de los chiripitiflaúticos sobre la transición a la democracia también están mediadas por la región en la que nacieron y en la que viven. No todos los nacidos durante la explosión demográfica de los sesenta tuvieron una conciencia de identidad cultural y nacional diferente de la española. Sin embargo, los que nacieron y vivieron en regiones con una identidad cultural y política muy marcada, vivieron no sólo el paso a un nuevo régimen político, sino también un renacimiento lingüístico y cultural de su región.

Parte de la complejidad del proceso de transición a la democracia en España derivó de la presión que ejercieron grupos políticos en varias regiones, las cuales buscaban establecer desde el comienzo del nuevo régimen un mayor nivel de autonomía en su gobierno regional. En gran parte, el proyecto de democratización de España dependía de un consenso en el que tenían que participar todas las fuerzas políticas, incluso las fuerzas nacionalistas que habían funcionado en la clandestinidad durante el franquismo. Para seguir adelante con la democracia, el nuevo proyecto de ordenación regional tenía que contar con la aprobación de los nacionalistas vascos, los catalanes, los gallegos, los canarios y los de todas las otras regiones que en algún momento habían tenido aspiraciones de autogobierno. El problema no era nuevo. En épocas remotas, España había estado dividida en entidades que disfrutaban de relativa independencia administrativa. Algunas de estas regiones manifestaban su individualidad cultural a través de idiomas diferentes del castellano. Antes de la Guerra Civil, varias regiones como Cataluña y el País Vasco habían tenido gobiernos autónomos. Algunos de estos gobiernos, como el vasco, incluso habían acuñado su propia moneda. Durante la Guerra Civil, varias de estas regiones habían tomado una posición a favor de los republicanos y en contra de los nacionales, los cuales habían luchado con Franco. Éste había interpretado los regionalismos y nacionalismos regionalistas como una potencial amenaza a la unidad de España y había intentado reprimirlos a toda costa.

Con el regreso de la democracia, uno de los potenciales riesgos para el proceso de democratización de la sociedad española lo constituían las aspiraciones regionalistas o nacionalistas que supeditaban su aprobación de cualquier nuevo estatus quo a la garantía de su derecho de autodeterminación, es decir, a su derecho a decidir su destino político y administrativo. Estas diferencias regionales emergen desde el mismo momento de la muerte de Franco en cómo se vivió dicha muerte en algunas regiones de la geografía española. Así pues, en algunas regiones la muerte del Generalísimo se había vivido más intensamente, pues en círculos nacionalistas se veían nuevas oportunidades y al mismo tiempo se sentía miedo a los posibles resultados de un cambio de poder. Todo podía ir considerablemente a peor. Algunos chiripitiflaúticos del País Vasco, como Kepa Murua, poeta y editor, recuerdan la tensión del momento:

> Creo que en el País Vasco los niños éramos más conscientes de quién era Franco y de lo que pasaba. Especialmente en el mundo que vivía sin poder expresarse en libertad, como el euskaldún, o en los sectores de las fábricas, que se identificaban con las ideas de la izquierda emergente. Pero el problema en Euskadi fue que se mezcló todo: el cambio político, el ideológico, el estético, y el sentimental, sin que fuéramos conscientes de dónde veníamos y adónde nos dirigíamos. (p. 24)

La falta de libertad de expresión a la que se refiere Kepa Murua es la de la expresión en una lengua propia, el euskera o vascuence, que durante el franquismo había estado prohibida en lugares públicos. Esta misma prohibición también se daba en Cataluña, donde sólo se permitía hablar el catalán en la intimidad de la familia, así como en Galicia, donde ocurría lo mismo con el gallego. Como se ha indicado anteriormente, el ideal franquista de unidad nacional – "España, una, grande y libre" – no podía lograrse si cada región se convertía en un reducto de nacionalismo independentista que se expresaba en lenguas diferentes. Los nacionalismos se controlaban mejor hablando en castellano, y ésta es una de las razones por las que el régimen franquista había prohibido el uso de lenguas regionales en lugares públicos.

En parte por un ideal de unificación nacional, y en parte por represalias contra las regiones que habían luchado contra los "nacionales" durante la Guerra Civil, Franco se propuso eliminar las señas de identidad cultural más arraigadas. En las escuelas, en los centros oficiales, en los comercios y en las calles, estaba prohibido hablar en otra lengua que no fuera el castellano. El castellano era la única lengua oficial del Estado español y de sus ciudadanos. Esta medida podía significar desde la imposición de una multa hasta una condena en la cárcel. El control lingüístico era fácil: se apoyaba en la mutua acusación entre vecinos, en el profesor que ejercía el castigo físico cada vez que un niño no hablaba en castellano, en el cura del pueblo que se negaba a hablar con sus feligreses en la lengua con la que se podían expresar con más naturalidad. El pueblo mismo se convirtió en policía lingüístico de sus semejantes. El objetivo era eliminar no sólo una potencial lengua secreta – la mayoría de los partidarios del nuevo régimen franquista no eran vasco-parlantes, ni gallego-parlantes, ni hablantes del catalán – sino también desanimar cualquier aspiración nacionalista borrando señas de identidad cultural como la literatura, las artes, las instituciones académicas y la expresión en una lengua propia. Durante los casi cuarenta años de régimen franquista, la producción literaria en lenguas regionales había desaparecido o se había mantenido en la más estricta clandestinidad, publicada en el extranjero por los españoles en el exilio. La gente que había mantenido su lengua materna, lo había hecho, como se ha mencionado antes, sólo en el reducto del hogar familiar. Como consecuencia, se perdieron muchos hablantes naturales de estas lenguas regionales. En gran parte, Franco había logrado su objetivo de unificación lingüística, si bien no completamente.

Los políticos nacionalistas que vivían en la clandestinidad a finales de los sesenta y durante los setenta, eran conscientes del efecto unificador que podría tener el castellano, y mantuvieron vivas las lenguas regionales en reductos muy pequeños. Ya durante los últimos años del franquismo se había visto en algunas regiones españolas un resurgimiento del interés en dichas lenguas regionales, incluso entre quienes nunca las habían hablado. En dichas regiones, la ideología nacionalista identificaba la existencia de una lengua con la existencia de una nación potencialmente independiente. Si la lengua moría, razonaban los nacionalistas, también lo haría el sentido de identidad nacional de estas regiones y con ello, los sueños de autogobierno. La lengua era en muchos casos la llave que abría la puerta a las aspiraciones nacionalistas: la lengua era seña de identidad y de existencia de la nación, y la existencia de dicha nación era la base de posibles aspiraciones de autogobierno y hasta de independencia. Así pues, durante los años sesenta comenzaron a aparecer, y a tolerarse por parte del Gobierno, escuelas privadas donde sólo se impartían clases en euskera, catalán o gallego. En realidad se trataba de una de los pequeños cambios de apertura por parte de un régimen que no quería parecer excesivamente represivo ante las miradas de otros países. Estas escuelas, que inicialmente habían sido semiclandestinas, fueron costeadas en su totalidad por los padres de los alumnos. Funcionaban como cooperativas educativas, creadas por los padres, inicialmente muy parecidas a la educación en casa que se da en los Estados Unidos.

A principios de los años setenta, las autoridades casi permitían y no cerraban estas escuelas, las cuales se habían convertido en caldo de cultivo para la nueva generación de nacionalistas. Muchos de los niños educados en estas primeras escuelas ocupan hoy puestos relevantes en la política de las varias regiones autónomas. De hecho, se puede afirmar que fueron los nacidos entre 1960 y 1970 los primeros en poder asistir – si bien de forma semiclandestina inicialmente – a escuelas donde la educación se ofrecía exclusivamente en una lengua distinta del castellano. Fue éste el primer paso en programas piloto para la recuperación lingüística. En este sentido, los chiripitiflaúticos fueron los primeros en comenzar a hablar sus lenguas regionales en público y sin miedo a las consecuencias. Esto ocurría también en una situación de mayor apertura y libertad en el sistema educativo que se tratará en otro capítulo.

En el ámbito político de la transición a la democracia, estos nacionalismos regionalistas, basados o no en el supuesto de la preexistencia de "naciones" en las varias regiones españolas, se expresaron en varios artículos de la Constitución Española de 1978. En particular, la Constitución de 1978 tuvo que intentar resolver la cuestión de si el proyecto de España, como nación común a todos los españoles, era compatible con los hechos diferenciales de tipo cultural, histórico, lingüístico y económico que se manifestaban en diferentes regiones. Dicha constitución se basaba en los siguientes principios contenidos en su Título VIII: 1) la soberanía nacional correspondía al pueblo español en su conjunto y no a sus regiones constituyentes; y 2) se reconocía la autonomía de las nacionalidades y de las regiones, dentro de la sociedad plural. Esto último significaba que si bien la soberanía sólo correspondía a la nación española, se reconocía el carácter de nación o nacionalidad a una serie de regiones que basaban tales aspiraciones en un hecho diferencial de tipo cultural y, en varios casos, lingüístico.

Así pues, la Constitución de 1978 reconocía tanto el nacionalismo español como los nacionalismos periféricos de los que se hablará en la siguiente sección. Sólo excluía de dicho reconocimiento aquellas realidades nacionales que no aceptaran la idea de España. Este modelo del Estado de las Autonomías que se instituyó con el advenimiento de la democracia se puede describir como una cierta forma de federalismo. La Constitución reconoce el derecho a la autonomía de las regiones no sólo en base a sus diferencias culturales, sino también porque se establece dicho derecho para todas las regiones españolas. Esto significa que, aunque no todas las regiones basaban sus aspiraciones autonómicas en el hecho diferenciador cultural, la mayoría lo hacían por un sentido práctico de defensa de los intereses económicos y sociales del área. A diferencia del federalismo, no obstante, cada región autónoma tiene derechos y competencias completamente diferentes y negociados individualmente con el Gobierno central, lo cual no ocurre en los estados de una federación.

La negociación de la Constitución de 1978 no fue fácil dadas las aspiraciones de autodeterminación de algunos nacionalistas como los vascos y los catalanes. Había aspectos en los que se sentía desde ámbitos nacionalistas que no se había reflejado suficientemente sus aspiraciones en referencia a las competencias, es decir, las áreas de jurisdicción que se entregaba a cada gobierno autónomo. En el caso del País Vasco, estas competencias, desde la educación hasta el sistema de impuestos, pasando por la policía y el sistema sanitario público, eran amplias y respondían al hecho del foralismo, la historia de fueros o derechos que estas regiones habían perdido en sucesivas guerras y que se consideraba que debían recobrarse. Sin embargo, esta nueva ordenación territorial del Estado español o bien no era suficiente para algunos nacionalistas periféricos, o era excesiva para algunos partidos no nacionalistas.

Tras la ratificación de la Constitución, y como resultado de la implantación de los principios expresados en su Título VIII, en pocos años se completó el proceso de instauración de las diecisiete comunidades autónomas, y fueron aprobados todos sus estatutos de autonomía. Todas las diecisiete comunidades autónomas han instituido sus propios órganos de gobierno e instituciones representativas. La puesta en práctica de lo establecido en este Título VIII de la Constitución hizo necesario el acuerdo de varios pactos autonómicos en los cuales el Gobierno y las diferentes regiones, a través de los partidos políticos que las representaban, planificaron la realización del mapa autonómico de España. En virtud de estos pactos, el sistema administrativo español respetaba a la vez la unidad nacional y las diferencias e idiosincrasias regionales.

No existen precedentes de este sistema de comunidades autónomas en otros sistemas políticos en países occidentales, de modo que esta fórmula jurídica es bastante nueva, si bien en la organización administrativa de la Segunda República Española se había considerado la idea mediante la aprobación de las autonomías de Cataluña en 1932, País Vasco en 1936 y Galicia en 1938, así como numerosos proyectos de estatuto para otras regiones. Pese a ello, el sistema actual de autonomías se inspiró hasta cierto punto en otras legislaciones, como son las regiones italianas y los Länder alemanes.

Cabe puntualizar que, de entre todas las comunidades autónomas, Navarra no es en sentido estricto una comunidad autónoma sino una "comunidad foral" con ciertas especificidades, como el hecho, por ejemplo, de no tener un estatuto de autonomía. El resto de las comunidades autónomas tienen estatutos de autonomía, con rango de ley nacional. Estos documentos de tipo constitucional les dotan de competencias en áreas determinadas y de una serie de órganos de gobierno como ministerios, presidencia e incluso parlamentos o asambleas legislativas. En base a los estatutos de autonomía y la propia constitución española, cada comunidad autónoma tiene una asamblea legislativa, un consejo de gobierno con funciones ejecutivas y con un presidente del consejo que es elegido por la asamblea. También en cada comunidad autónoma se puede encontrar un tribunal superior de justicia.

La asamblea legislativa es el parlamento autonómico con una sola cámara, que en las distintas comunidades se denomina de distinta forma, Cortes, Parlamentos o Asamblea. El sistema de elección de sus miembros es por sufragio universal. Las elecciones se celebran el último domingo de mayo cada cuatro años, en todas las comunidades excepto en el País Vasco, Cataluña, Galicia, Andalucía, Navarra y la Comunidad Valenciana, que tienen derecho a convocar elecciones cuando sus presidentes disuelven las asambleas legislativas y convocan elecciones. Todas las comunidades autónomas tienen poder legislativo excepto Ceuta y Melilla, que en sentido estricto son ciudades autónomas, ambas ubicadas en el norte de África. Las asambleas legislativas tienen funciones de elaboración de presupuestos, aprobación de leyes, control del ejecutivo autonómico, elección del gobierno, del presidente del ejecutivo, participación en las reformas de la Constitución, así como control de la constitucionalidad de las leyes aprobadas.

Las funciones de los presidentes de las comunidades autónomas son la dirección del consejo de gobierno y suprema representación de la comunidad. Es el presidente de las comunidades autónomas quien ordena la publicación de las leyes y se encarga del nombramiento de los miembros del tribunal supremo. El presidente trabaja con el consejo de gobierno, que es el ejecutivo de la comunidad autónoma, y sus funciones son la administración civil y ejecutiva junto con las tareas de legislación. Los miembros responden ante el tribunal superior de Justicia de su responsabilidad civil y penal. Están sometidos a control político a través de la cuestión de confianza y la moción de censura. La composición de este ejecutivo depende del número de competencias que tenga la comunidad autónoma. Por ejemplo, si una comunidad autónoma tiene una competencia en el área de seguridad ciudadana por tener derecho a un cuerpo de policía autónomo – como es el caso en Cataluña y el País Vasco – entonces es probable que haya un ministerio o departamento del interior en dicho consejo de gobierno, el cual se ocuparía del control ejecutivo de la policía autónoma. Las comunidades pueden también crear sus propios tribunales de cuentas, defensor del pueblo y organismos para su buen funcionamiento.

Éste es el sistema que regula la organización de casi todas las comunidades autónomas, lo cual les dota de una considerable libertad a la hora de decidir asuntos de interés regional. Estos sistemas de ordenamiento regional han sido objeto de varios cambios en años recientes, todo ello como resultado de nuevas versiones de los estatutos de autonomía.

SACADO DEL TEXTO: RAZONAMIENTOS (CONTRASTE Y CONSECUENCIA)

En una acalorada discusión sobre la transición a la democracia, es posible que los chiripitifláuticos se interrumpan y completen las ideas de otros participantes en la conversación. A continuación aparecen dos líneas de diálogo en sendas columnas, las cuales constituyen las dos partes de una conversación truncada. En parejas, formen todas las oraciones posibles que formarían parte de dicha conversación usando los conectores que se ofrecen en las listas "para contrastar" o "para introducir consecuencias".

Para contrastar: *pero, si bien, mas, sino, no obstante, sin embargo, con todo, fuera de, excepto, salvo, menos*
Para introducir consecuencias: *luego, así que, con que, así pues, pues, por consiguiente, por tanto, por lo tanto, de manera que, de modo que*

Los ideales nacionalistas se mantuvieron durante el franquismo	Se había perdido un considerable número de hablantes naturales de los idiomas regionales
Franco había reprimido la expresión en idiomas regionales	Hubo una gran variedad entre las reivindicaciones del nacionalismo en cada región
La lengua era en muchos casos la llave que abría la puerta a las aspiraciones nacionalistas	Fue uno de los puntos más importantes en la agenda de la transición
	En zonas rurales se había mantenido el uso cotidiano
La realidad del nacionalismo / regionalismo español es compleja	Se aprobaron con gran premura entre 1979 y 1983
	Gran parte de las reivindicaciones nacionalistas se basaban en el hecho lingüístico
Durante los casi cuarenta años de dictadura, la producción literaria en lenguas regionales había desaparecido o se había mantenido en la más estricta clandestinidad	La presión nacionalista se manifestó con intensidad en los primeros años de la democracia
	La muerte de Franco se vivió de modo diferente en las varias regiones españolas
En un espacio muy corto de tiempo, las diversas regiones españolas canalizaron sus aspiraciones de diferenciación a través de Estatutos de Autonomía	Obras literarias se habían publicado en el extranjero
	Este hecho había contribuido a un cierto empobrecimiento de la cultura regional

---

Ejemplo: *La realidad del nacionalismo / regionalismo español es compleja, si bien fue uno de los puntos más importantes en la agenda de la transición.*

REPASO DE LAS PREGUNTAS PARA EL ANÁLISIS

Ahora es el momento de comentar en clase las respuestas a las preguntas para el análisis y de compararlas con las que escribió antes de leer la sección. Comente sus conclusiones a la clase con respecto a lo que ha aprendido, los errores que había cometido al responder inicialmente a las preguntas y lo que había tenido claro desde el principio.

Nacionalismos periféricos y regionalismos

PREGUNTAS PARA EL ANÁLISIS

La siguiente sección contiene una lista y breve descripción de los movimientos nacionalistas o regionalistas por regiones. Intente responder a las preguntas que aparecen a continuación pues le ayudarán a seleccionar sólo la información relevante para entender mejor los nacionalismos periféricos. Es probable que no pueda contestar a todas las preguntas antes de leer la sección, y que tenga que esperar hasta el final de la sección, cuando se haya leído todo el texto. De este modo, las preguntas se convierten en una guía de lectura.

1. ¿Cuáles son las diferencias entre el nacionalismo y el regionalismo en el contexto de las demandas regionales sobre la ordenación de España? *Las diferencias más destacables entre ambas corrientes de pensamiento político son...*

2. ¿Cuáles son algunas de las razones que se presentan para justificar los Estatutos de Autonomía vasco, catalán y gallego? *En el caso vasco, catalán y gallego se esgrimen razones como...*

3. ¿Cuáles son algunas de las razones que ayudan a justificar el Estatuto de Autonomía en Andalucía y Canarias? *Los estatutos de autonomía de Andalucía y Canarias, entre otras regiones similares, se justifican en base a...*

4. ¿Qué papel cree usted que juega el Gobierno central en vista de las funciones que ya están en manos de las comunidades autónomas? ¿Qué áreas controla? *Al Gobierno central le corresponde...*

5. ¿Por qué se llama a estos nacionalismos o regionalismos "periféricos"? *Es probable que el término se refiera a...*

No todas las regiones en España tenían las mismas aspiraciones nacionalistas de gobierno propio. La realidad del nacionalismo regional en España es mucho más com

Los primeros años de la transición estuvieron llenos de conflictos y de protestas, especialmente en las regiones que buscaban mayor nivel de autogobierno. © Alain M. Urrutia.

pleja. No se puede hablar de nacionalismo como corriente ideológica que defiende el autogobierno de todas las regiones españolas, es decir, en todas las comunidades autónomas. En algunos casos, se trata más bien de regionalismos, es decir, ideologías cuyo fin es la defensa de intereses regionales. Asimismo, no todos los nacionalismos son del mismo tipo, pues entre ellos se hallan tanto movimientos basados en argumentos históricos y lingüísticos, como movimientos que se basan en argumentos socioeconómicos. También se da una gran variación ideológica entre los movimientos y partidos nacionalistas y regionalistas: desde ideologías de tipo socialista a corrientes de la democracia cristiana, pasando por los socialdemócratas. Algo interesante a destacar en esta breve introducción a los movimientos regionalistas y nacionalistas dentro del Estado español es el hecho de que todos ellos tuvieron como resultado la promulgación de estatutos de autonomía entre 1979 y 1983. Es decir, en un espacio muy corto de tiempo, las diversas regiones españolas canalizaron sus aspiraciones de diferenciación a través de documentos legales que aprobaron las Cortes españolas. Otro tema interesante a tener en cuenta es el hecho de que estos movimientos han contribuido a preservar la gran diversidad cultural de España.

A continuación se presenta una selección de diferentes movimientos de defensa de la identidad y capacidad administrativa de varias regiones de España. En la mayoría de los casos, un movimiento de carácter nacionalista o simplemente de orgullo regional culmina, en virtud de la aprobación de la Constitución de 1978, con la aprobación de un estatuto de autonomía. Este repaso, en lugar de enfocarse en una descripción geográfica y cultural de las regiones, ofrece un panorama de los nacionalismos y regionalismos que se han dado en llamar "periféricos" y muestra los diversos elementos en que consiste el complejo mapa de la identidad española, al menos en lo que respecta a las bases ideológicas de su actual ordenación territorial.

Andalucía

El movimiento autonómico andalucista surgió en el siglo XIX como una corriente de tipo anarquista con profundos sentimientos regionales. Todo ello culminó con la redacción de una Constitución Federal en Antequera en 1883. Ya en el siglo XX este andalucismo político pedía la creación de una Mancomunidad de Andalucía, pero no fue hasta la proclamación de la Segunda República con su Constitución de 1931 que se abrió la posibilidad de dar cierta autonomía política a esta región. Así pues, en una asamblea de pueblos de la provincia de Sevilla se acordó redactar un proyecto de estatuto de autonomía siempre y cuando no presentase un reto para la unidad de España. En parte por escaso apoyo popular, y en parte por la falta de seguimiento en otras provincias de la región, este movimiento andalucista tuvo poco impulso. En 1932 se aprobó en Sevilla un proyecto legislativo que establecía una relativa descentralización en temas realmente poco cruciales.

Lo más destacado del regionalismo andaluz no ha sido el que esté basado en un pasado independiente ni en un hecho lingüístico diferenciador, sino que surgió del intento de decidir cuestiones regionales en un gobierno que realmente entendiera la región mejor que el Gobierno de Madrid. En este sentido, no constituye un nacionalismo histórico, como es el caso del vasco, el catalán y el gallego, sino uno de defensa de los intereses económicos y culturales de la región.

Este sentimiento de defensa de los intereses andaluces no murió tras los intentos de los años treinta. Así, el 4 de diciembre de 1977 cerca de medio millón de personas salió a las calles por toda Andalucía pidiendo la autonomía, convocados por la Asamblea de Parlamentarios, que agrupaba a todos los diputados y senadores elegidos por las provincias andaluzas en las elecciones generales realizadas ese año. Gracias a toda esta actividad pro-andalucista, y tras el Referéndum del 28 de febrero de 1980, se aprobó el Estatuto de Autonomía de Andalucía de 1981.

Aragón

El nacionalismo aragonés es una ideología política que interpreta el pasado histórico aragonés para utilizarlo como instrumento legitimador de las propuestas del aragonesismo político. Este movimiento surge a partir de las primeras formulaciones de un grupo de inmigrantes aragoneses en Cataluña a finales del siglo XIX. Este nacionalismo aragonés fue inicialmente consciente de la dificultad de emular los nacionalismos vasco y catalán al no poseer un elemento cultural diferenciador como era el idioma, de modo que el activismo nacionalista aragonés tuvo que basarse en la historia y su singularidad como reino medieval. Este punto es de importancia, pues una vez reconocido el estatus de reino medieval, se pasa a reivindicar los fueros que Aragón tuvo, es decir, unos derechos o privilegios administrativos especiales concedidos a la región por los reyes. Por otro lado, el nacionalismo aragonés se basa en el pasado imperialista y el orgullo por los territorios conquistados en el mediterráneo (Cerdeña, Reino de las dos Sicilias, Neopatria, etc.) por la Corona de Aragón.

Los actuales partidos de tipo nacionalista o regionalista ocupan espacios políticos de un variado espectro político. Algunos de ellos son el Partido Aragonés, de centro-derecha, y la Chunta Aragonesista, de izquierda. El Estatuto de Autonomía de Aragón, la norma básica de esta región, fue aprobado en 1982 y ha sido reformado en tres ocasiones: 1994, 1996 y 2007.

Asturias

El nacionalismo asturiano constituye un movimiento político y social que considera que Asturias debe tener un mayor autogobierno o, en sentido más extremo, que es una nación. Como nación, correspondería a Asturias reclamar el derecho de autodeterminación. Los motivos principales de este movimiento nacionalista son la defensa de la cultura asturiana, y la de la lengua bable, así como los intereses sociales y económicos de la región. El nacionalismo asturiano se manifestó principalmente como un movimiento social que defendía los derechos de los trabajadores del área, y menos como un programa general para definir una nación. Así, a principios del siglo XX, Asturias había visto protestas de los mineros, que vivían en duras condiciones laborales y económicas. Sin embargo, se podía contar también con un argumento histórico, pues Asturias había vivido varias etapas de soberanía política, con la existencia del Reino de Asturias entre los años 718 y 925, la declaración de soberanía de la Junta General del Principado de Asturias de 1808, y el Consejo Soberano de Asturias y León de 1937. Además, Asturias, como zona de influencias culturales celtas, presenta para los nacionalistas asturianos diferencias significativas con otras zonas de España que están más influidas por una cultura mediterránea.

Antes de la transición hubo partidos e ideologías que fueron asturianistas. La Junta Regionalista Asturiana fue el primero, aunque no tuvo después ninguna continuidad política. El resurgimiento del asturianismo en la transición a la democracia comenzó con el colectivo de tipo exclusivamente cultural Conceyu Bable, que luego se integró en el primer partido político nacionalista, el Conceyu Nacionalista Astur de 1977. En la década de 1980, cuando se aprobó el Estatuto de Autonomía de Asturias, aparecieron otros partidos nacionalistas de diversas tendencias ideológicas.

El idioma asturiano o bable no es oficial en la comunidad autónoma asturiana, aunque el Estatuto de Autonomía le reconoce una especial protección. Durante el franquismo, y al contrario que en otras comunidades como Cataluña o el País Vasco, donde el idioma catalán y el euskera fueron reprimidos, en Asturias la lengua local fue simplemente ridiculizada, lo que tuvo como consecuencia que la población tendiera a olvidarla y dejar de utilizarla, al considerarse socialmente "poco culto" a quien hablara en asturiano. En la actualidad se calcula que lo hablan 100.000 personas como lengua materna y 450.000 como segundo idioma.

Baleares

El regionalismo balear – mallorquín, menorquín, ibicenco y formenterense, según sea la isla donde se manifieste – conocido también como *balearismo* o *mallorquinismo,* es una ideología política que se basa en el hecho de que estos territorios son islas, en su pasado histórico, y en su singularidad cultural y lingüística. En cuanto a su historia, las Baleares estuvieron ligadas a la Corona de Aragón, pero con un periodo de autonomía. Jaime I de Aragón dio a las islas una estructura administrativa bastante autónoma dentro de la Corona. Con los Reyes Católicos, las islas se integraron, al igual que otros reinos de la Península, en la nueva unidad nacional. Durante la Segunda República (1931–1939) se inició un proyecto de Estatuto de Autonomía para las Islas Baleares, pero no prosperó.

En cuanto a la lengua, las Baleares son bilingües. Se hablan, de forma oficial, tanto el dialecto balear del catalán como el castellano. Con la transición a la democracia regresó un fuerte sentimiento autonomista, y en 1983 finalmente se aprobó un Estatuto de Autonomía de las Islas Baleares.

Canarias

El nacionalismo canario es una corriente ideológica que considera las Islas Canarias como nación. Este sentimiento nacionalista se ha manifestado en una diversidad de movimientos políticos de amplio espectro: desde movimientos independentistas hasta otros movimientos más moderados, partidarios del federalismo dentro de España, pasando por regionalistas o simplemente autonomistas. Dentro del movimiento nacionalista se incluyen también muchas tendencias políticas y sociales. Parte de este impulso nacionalista se basa principalmente en razones de tipo social, aunque también las hay culturales, debido a la existencia de una cultura indígena, la guanche, que existía en las islas antes de su "descubrimiento" y su anexión a España en el siglo XV.

Los nacionalistas canarios empezaron a organizarse de forma política a finales del siglo XIX, como es el caso en muchas otras regiones españolas. Esto ocurrió, en parte, como consecuencia del movimiento obrero, y estaba vinculado con las comunidades canarias emigrantes en países como Cuba o Venezuela. Por ejemplo, en 1924 se fundó en Cuba el Partido Nacionalista Canario (PNC). Las Islas Canarias cuentan con un Estatuto de Autonomía desde el 10 de agosto de 1982.

Cantabria

El nacionalismo cántabro es una ideología reciente, ya que antes de los años ochenta no hubo ningún partido político nacionalista en la región de Cantabria. Este nuevo fenómeno político tiene sus raíces en el *cantabrismo* de épocas anteriores, un movimiento puramente regionalista. Desde 1995 está representado por el partido Conceju Nacionaliegu Cántabru que no tiene representación parlamentaria en las Cortes Generales. Así pues, no se habla tanto de nacionalismo cuanto de regionalismo cántabro. El regionalismo cántabro o *cantabrismo* defiende los valores tradicionales de la región, las costumbres y personalidad propia del pueblo cántabro, así como el desarrollo del medio rural en Cantabria. Este último factor hace que esta corriente sea especialmente fuerte en zonas de considerable predominio agrícola. Se podría decir que este regionalismo tiene un importante componente práctico de defensa de los intereses económicos regionales.

Esta corriente política propició la consecución del estatus de comunidad autónoma para Cantabria que, durante el franquismo, y con el nombre de Provincia de Santander, formaba parte de Castilla la Vieja. En 1998 se reformó el estatuto para eliminar el Artículo 38 que contemplaba una posible anexión futura de Cantabria a Castilla. El documento original del Estatuto de Autonomía data del 30 de diciembre de 1981.

Castilla

El castellanismo es una ideología dirigida a preservar y promover los valores propios y distintivos de lo que se considera Castilla: sus tradiciones, su cultura, sus recursos naturales y humanos, y su integridad territorial. Este movimiento político surge como resultado del cuestionamiento de lo que se entiende como políticas centralistas desde el Gobierno de Madrid, y tiene como objetivo defender los intereses económicos y territoriales de esta región que en la actualidad se encuentra dividida en dos comunidades autónomas, la de Castilla–León, y la de Castilla–La Mancha.

A lo largo de la historia han existido diversos movimientos que pueden calificarse de castellanistas. Puede tratarse de partidos regionalistas o nacionalistas, al margen de su orientación política (progresista, izquierdista, socialdemócrata, o derechista). Tienen su origen político en el Pacto Federal Castellano de 1869, firmado por representantes y delegados de diecisiete provincias, que propugnaba la unificación de las actuales cinco comunidades autónomas de raíz castellana: Cantabria, Castilla y León, Castilla–La Mancha, La Rioja y Madrid, así como de diversas comarcas que no pertenecen a dichas comunidades autónomas pero han pertenecido históricamente a Castilla. Históricamente, el castellanismo tomaba como punto de referencia la Guerra de las Comunidades de Castilla y a la figura de Juan Martín Díez "El Empecinado", como base del federalismo castellano del siglo XIX y el posterior Pacto Federal Castellano de 1869.

El regionalismo castellano, ya sea el de la comunidad autónoma de Castilla–La Mancha, o bien el de la comunidad autónoma de Castilla–León, defiende la entidad regional y los intereses de dicha área central de España en base a la historia, pero también en base a los intereses económicos y políticos de ambas comunidades. Sin embargo, este regionalismo no es suficiente para definir un nacionalismo histórico y en la actualidad no se manifiesta de una forma visible. La comunidad autónoma de Castilla–León

tiene su estatuto desde el 25 de febrero de 1983, mientras que la comunidad de Castilla–
La Mancha lo tiene desde 1982.

Cataluña

El nacionalismo catalán es una corriente de pensamiento político que se apoya en el
principio de que Cataluña es una nación, con base en derechos históricos, en su historia, su lengua, y en el antiguo derecho civil catalán. Es una corriente de pensamiento
que incluye tanto a partidos políticos y ciudadanos de izquierdas como de centro y de
derechas. Pueden distinguirse básicamente dos corrientes en el nacionalismo catalán,
según la relación que los nacionalistas catalanes creen que Cataluña debe tener con el
resto de España. La corriente mayoritaria, liderada principalmente por el partido político
Convergència i Unió, defiende que Cataluña sea reconocida como nación, que obtenga
mayores niveles de autogobierno y que sea reconocido el derecho de autodeterminación
que permitiría que los catalanes pudieran decidir si Cataluña debe permanecer integrada
en España o si debe independizarse. Según esta interpretación, España se entiende como
un Estado "plurinacional" y federal. La otra corriente, liderada por Esquerra Republicana de Catalunya, es un movimiento más minoritario, que defiende la idea de la independencia de Cataluña y que ve el derecho de autodeterminación sólo como paso previo a esta independencia.

El nacionalismo catalán en su manifestación más extrema plantea como justificación que la cultura catalana es diferente a la española, y defiende la tesis de que
Cataluña es una nación oprimida por España desde su ocupación por las tropas bor-
bónicas en 1714. Desde un punto de vista cultural, el nacionalismo catalán promueve el
uso de la lengua catalana en todos los ámbitos de la vida social de Cataluña, a un nivel
superior que la lengua castellana. Además, defiende el derecho a utilizar la lengua catalana tanto en las instituciones españolas como europeas en base a la cantidad de
hablantes y a su tradición literaria e histórica.

Además de las razones culturales, los nacionalistas catalanes se apoyan en otras de
carácter económico. En concreto, denuncian que Cataluña está sometida a un supuesto
agravio económico por parte del Estado español, debido al déficit de la balanza fiscal
para Cataluña. Esto significa que Cataluña recibe mucho menos de lo que contribuye en
impuestos a las arcas nacionales. Por estas razones, el nacionalismo catalán viene recla-
mando históricamente un mayor nivel de autogobierno para Cataluña, dentro de España,
tanto desde el punto de vista legislativo como ejecutivo, judicial, cultural y económico.

Desde un punto de vista histórico, el nacionalismo catalán se consolidó como movimiento político a principios del siglo XX, pero el régimen franquista terminó con sus aspiraciones. Esta situación no cambió hasta la llegada de la democracia. El 11 de agosto de 1980 Cataluña se convirtió en una autonomía dentro de España gracias a la aprobación en esa fecha del Estatuto de Autonomía para la región. Ese mismo año, las elecciones en Cataluña dieron el poder a Convergència i Unió, liderada por Jordi Pujol, quien se mantuvo en el poder hasta el año 2003, uno de los políticos de mayor longevidad en el Estado español. El día 30 de septiembre del 2005, después de más de dos años de negociaciones, el Parlamento catalán aprobó un proyecto de nuevo Estatuto de Autonomía con una amplia mayoría parlamentaria. Aprobado por el Congreso de los Diputados y el Senado, entró en vigor tras un referéndum entre los catalanes.

Extremadura

El movimiento en defensa de lo extremeño es una corriente política que aboga por la identidad propia de la región de Extremadura y de sus gentes. Denuncia con frecuencia el olvido y abandono al que a su juicio está sometida la región por parte del Gobierno central español en cuanto a las necesidades de una región agrícola con una historia de retraso económico.

Los partidos regionalistas extremeños presentan una gran variedad ideológica, y todos ellos están representados en la Asamblea de Extremadura, creada dentro del marco legal establecido por el Estatuto de Autonomía del 25 de febrero de 1983.

Galicia

El nacionalismo gallego es una corriente ideológica que defiende el reconocimiento de Galicia como nación. Dentro del nacionalismo gallego se pueden encontrar dos corrientes ideológicas principales. La corriente mayoritaria defiende una amplia autonomía, es decir, la transformación de España en un estado federal o confederal. La otra corriente, la izquierda independentista, muy minoritaria y sin representación parlamentaria, prefiere la ruptura con España, así como el abandono del modelo de sociedad capitalista. Estas dos corrientes, sin embargo, tienen puntos en común, como por ejemplo la defensa de la lengua y cultura gallega. Durante la dictadura del General Franco cualquier movimiento del nacionalismo gallego fue anulado y la lengua gallega prohibida. Se tuvo que esperar a la transición a la democracia para que Galicia obtuviera su Estatuto de Autonomía el 6 de abril de 1981. Dicho Estatuto contempla, entre otras cosas, el que la lengua gallega sea oficial junto con la lengua castellana en el territorio gallego.

El gobierno autónomo se conoce como Xunta de Galicia y tiene sus propias competencias frente al gobierno central de Madrid, con la excepción de competencias con las relaciones con otros estados o naciones. Sin embargo, la integración de España en la Unión Europea ha hecho posible las relaciones interregionales dentro del ámbito europeo sin la necesidad de pasar siempre por el Ministerio de Exteriores del Gobierno central. Ésta es una práctica que con frecuencia adoptan muchos dirigentes de las comunidades autónomas de España, especialmente para poder potenciar el desarrollo económico de la región a través de programas de la Unión Europea.

Navarra

El regionalismo navarro es un movimiento político que defiende la identidad de Navarra como comunidad diferenciada dentro de la unidad de España. Defiende también el estatus foral de Navarra y el convenio económico de Navarra con el Estado español, por el cual se negocia la distribución de los fondos tributarios, es decir, de los impuestos que se recogen en el territorio navarro. El origen de esta reivindicación es un acuerdo económico por el que, desde 1969, Navarra había disfrutado de un estatus fiscal especial que le permitía un alto grado de autonomía en la decisión del gasto público. Al igual que el nacionalismo vasco, el nacionalismo navarro tiene sus orígenes en el foralismo, es decir, en la existencia de derechos o fueros históricos que garantizaban una forma de autogobierno para la región. La diferencia es que, salvo con pequeños recortes de su autonomía, Navarra nunca perdió su estatus foral, ni siquiera durante el franquismo.

La Ley Orgánica 13/1982, de 10 de agosto, establece la restauración del estatus foral de la comunidad autónoma de Navarra. Esta ley fue después enmendada en 2001. En sentido estricto, no es un estatuto de autonomía, porque ya la tenía desde 1841, sino un estatuto foral que reafirma que "Navarra constituye una Comunidad Foral con régimen, autonomía e instituciones propias, indivisible, integrada en la nación española y solidaria con todos sus pueblos".

País Vasco

El nacionalismo vasco defiende la unidad y la entidad política de los territorios que configuran la nación vasca, y que actualmente se reparten entre dos estados: España y Francia. Así que la primera reivindicación del nacionalismo vasco se refiere al territorio de dicha comunidad pues, según los nacionalistas vascos, está formado por las actuales comunidades autónomas de País Vasco y Navarra; el condado de Treviño, en la provincia de Burgos, en la comunidad autónoma de Castilla–León; Valle de Villaverde en Cantabria; y parte del departamento francés de Pirineos Atlánticos con los territorios de Baja Navarra, Labort y Sola. El Partido Nacionalista Vasco constituye la principal opción política del País Vasco, ya que desde el inicio de la democracia ha obtenido la mayoría en el Parlamento Vasco, y dirigió el Gobierno Vasco tanto en la Segunda República Española como en la transición y la actualidad. Existen, sin embargo, otros partidos nacionalistas de corte más izquierdista y radical.

A lo largo de su historia el País Vasco ha tenido dos estatutos de autonomía, el Estatuto de Autonomía de 1936 y el de 1979, también llamado Estatuto de Guernica. El actual Estatuto de Guernica fue redactado y aprobado en la Asamblea de Parlamentarios Vascos constituida en diciembre de 1978. Una vez aprobado por la Asamblea y con la autorización del gobierno central, se sometió a un referéndum el 25 de octubre de 1979. Fue aprobado con una participación del 58,8% del censo electoral y un 90,3% de votos afirmativos. Establece un sistema de gobierno parlamentario, en el cual el Lehendakari o Presidente del Gobierno debe recibir la confianza del Parlamento Vasco. Este último es elegido por sufragio universal y está integrado por setenta y cinco diputados.

Lo que hace al Estatuto de Autonomía del País Vasco distinto a los demás no es el número de competencias transferidas o transferibles, pues el proceso aún no ha concluido, sino el hecho de que, a la vez que en las bases de la Constitución española, la autonomía vasca se basa en la foralidad histórica, reconocida también en dicha Constitución. Esto significa que se reconoce que la comunidad autónoma vasca había tenido ya muchos de estos derechos o fueros. Sobre estas bases, el País Vasco, además de recibir competencias plenas sobre educación, salud, economía e industria entre otras, obtuvo con la aprobación del Estatuto de 1979 un procedimiento de financiación exclusivo basado en una actualización de unos Conciertos Económicos. Este programa de financiación es único en el sentido de su alto nivel de independencia en cuanto al sistema español de impuestos y al establecimiento de presupuesto para el gasto público. Igualmente, el estatuto permite la formación de una policía propia, la Ertzaintza, la cual funciona como un cuerpo de policía con jurisdicción en todo el territorio vasco.

Dados los fuertes sentimientos independentistas que a menudo se asocian con el nacionalismo del País Vasco, vale la pena considerar algunos datos sobre las opiniones de la población que habita en dicho territorio. Los datos de noviembre de 2006 del "Euskobarómetro", estudios sociológicos periódicos realizados por la Universidad del País Vasco, muestran resultados contradictorios. Así, el 38% muestra tener grandes deseos de independencia, un 24% tiene pequeños deseos de independencia y un 28% ninguno. Según este estudio, un 37% defiende la "autonomía", un 32% el "independentismo", un 25% el "federalismo" y sólo el 1% apoyaría el "centralismo"; un 43% se considera "nacionalista", frente a un 50% que se considera "no nacionalista" – con una considerable disminución de las posiciones nacionalistas de los encuestados que en mayo de 2006 sólo representaban un punto menos que los "no nacionalistas". Además, un 33% se considera tan vasco como español, un 29% sólo vasco, un 25% más vasco que español, un 6% sólo español y un 4% más español que vasco. Este estudio, sin embargo, no incluye a encuestados en los territorios vascos de Francia. En el estudio presentado por Eusko Ikaskuntza en marzo de 2007 bajo el título de "Identidad y cultura vascas a comienzos del siglo XXI", el cual incluye datos de encuestados tanto en los territorios vasco españoles como en los franceses, sobre el total de encuestados, un 44% asegura sentirse más vasco que español o francés, un 23% tan vasco como español o francés, un 12% más español o francés que vasco, un 7% más navarro que vasco, un 4% tan español como navarro, un 3% tan vasco como navarro y un 7% otros. A simple vista, ambos estudios muestran la presencia de un fuerte sentimiento pro-vasco, a la vez de una multiplicidad de posturas sobre identidad nacional y cultural. Esto nos puede dar una idea de la complejidad del fenómeno nacionalista en el País Vasco. Así pues, a la pregunta que a menudo se le hace a un vasco de si se considera más vasco que español no se le puede dar una respuesta fácil. Para complicar más las cosas, el terrorismo nacionalista vasco añade un componente de violencia y crispación a posturas ya de sí poco claras.

La Rioja

El nombre de esta región, que ocupa el territorio de la provincia anteriormente conocida como Logroño, es famoso gracias a sus vinos. El regionalismo riojano es una corriente política de la Comunidad de La Rioja que defiende la identidad histórica y cultural de dicha región. En efecto, esta corriente de pensamiento político defiende que La Rioja natural es más extensa que la actual comunidad autónoma y critica lo que ellos denominan "efecto frontera" en referencia a la soberanía del País Vasco y Navarra, dos regiones que en teoría también contienen territorios que históricamente han pertenecido a La Rioja. Como se puede comprobar, este regionalismo está dedicado a defender la integridad territorial de la región, junto con la especificidad de su producción agrícola, la uva y el vino. El Estatuto de Autonomía de La Rioja está en vigor desde junio de 1982.

Valencia

El nacionalismo valenciano, o valencianismo, busca el máximo nivel de autogobierno de la actual Comunidad Valenciana, como consecuencia de ser presentada en su estatuto como nación. Esta comunidad es también denominada País Valenciano. Esta forma de pensar, en última instancia, incluiría el derecho a la autodeterminación de dicho territorio en base a diferencias culturales y lingüísticas con el resto del país. La delimitación de estas diferencias, no obstante, depende de varias perspectivas, pues se define en su relación con otras culturas cercanas y un tanto similares, como la catalana o la balear.

El Estatuto de Autonomía de la Comunidad Valenciana fue por primera vez aprobado en su formato de Ley Orgánica el 1 de julio de 1982. Sin embargo, en mayo de 2005, se debatió en las Cortes Valencianas un nuevo estatuto. La Comunidad Valenciana fue la primera en presentar una reforma de su estatuto de autonomía ante el Congreso de los Diputados, con un incremento de los derechos que correspondían al gobierno de dicha comunidad autónoma. En este sentido, la Comunidad Valenciana no es única, pues este proceso de reformas de los estatutos de autonomía se ha comenzado a ver en otras regiones. Se entiende que con el paso del tiempo, cada comunidad autónoma ha comprendido mejor sus necesidades en cuanto a capacidad de maniobra y decisión.

SACADO DEL TEXTO: INFORMAR VERSUS PEDIR

1. Trabajando en parejas, clasifiquen primero cada uno de los movimientos descritos en dos categorías: la de nacionalismos y la de regionalismos.

> Nacionalismos: _____
>
> _____
>
> Regionalismos: _____
>
> _____

2. Luego, trabajando en parejas escriben en qué insisten cada uno de estos movimientos. Por ejemplo:

   Los nacionalismos insisten en que el Gobierno les dé competencias en más áreas y en que...

Los regionalismos insisten en que el Gobierno central no les presta atención y en que...

Presten especial atención a la diferencia entre insistir en que ocurra algo (intentar influir en los hechos), e insistir en que algo ocurre (informar varias veces de que algo es el caso). ¿Qué consecuencias tienen esta diferencia en el modo de los verbos? Si no están seguros sobre este punto, pregunten al resto de la clase o al profesor.

Nacionalismos: _____

_____

_____

Regionalismos: _____

_____

_____

3. Con las ideas ya claras, se divide la pizarra en dos secciones, una para los nacionalismos y otra para los regionalismos, y la mitad de la clase trabaja en cada una de estas secciones. Cada grupo debe incluir los nombres de las regiones que se apoyan en sentimientos regionalistas, o en sentimientos nacionalistas, y expresar después las ideas que se conectan con cada una de estas posturas. Finalmente, el grupo comenta las ideas presentadas, así como los modos de los verbos (subjuntivo o indicativo) usados para indicar en qué insiste cada una de estas dos posturas.

REPASO DE LAS PREGUNTAS PARA EL ANÁLISIS

Ahora es el momento de volver a las preguntas que se planteaban al comienzo de la sección e intentar responder a las que no hubieran quedado claras. ¿Hay alguna idea que todavía no haya quedado clara? ¿Cuál de las preguntas anteriores a la lectura resulta difícil de responder?

Como ejercicio final, se propone que cada alumno escriba en una tarjeta dos cuestiones sobre esta sección. El profesor puede hacer un repaso de las preguntas que ha recogido en las tarjetas y comentarlas con el grupo.

Nacionalismo español

PREGUNTAS PARA EL ANÁLISIS

Las preguntas que aparecen a continuación presentan las claves para comprender el pasaje siguiente. Toda la clase intenta darles una respuesta, y el profesor tomará nota de lo que se diga en clase. Estas notas se compararán con las respuestas que se presenten tras la lectura de la sección.

1. ¿Cuáles son los tres aspectos más destacables del nacionalismo instituido por Franco? *El nacionalismo español que Franco instituyó se apoyaba en las ideas de...*

2. ¿Qué efecto tuvo el nacionalismo español en los primeros años de la transición? *Como consecuencia de la estrecha definición que el franquismo hizo del nacionalismo español, en los primeros meses de la transición...*

3. ¿Qué temas relacionados con el nacionalismo español son todavía objeto de debate en la sociedad española? *Los españoles todavía se enfrentan a...*

4. ¿Qué significa en la actualidad la expresión "no nacionalista" o "constitucionalista" que se auto-aplican los partidos españoles mayoritarios? *"No nacionalista" viene a designar ahora...*

La transición política que tuvo lugar desde el final del franquismo hasta la promulgación de la Constitución de 1978 y de los estatutos de autonomía tuvo como consecuencia una menor utilización social de los símbolos de identificación nacional – como bandera, himno nacional, y estatuas de héroes, entre otros – muchos de los cuales todavía tenían un fuerte vínculo con el régimen de Franco. Al mismo tiempo, los nacionalismos periféricos adquirieron mayor presencia y dominio territorial, mayoritariamente en Cataluña y en el País Vasco, y sustancialmente menor en otras comunidades autónomas. Algunos de estos nacionalismos periféricos, como se ha visto en los resúmenes anteriores, estaban basados en diferencias de tipo lingüístico o histórico. Otros tuvieron motivaciones prácticas de defensa de intereses económicos y sociales regionales. Pero en general se puede considerar que la transición a la democracia supuso un cierto abandono de los planteamientos nacionalistas que Franco había hecho poco populares.

Desde el contexto de los nacionalismos periféricos, a veces se habla de nacionalismo español o españolismo como equivalente a centralismo, y el término puede tener consecuencias polémicas. Dicha ideología nacionalista se tiende a identificar con la extrema derecha nostálgica del régimen de Franco o con una presunta "opresión del Estado" sobre ciertos territorios, que en casos extremos (particularmente en el País Vasco con ETA) se utiliza como justificación para un terrorismo que se autodefine como lucha armada que tiene como objetivo la "liberación nacional". En cambio, ninguno de los partidos políticos de ámbito nacional afectados por tal denominación de españolistas o nacionalistas españoles, se identifican con este término, y en su lugar utilizan la expresión "no nacionalistas" para designarse a sí mismos frente a los nacionalistas, que es como se suele denominar a los llamados "periféricos".

Desde perspectivas más moderadas y mayoritarias dentro del país, se identifica la noción de España con un nacionalismo constitucional. Es decir, ser nacionalista español hoy significa defender la Constitución de 1978, junto con los símbolos e instituciones nacionales y la visión pluralista que este sistema implica. Desde esta perspectiva, España es plural y presenta distintas visiones, todas ellas integradas en el marco constitucional. Con este modo de pensar suelen coincidir los partidos políticos mayoritarios, como el PSOE y el PP, u otros partidos regionalistas o nacionalistas a veces denominados moderados.

El nacionalismo español, como muchos otros que surgieron por toda Europa, y entre ellos los propios nacionalismos periféricos que se acaban de describir, nació en su forma más elaborada en el siglo XIX. Así pues, en las décadas centrales del Romanticismo del siglo XIX los historiadores presentaron la visión compacta de un pueblo español dotado de un carácter unitario y constante, de una esencia española mantenida inalterable desde los tiempos de los héroes legendarios de la patria. Esta lista de héroes de la patria, encarnaciones del carácter nacional español, incluía tanto a Recaredo y Guzmán el Bueno, como a Roger de Lauria, el Cid, Wilfredo el Velloso, Fernando III el Santo, Jaime I el Conquistador, Hernán Cortés, Juan Sebastián Elcano, Daoíz y Velarde o Agustina de Aragón. Desde los héroes de la Reconquista, hasta los héroes de la Conquista del nuevo mundo, pasando por quienes defendieron los valores nacionales contra invasores de fuera, todos ellos representaban supuestamente esa esencia del carácter nacional. A esta lista se unían los nombres de Isabel de Castilla y a Fernando de Aragón, los Reyes Católicos.

El nacionalismo español propiciado durante la época franquista es de tipo monárquico, católico, y en menor medida, proponente de una idea de raza española. La España que sale de la Guerra Civil es un estado totalitario, a imitación de la Italia fascista o la Alemania nazi. Franco era conservador, católico y nacionalista, y estaba convencido de que iba a jugar un papel histórico en la lista de gloriosos eventos de España. Para hacerlo, tenía que conectar con los reyes más famosos que había tenido España, y es en este sentido que se considera el nacionalismo franquista de corte monárquico. Así, durante unos años se evitó definirse como reino, hasta que la Ley de Sucesión de la Jefatura del Estado de 1947 proclamó que "España, como unidad política, es un Estado católico, so-

cial y representativo, que, de acuerdo con su tradición, se declara constituido en Reino"
(Art. 1°). Aunque durante mucho tiempo se evitó el nombramiento de un sucesor a título
de rey, en 1968 se nombró al Príncipe Juan Carlos de Borbón. Gracias a esta ley, Franco
volvía a conectar los valores políticos del país con la tradición monárquica instituida por
los Reyes Católicos. Sin embargo, el obsesivo culto a la personalidad del Generalísimo,
la reiteración obsesiva de lemas y símbolos unitarios, no ocultaba que en el régimen nunca
hubo una unidad monolítica: el mismo Franco explotaba la rivalidad de los diversos grupos del franquismo, como falangistas y monárquicos.

En esta gran familia que era España, no se podía tolerar la manifestación de las diferencias. La visión que Franco tenía de los españoles que se le oponían era extremadamente maniquea, en línea con el concepto de Anti-España. O se estaba con la idea de
unidad nacional, hablando sólo castellano y defendiendo lo español, o se era anti-español,
un traidor. Éste es el argumento implícito en el guión que Franco escribió bajo un
pseudónimo para la película *Raza*. En particular, llegaron a niveles obsesivos sus referencias a la Conspiración Judeo-Masónico-Comunista-Internacional que supuestamente
habría causado todos los males de España, remontándose en sus orígenes al siglo XVI.

A pesar de estos inquietantes inicios del nacionalismo español durante el franquismo, la idea de nación española no fue exclusivamente por ese camino. Los años
cuarenta y cincuenta fueron los del triunfo del "nacional-catolicismo". Toda la vida social, pública y privada, debía mostrarse adecuada al ideal de una España unida en la fe
cristiana, identificada con el lema *Por el Imperio hacia Dios*. Se vigiló cuidadosamente
la educación, con una exhaustiva depuración de la profesión de la docencia y de la universidad, y mediante la recuperación de la enseñanza religiosa, tanto la impartida por
colegios privados de titularidad religiosa como en los públicos. La Religión se hizo
asignatura obligatoria, a la que se añadió otra asignatura de Formación del Espíritu Nacional. Además de este programa de educación del carácter nacional, había un programa
de eliminación de los signos de identidad nacional que no fuera la española, especialmente la expresión en lenguas regionales que fueron objeto de una considerable represión en el ámbito público.

Este es el legado de nacionalismo español que se encontró la generación de los
nacidos entre 1960 y 1970. Es contra esta idea de nacionalismo español que se reaccionó
tanto desde las regiones con un fuerte sentimiento nacionalista, como desde otras agrupaciones políticas en el periodo de la transición, y especialmente en los meses posteriores a la muerte de Franco. Incluso en la actualidad es objeto de debate entre la generación de los chiripitifláuticos que, estando en el poder, tienen ahora la responsabilidad
de decidir qué hacer con los símbolos franquistas que todavía quedan esparcidos por

la geografía española. No sólo se trata de cómo esta generación quiere enfrentarse a la historia de su país, sino también de cómo elige los símbolos que lo representan.

Desde los primeros meses tras la muerte de Franco, la movilización de la oposición era cada vez más abierta, especialmente en Cataluña y el País Vasco, regiones que incluían desafíos al concepto uniformador de España, incuestionable durante el franquismo. De esa época es el lema nacionalista (periférico): *Libertad, Amnistía, Estatuto de Autonomía.* Adolfo Suárez era desde 1976 el nuevo Presidente del Gobierno, más conforme a los deseos reformistas del rey, y fue él quien, después de las elecciones de junio de 1977, inició una serie de gestos públicos que indicaban un cierto respeto a las posiciones de nacionalistas periféricos, como por ejemplo permitiendo la vuelta del exilio de Joseph Terradellas, un conocido nacionalista catalán, al que hábilmente reconoció el cargo de President de la Generalitat (en un primer momento de forma no explícita, sino a través de la fórmula protocolaria del tratamiento de "honorable"). Los repetidos atentados del grupo terrorista vasco ETA contra policías, militares y políticos españoles en el País Vasco durante los primeros años de la democracia, y la quema de banderas españolas en numerosas manifestaciones, eran ampliamente calificados de desafíos inaceptables a la españolidad del País Vasco por los medios de prensa más conservadores, que abiertamente llamaban a la intervención del ejército. Esta época de 1976 hasta la redacción y aprobación de la Constitución española puso a prueba el nacionalismo español, que se veía amenazado por el impulso nacionalista de varias regiones como el País Vasco, Cataluña y Galicia, entre otras. Las demás regiones, a través de activistas nacionalistas o regionalistas, también participaron en la reforma de la ordenación del Estado español para dar expresión a la diversidad regional que había resultado en conflictos en los primeros meses de la transición.

La cuestión es cuál era la causa de este aparentemente repentino impulso nacionalista periférico. Daba la impresión de que en estos primeros momentos de la transición nadie quería estar en el mismo barco del Estado español. Parte de la causa se hallaba en el hecho de que Franco había definido el nacionalismo español en términos tan estrechos que había llevado a muchos españoles a inclinarse por un orgullo por su región para poder dar expresión a sus diferencias culturales. El excesivo celo unificador de Franco tuvo como consecuencia el distanciamiento político de regiones como la catalana, la vasca y la gallega hasta un punto que, desde sectores no nacionalistas se ve como un rechazo de lo español. Esta tensión continúa hasta el presente, cuando numerosas regiones autónomas se encuentra en el proceso de renegociar sus estatutos de autonomía y algunas, como el País Vasco, continúan poniendo sobre la mesa el tema de la autodeterminación y la posibilidad de un referéndum sobre la independencia.

SACADO DEL TEXTO: SIGNIFICADOS DE "COMO"

1. *De oídas.* Las declaraciones a continuación, que se podrían oír de pasada y sin prestar atención, están relacionadas con el tema del nacionalismo español y sus símbolos. Todas ellas implican una posición con respecto a símbolos como la bandera, estatuas de Franco, el Valle de los Caídos (lugar donde está enterrado Francisco Franco), etc. Sin embargo, cada una de ellas aparece sin contexto. Decida con un compañero el significado de cada una de estas oraciones y el contexto en el que se pueden mencionar, es decir, quién las dice y en qué circunstancias.

   a. "Como no se identificaban con estos símbolos, decidieron eliminarlos."

   b. "Como no se decida qué hacer con estos símbolos, otros podrán utilizarlos."

   c. "Como es algo con lo que no me identifico regionalmente, la bandera me da igual."

   d. "Como dejen esa estatua de Franco en medio de nuestra ciudad, la destruimos nosotros mismos."

   e. "Claro que hay que encontrar nuevos símbolos nacionales, como se deriva de las conclusiones de la encuesta del periódico *El País*."

   f. "Se dispondrá de los símbolos nacionales como decidan los ciudadanos."

   g. "Se dispondrá de los símbolos nacionales tal y como han decidido los ciudadanos."

2. En todas las oraciones aparece la palabra "como" pero con significados completamente diferentes. Clasifique cada una de las declaraciones anteriores en las siguientes tres categorías y especifique qué modo del verbo (indicativo o subjuntivo) está asociado con cada significado. Escriba la letra que corresponde a cada oración en la categoría adecuada.

Introduce una causa: _____

Introduce una condición (lo mismo que "si"): _____

Expresa el modo en que se realiza una acción: _____

REPASO DE LAS PREGUNTAS PARA EL ANÁLISIS

Comente con un compañero sus respuestas a las preguntas para el análisis y presenten después sus conclusiones a la clase. El profesor les leerá de nuevo las respuestas que dieron a las mismas preguntas antes de leer la sección. ¿Qué diferencias encuentra la clase con respecto a la respuesta que darían tras haber leído la sección? Hagan entre todos una lista de lo que han aprendido en esta sección.

ACTIVIDADES DE PRELECTURA

En la entrevista que se presenta a continuación, el historiador Juan Pablo Fusi habla del nacionalismo español y del nacionalismo regionalista en el contexto del debate actual sobre la identidad nacional española. El autor cuestiona la necesidad de mantener un nacionalismo político para sostener y expresar diferencias culturales, y conecta el carácter problemático del nacionalismo español a los errores cometidos durante el régimen de Franco. En particular, Fusi mantiene que defender y mostrar orgullo sobre la patria española es un fenómeno problemático en el contexto del nacionalismo obligatorio impulsado por el franquismo, mientras que los nacionalismos regionales son también un fenómeno de reciente aparición. Éstas son algunas actividades para preparar la lectura de la entrevista.

1. ¿Qué significa el verbo "dañar"? Busque en el diccionario y seleccione al menos dos significados de esta palabra. Según lo que sabe ahora sobre el significado de este verbo, ¿cómo interpreta el título de la entrevista?

2. El entrevistado es un catedrático de historia. ¿Qué tipo de profesión tiene? ¿Dónde trabaja? Busque el significado de la palabra "catedrático". Entre todos, reflexionen sobre el estilo y el tono y nivel de dificultad que puede tener este artículo basado en una entrevista con un catedrático.

Preguntas para guiar la lectura:

1. El autor hace una distinción entre la identidad nacional y el nacionalismo. Explique qué significa esta diferencia. *La diferencia entre identidad nacional y nacionalismo radica en...*

2. ¿Cree el autor que es correcto el énfasis en el nacionalismo regional que hay en las varias regiones de España? *Según el autor, los nacionalismos periféricos...*

3. ¿Cuál puede ser la reacción entre los nacionalistas antes estas opiniones del historiador Fusi? *Es probable que a los nacionalistas les parezca que...*

4. En esta entrevista, se mencionan varias regiones autónomas o con una identidad nacional marcada. ¿Cuáles son estas regiones y qué se menciona sobre ellas? *Fusi hace referencia a las regiones... cuando discute...*

Entrevista a Juan Pablo Fusi, historiador
"Franco dañó la posibilidad de un nacionalismo español auténtico"

Emilio Alfaro

El País – Reportajes – 28/05/2006

Juan Pablo Fusi (San Sebastián, 1945), catedrático de Historia Contemporánea de la [Universidad] Complutense, ha dedicado gran parte de su carrera a indagar en las claves del nacionalismo, sobre todo el vasco. En su nuevo libro trata un aspecto mucho menos estudiado: las realidades y tradiciones no nacionalistas en sociedades que son acusadamente nacionalistas.

Cuenta Juan Pablo Fusi que el detonante de su libro *Identidades proscritas: El no nacionalismo en las sociedades nacionalistas* (Seix Barral), que acaba de salir a las librerías, fue una pregunta que le hizo Arcadi Espada en una entrevista para este periódico en 2003: "¿Por qué los historiadores siempre estudiáis el nacionalismo?" A remediar ese sesgo de la historiografía dedica este ensayo, que analiza las ideas y realidades no nacionalistas en Euskadi, Irlanda, Israel, Escocia, Suráfrica y Quebec.

Pregunta: En su libro cuestiona que el nacionalismo sea la doctrina natural, digámoslo así, de las sociedades que se perciben como diferentes. ¿Por qué?

Respuesta: Cuando se pone mucha atención en un tema determinado, se tiende a exagerar su importancia. Por eso, el énfasis que se ha puesto en estudiar en España los nacionalismos – obviamente, por el peso político que han adquirido en los últimos 30 años y, antes, en la Segunda República – de forma un poco la realidad de esos pueblos: el País Vasco, Cataluña o Galicia. Hay otras realidades distintas en ellos, y eso es lo que quería analizar.

P: También sostiene que en algunos casos el no nacionalismo ha sido tan esencial para definir el devenir histórico de un país como el propio nacionalismo.

R: Efectivamente, y lo reafirmo. Pensemos en el propio caso vasco. El nacionalismo de Sabino Arana es muy tardío, aparece a finales del siglo XIX. Sin embargo, formas de identidad de lo vasco existen al menos desde el XVI. Si situamos la primera identidad vasca en aquellos vizcaínos de los que se hablaba en el XVI, casi todos ellos eran secretarios o funcionarios de la corte castellana, eran bilingües o hablaban sólo castellano, se sentían muy vascos y dieron una impronta vasca muy fuerte a la Corona de Castilla y al imperio español. Garibay, el gran historiador de Felipe II que desarrolló los tópicos del igualitarismo y de la hidalguía universal vascos, no era sospechoso de ser poco vasco o poco español. En el caso de Irlanda es muy evidente que hay una muy fuerte tradición anglo-irlandesa, que ha contribuido decisivamente no sólo a la idea de Irlanda como nación, sino al propio nacionalismo irlandés, católico y gaélico. La gente se olvida de que Charles Parnell (líder del Partido Nacionalista irlandés a finales del XIX), por ejemplo, era protestante, hijo de padre inglés y de madre norteamericana. Y como él hay muchos ejemplos.

P: El no nacionalismo, dice, se caracteriza por ser un hecho sociológico. Sin embargo, ¿puede cargarse de ideología y convertirse en un hecho político?

R: Es mucho más difícil que se articule en un solo partido político. Porque el nacionalismo es una doctrina, es un partido muchas veces y es una reacción emocional de masas – por lo menos, esas tres cosas – mientras que el no nacionalismo es algo más difuso. Puede manifestarse en términos políticos (un partido liberal o conservador no nacionalista), o simplemente quedarse en sectores sociales que no se sienten nacionalistas y que no se identifican con ninguna opción política. No me puedo imaginar que alguien cree el "partido no nacionalista de Euskadi". Por eso lo defino más como una realidad social. Muchos de nosotros, vascos y españoles, no nos sentimos necesariamente nacionalistas, ni en un sentido ni en otro.

P: Un nacionalista le replicaría que, en clave identitaria, no caben indefiniciones; que si no eres nacionalista vasco o catalán, lo eres español.

R: Eso no es cierto. Hay que tener una idea muy clara de lo que es ser nacionalista. Toda persona tiene unos sentimientos de identidad o pertenencia a una comunidad, a una nación o una localidad. Todos nacemos en un entorno cultural y lingüístico; es el que mejor entendemos por cercano, el que más nos afecta. Compartimos sus tradiciones, nos gusta su paisaje. En fin, eso es tener un cierto sentido nacional. Pero tener una cierta idea nacional y ser nacionalista son dos cosas muy diferentes.

P: La distinción entre tener apéndice o sufrir apendicitis, con la que ha ironizado Fernando Savater.

R: Es completamente cierto. No hay nadie en la vida académica que niegue que se puede tener esa idea de pertenencia nacional sin ser nacionalista. En el caso de España, Franco ha dejado muy dañada la posibilidad de tener un nacionalismo español auténtico. Porque se identifica, con bastante razón, con unitarismo, políticas centralistas, represión y militarismo. Y, efectivamente, las generaciones posteriores a 1975 rechazan cualquier idea enfática de España. No sé si volverá a haberlo, pero el nacionalismo político español está en estos momentos, y desde entonces, muy debilitado.

P: ¿Pese a los esfuerzos por articularlo que realizó José María Aznar en su segundo mandato?

R: Sí, hizo algunos. Menos, probablemente, de los que se dice, pero sí hizo algunos gestos evidentes. Uno que recuerdo con claridad es la famosa bandera de la plaza de Colón.

P: De un tiempo a esta parte se ha generalizado el reconocimiento del pluralismo de la sociedad vasca. No sólo el PNV o Batasuna; hasta la propia ETA lo admite. Pero ¿se actúa en consecuencia o es mero discurso?

R: Yo diría que hay mucho de corrección política, lo cual no es malo. El País Vasco es plural en muchos más sentidos que el inmediato, referido a diversidad de ideologías y opciones políticas. El caso vasco es todavía más complejo, empezando por la propia territorialidad: es verdad que todos sus territorios se autodefinen como vascos, pero Vizcaya, Álava y Guipúzcoa tienen historias separadas fuertes y sus sistemas forales, aun siendo complementarios, se configuran de forma distinta. También la situación lingüística es muy distinta en las tres provincias, y hay en cada una enclaves muy diferenciados, como la ría de Bilbao en Vizcaya. Yo creo que esta realidad se impone, por más que la apelación al pluralismo se haya convertido en una muletilla que los programas de los partidos desmienten. Y luego me parece que en este momento hay gente muy sincera en el nacionalismo que sí cree en él. Me da la impresión de que Josu Jon Imaz sí cree que éste es un país plural, muy difícil de articular si no se tienen en cuenta las distintas sensibilidades que contiene.

P: Pero ese discurso sólo ha vuelto a aflorar después del portazo del Congreso al *plan Ibarretxe* y los resultados adversos del PNV [Partido Nacionalista Vasco] en las elecciones de 2005.

R: Pues es posible. De las derrotas se suele aprender, tanto individual como colectivamente, mucho más que de las victorias, que le llevan a uno a una euforia imprudente.

P: Se ha mostrado usted muy crítico con el relativismo que aprecia en la cadena de reformas estatutarias emprendida en nuestro país.

R: Eso probablemente se debe a un defecto de historiador. Creo que la reforma territorial que se hizo en España con la Constitución y los estatutos hasta mediados de los ochenta ha sido una operación muy compleja, que ha salido mucho mejor de lo que se esperaba. Es el mayor cambio que hemos hecho aquí desde 1700 y uno de los mayores realizados en cualquier Estado nacional en el siglo XX, o por lo menos desde 1945. Por eso me sorprende que, para justificar una reforma, alguien argumente sólo que ya han pasado 25 años. Eso en historia es prácticamente nada, y menos para la consolidación del modelo territorial de un Estado (tan complicado hoy respecto al del siglo XIX), con todo lo que supone de competencias, servicios, con tantos millones de funcionarios y responsabilidades. Por tanto, me parece que es muy, muy prematuro, que se haya procedido a su reforma general. Sobre todo sin que haya habido un plan desde arriba, sino yendo a remolque de demandas de las partes.

P: ¿Qué procedimiento habría propuesto como alternativa?

R: Habría preferido que un Gobierno español hubiera dicho: la Constitución creó un Estado autonómico en el que se solapaban varios modelos de Estado, y, aunque el experimento ha funcionado bastante bien y han pasado sólo 30 años, creemos que son necesarias una serie de reformas, lo mismo de la Constitución que de los estatutos, para terminar de dar encaje a eso que García de Enterría definió como "Estado federalizable", pero que queda como abierto. Eso es lo que aquí no ha habido. Se ha ido a remolque de una iniciativa surgida en Cataluña a consecuencia de las elecciones de 2003.

P: Como historiador, ¿qué sensación le produce la construcción nacionalista, tan extendida en Euskadi, de que hay un conflicto histórico con España que arranca al menos desde la llamada abolición foral, sigue con las guerras carlistas y llegaría hasta nuestros días con la persistencia de ETA?

R: Da la impresión de que la repetición monocorde y sistemática de esa formidable mentira ha acabado por convencer a gran parte de la opinión pública. Hay en el libro una cita del historiador irlandés Roy Foster, con quien coincido totalmente, que dice que la historia de Irlanda es una historia de discontinuidades, rupturas y azares. Lo mismo sucede en el País Vasco. La historia de cualquier país es evolución y cambio; no hay una esencia permanente ni una continuidad prolongada de las mismas situaciones históricas. El carlismo y ETA no tienen nada que ver, como tampoco el siglo XIX y el XX. La industrialización desde finales del XIX cambió radicalmente toda la estructura económica, social, democrática, cultural y moral del País Vasco.

REPASO DE LAS PREGUNTAS DE PRELECTURA

Comente con el grupo cómo responde usted a las preguntas para el análisis de esta entrevista. ¿Hay algo que hayan descubierto al leer la entrevista y que les haya sorprendido?

Terrorismo vasco

PREGUNTAS PARA EL ANÁLISIS

Por el momento, se proponen estas preguntas para guiar la lectura sobre la banda terrorista ETA, que todavía continúa actuando en España, realizando atentados y cometiendo asesinatos. Esta es la cara más violenta del nacionalismo periférico. Es posible que conozca la respuesta a alguna de ellas simplemente por lo que ya ha leído en las anteriores secciones. Volveremos a ellas tras la lectura.

1. ¿Por qué se afirma que la organización terrorista ETA es uno de los mayores obstáculos en las relaciones entre el Gobierno central y el gobierno autonómico del País Vasco? *En el contexto de las aspiraciones nacionalistas a la autodeterminación, el terrorismo vasco constituye un obstáculo pues...*

2. ¿Cuáles fueron los orígenes de ETA y cuáles son los puntos principales de su ideología? *ETA surgió en el seno de...*

3. ¿Cómo ha evolucionado la opinión de la población española con respecto a ETA con el advenimiento de la democracia? *Tras el advenimiento de la democracia, la población española ya no ve a ETA como... sino como...*

4. ¿Cuáles son las fuentes de financiación de ETA? *ETA se financia gracias a...*

El nacionalismo periférico no siempre ha sido un asunto fácil como base de la ordenación administrativa del Estado español. Una fuente de problemas es el terrorismo que acompaña alguna de las posiciones nacionalistas, y en particular, el terrorismo vasco a manos de ETA, o Euskadi Ta Askatasuna (en español, Patria Vasca y Libertad). Esta es una organización terrorista que se declara independentista y nacionalista vasca, de ideología marxista-leninista, que defiende la lucha armada como método para obtener sus objetivos fundamentales. Entre dichos objetivos se encuentra de manera prioritaria la independencia de lo que el nacionalismo vasco denomina Euskalherria de los estados de España y Francia. Para ello, utiliza métodos como el asesinato, el secuestro, la extorsión económica tanto en España como, ocasionalmente, en Francia. Esta organización terrorista fue fundada a principios de los años cincuenta por escisión de los miembros más radicales del Partido Nacionalista Vasco. Durante la dictadura franquista contó con el apoyo de una parte significativa de la población española que veía en ETA uno de los pocos intentos de oponerse a la opresión franquista. En efecto, en sus inicios, esta organización era considerada una más de las organizaciones opuestas al régimen.

Con el comienzo de la democracia, ETA se quedó al margen de dicho proceso y, al continuar con sus atentados, la organización fue perdiendo el apoyo público. Sus actos eran condenados y calificados de terroristas por la inmensa mayoría de las fuerzas políticas y sociales desde la aprobación del Estatuto de Guernica en 1979 hasta la actualidad. Se entendía que, una vez logrados los objetivos de un alto nivel de autonomía tal y como garantizaban el Estatuto y la Constitución, no había ya justificación para las actividades de ETA. Sin embargo, ETA no ha cesado todavía de utilizar la violencia y la extorsión. Así pues, la condición criminal de este grupo es plenamente reconocida por la mayoría de los gobiernos y las organizaciones internacionales tales como las Naciones Unidas, el Consejo de Europa, así como muchas organizaciones defensoras de los derechos humanos.

Volviendo a la historia de esta organización, ETA se inició dentro del movimiento clandestino de nacionalistas vascos en pleno régimen franquista. En 1952 se organizó en Bilbao un grupo de estudiantes universitarios con el nombre Ekin (*emprender,* en euskera). A partir de 1953, y a través del Partido Nacionalista Vasco, el grupo tomó contacto con la organización juvenil del PNV, Euzko Gaztedi (EGI). El PNV es el grupo nacionalista en el gobierno del País Vasco durante 30 años, y se encuentra en el espectro político cerca de la democracia cristiana europea. Es en 1956 cuando ambas asociaciones, Ekin y EGI, se fusionaron. En 1958 comenzaron las tensiones en el interior de la asociación que tuvieron como consecuencia la separación de ambos grupos. EKIN se convierte en ETA el 31 de julio de 1959. Por cuestiones de carácter ideológico se desvincularon del PNV ya que ETA era de ideología marxista-leninista y deseaba además una estrategia de "acción directa", mientras que el Partido Nacionalista Vasco defendía una visión democristiana. El ideario de ETA se basaba: 1) en el regeneracionismo histórico de lo vasco como un proceso de construcción nacional; 2) en el euskera, es decir, en el idioma en lugar del grupo étnico; 3) en un rechazo de la jerarquía de la Iglesia Católica, lo cual contrastaba con el catolicismo del PNV; 4) en la ideología socialista; y 5) en un plan de independencia para Euskadi dentro del marco del federalismo europeo.

ETA fue muy activa durante la dictadura franquista. Resulta difícil identificar cuál fue el primer atentado de ETA. El primer ataque o atentado reivindicado por la banda terrorista fue la muerte de un guardia civil en junio de 1968. Fue también en 1968 cuando cometieron su primer atentado de gran repercusión: el asesinato de Melitón Manzanas, jefe de la policía secreta de San Sebastián y conocido torturador franquista. Algunos de estos asesinatos no recibieron las fuertes condenas que reciben sus asesinatos hoy, pues se pensaba que ETA estaba haciendo justicia contra un poder opresor. En 1970, y como consecuencia de varios de estos atentados iniciales, varios miembros de ETA fueron juzgados y condenados a muerte en el proceso de Burgos, entre ellos dos miembros de la Iglesia Católica del País Vasco. Cinco de los procesados fueron condenados a muerte, pero la presión internacional y el hecho de que ETA había secuestrado al cónsul alemán en España como maniobra política, hizo que se conmutara la pena por una de prisión. Este juicio, encargado a un Tribunal Militar en lugar de uno civil, dio una gran prominencia internacional a ETA. Pero el atentado de mayor repercusión durante la dictadura tuvo lugar en diciembre de 1973, cuando asesinaron al almirante y Presidente del Gobierno Luis Carrero Blanco en Madrid, acción que fue aplaudida por muchos exiliados políticos y por gran parte de la población española que veía en Carrero Blanco a un sucesor de Franco, mucho más represivo que éste. Dicho atentado fue uno de los más difíciles realizados por la banda, pues incluía la colocación de una bomba bajo las calles de Madrid, bomba que sería detonada justo cuando el vehículo del almirante pasó sobre ella. La explosión tuvo tal fuerza que lanzó el vehículo a varios pisos de altura e hizo que el coche golpeara la cornisa del edificio adyacente. Esto provocó canciones con letras como: *"Voló, voló, Carrero voló..."*.

Cuando se inicia la transición a la democracia española, no hay una ETA sino dos, debido a una escisión dentro del aparato de la organización. ETA Político Militar apoyaba la fundación de un partido político que representara el ideario de la organización ante las elecciones generales de 1977, el Euskal Iraultzarako Alderdia (Partido para la Revolución Vasca, EIA). Más tarde, este grupo aceptó la amnistía concedida por el Gobierno español a todos los presos etarras aunque tuvieran delitos de sangre. Quienes se acogieron a esta amnistía abandonaron la violencia y se integraron en el partido político Euskadiko Ezkerra y pasaron a participar en el proceso político legítimo. El abandono de la violencia, decidido en la VII Asamblea de ETA Político Militar, fue contestado por buena parte de los militantes de la organización, que pasaron a ETA Militar. Más adelante, esta facción pasó a ser conocida simplemente como ETA.

ETA consideraba que con el sistema constitucional posterior a 1978 las cosas no habían mejorado con respecto al derecho de autodeterminación del País Vasco, y decidió continuar su actividad terrorista sin cambios. Los atentados aumentaron en número e intensidad, como por ejemplo, el primer atentado con coche bomba en Madrid, en septiembre de 1985, con un muerto y dieciséis heridos; la bomba que mató a doce guardias civiles e hirió a cincuenta en julio de 1986; o el atentado de Hipercor, el 19 de junio de 1987, cuando pusieron una bomba en un centro comercial de Barcelona, que causó la muerte de veintiuna personas e hirió a cuarenta y cinco. ETA explicó en un comunicado que había alertado previamente de la colocación de la bomba y que la policía no mandó salir a la gente. También es famoso el secuestro y asesinato del ingeniero José María Ryan en 1981, acto realizado para exigir la paralización de las obras de la central nuclear de Lemóniz, que se encontraba en la fase final de su construcción. Este secuestro etarra fue respondido con multitudinarias manifestaciones en todo el País Vasco, cuya sociedad mostró por primera vez su rechazo a la violencia.

La amenaza que representa ETA para la seguridad en España no se basa sólo en sus actos de violencia. La financiación de ETA era otro de los temas de mayor preocupación para el Gobierno español, pues también se basaba en actividades criminales. Se financiaba principalmente a través del "impuesto revolucionario", que obligan a pagar a empresarios y profesionales cualificados del País Vasco (especialmente del País Vasco español, pero en ocasiones también del País Vasco francés) bajo amenazas de asesinato, secuestros y daños contra propiedades y familia. También recibió dinero en concepto de rescates por secuestros a miembros de la clase empresarial vasca. Parte del material que emplean lo consiguen mediante robo, bien sea automóviles para huir o explosivos para sus bombas.

La continuación de todos estos actos criminales en plena democracia ha creado una reacción adversa en la opinión pública con respecto a una organización que ya no tiene como justificación su oposición a un régimen opresivo. Por ejemplo, durante la dictadura franquista, y gran parte de la democracia, ETA disfrutó de la tolerancia del gobierno francés, que permitía a sus integrantes moverse libremente por su territorio. Se hablaba entonces del "santuario francés" de ETA pues el gobierno francés parecía considerar ésta como su contribución al final del régimen de Franco. En la actualidad, sin embargo, Francia colabora plenamente con las autoridades españolas en su lucha contra el terrorismo.

Como consecuencia de una menor tolerancia pública por las actividades de ETA, en 1986 se fundó la Coordinadora Gesto por la Paz, que comenzó a convocar manifestaciones silenciosas en todos los pueblos al día siguiente de cada muerte causada por la violencia política relativa al País Vasco. Estas fueron las primeras manifestaciones contra la violencia terrorista de una población que ya estaba harta y que no tenía miedo de hacer pública su opinión. Ese mismo año, ETA asesinó en Ordizia a María Dolores González Katarain, una antigua dirigente de la organización, que había decidido dejar la lucha armada y ya se había reinsertado en la sociedad, acusándola de "desertora" de la lucha armada.

El 12 de enero de 1988 se firmó el pacto de Ajuria-Enea entre todos los partidos vascos con el fin de acabar con la violencia de ETA. El único partido no firmante fue Herri Batasuna, el brazo político de los violentos, un partido que en años recientes fue declarado ilegal por realizar apología del terrorismo y por apoyar a ETA con más que simples palabras. El 28 de enero de 1988 ETA anunció un "alto al fuego" de sesenta días, que luego alargó varias veces, y se intentó una negociación entre la banda y el gobierno español del PSOE, denominada Mesa de Argel, que terminó en mayo sin resultados y que puso fin al alto al fuego. Alegando la necesidad de evitar que ETA impidiera mediante coacción la reinserción de sus presos en la sociedad civil, anteriormente agrupados en cárceles del País Vasco, el gobierno del PSOE decidió la dispersión de los presos de ETA por las cárceles de todo el país. Esta medida, que busca que los presos etarras no formen un grupo de presión en las cárceles vascas, ha provocado rechazo, especialmente desde sectores nacionalistas, que proclaman su ilegalidad.

El apoyo a ETA seguía decayendo, y esta vez fue por un atentado cometido por otra organización terrorista. El 11 de marzo de 2004 se produjeron en Madrid atentados mediante diez explosiones de bombas en trenes de pasajeros. En un primer momento se atribuyó el atentado a ETA, pero los representantes de Batasuna negaron esta hipótesis. El mismo día de los atentados, mientras el gobierno español señalaba como segura la autoría de ETA, en la reunión del Consejo de Seguridad de Naciones Unidas se aprobó una resolución en la que se condenaba en los términos más enérgicos los atentados. Ante las presiones del representante español, se accedió a atribuir los atentados al grupo terrorista ETA. Los atentados del 11-M tuvieron gran repercusión dentro y fuera de España, y tuvieron como efecto varias políticas contra el terrorismo, pero es necesario recordar también que ETA no fue autora de dicho atentado, sino una célula de grupos yihadistas.

La existencia de ETA es uno de los puntos más conflictivos en las relaciones entre el gobierno autónomo del País Vasco y el gobierno central de Madrid. De hecho, se considera como un fracaso del nacionalismo vasco el no haber sido capaz de negociar la paz que debiera ser posible en virtud del camino a la autodeterminación en el que se encuentra esta región. En el contexto de esta situación, el nacionalismo vasco mira al futuro. Su estrategia de lucha cultural produce efectos a largo plazo, pues se está creando entre la población del País Vasco, en virtud de programas educativos cuidadosamente seleccionados, un fuerte sentimiento de identidad nacional vasca. El PNV, en el horizonte de la integración europea, tiene la vista puesta en conseguir sus objetivos en el marco de una Europa con fuertes órganos comunes y una progresiva descentralización territorial, en la que los territorios vascos pudieran buscar fórmulas federalistas de articulación fuera del marco español. Pero la existencia de ETA es uno de los mayores obstáculos para estas aspiraciones porque muestra una cierta complacencia con la existencia de un grupo terrorista que podría trascender las fronteras del mero nacionalismo vasco.

SACADO DEL TEXTO: DESARROLLO DE LÉXICO

Diálogos. El conflicto vasco es objeto de todo tipo de debates, y uno de los más acalorados es el que tiene lugar entre los propios nacionalistas vascos. En parejas deben crear un diálogo entre un nacionalista vasco que apoya el uso de la acción directa o lucha armada, y un nacionalista vasco que la condena. El objetivo es usar el mayor número de las palabras de la siguiente lista, siempre y cuando se haga de acuerdo con el contexto de este diálogo sobre identidad nacional.

chantaje	integración europea
reivindicación	tregua
condenar	robos
impuesto revolucionario	secuestros
compromiso	lucha armada
reinserción de terroristas	atentados
reinserción de presos	participación en el proceso político

REPASO DE LAS PREGUNTAS PARA EL ANÁLISIS

Comente con un compañero sus respuestas a las preguntas para el análisis y decidan juntos qué conclusiones van a presentar al grupo.

Ensayos

Para escribir los textos que se proponen a continuación es necesario realizar investigación en la web. Busque la información y combínela con las ideas que ya ha aprendido a través de las lecturas de este capítulo.

1. **Una comunidad autónoma.** Después de leer esta breve introducción a la ordenación territorial de España, investigue en la web sobre una de las diecisiete comunidades autónomas y dos ciudades en que está organizado el país y escriba un informe detallado sobre su organización administrativa, las competencias que tienen su gobierno, datos económicos y sociales, así como algunos aspectos de su cultura.

2. **"Roma", los otros españoles.** En esta lección se han explorado algunos de los aspectos de la identidad nacional española y su carácter problemático. No se ha mencionado nada de los otros españoles, los que a menudo se olvidan cuando se habla de la riqueza cultural de España: los romaníes, también conocidos como gitanos. Busque información en la web sobre este pueblo con una fuerte presencia en España y escriba un informe detallado sobre este tema.

3. **¿Es posible ser nacionalista en la era de la globalización?** Reflexione sobre todo lo que ha aprendido en este capítulo sobre el nacionalismo español y los nacionalismos periféricos y escriba su análisis en respuesta a esta pregunta.

4. **Una, grande y libre.** Investigue en la web el significado de este lema franquista, y escriba un ensayo con su análisis de lo que significó para el nacionalismo español. Como sugerencia, puede contrastar dicho lema con la consigna de la transición, *Libertad, amnistía, estatuto de autonomía.*

5. **Elementos del capítulo.** Tras haber leído todo o parte del capítulo y después de haber completado alguna de sus actividades, usted tendrá una idea más clara de los conceptos que se destacan al principio de este capítulo y que tuvo que definir. Vuelva

a examinar estos conceptos y escriba un ensayo en el que reflexione sobre el significado que ha descubierto, las ideas iniciales que tenía, y el proceso de aprendizaje
que ha tenido lugar.

Debate: ¿La Europa de los pueblos?

Dos equipos. Las ideas y conceptos básicos se pueden encontrar a través de todo el
capítulo. Los argumentos más detallados se deben investigar en la web, a través de casos
similares al español o leyendo la prensa de España.

Equipo A. Defiende la postura de que en el ámbito de las instituciones europeas es
más que nunca posible que las diversas regiones españolas que así lo deseen puedan
separarse del Estado español y actuar como estados independientes.

Equipo B. Defiende la postura contraria, que se opone, por ejemplo, a que País
Vasco, Galicia y Cataluña entablen relaciones con otras naciones fuera del marco del
Estado español.

Cuéntame cómo pasó – Episodio 6: "Raza"

Resumen del episodio: Carlitos, Luis y Josete acaban de salir del colegio y van a su lugar
habitual de juegos, el descampado. Al llegar allí se encuentran con una enorme sorpresa:
se han instalado allí un grupo de gitanos, como se conoce en España a los roma. Carlos
y Josete se quedan allí y Carlos inicia una amistad con el grupo de roma, que hasta tienen
un chimpancé. Inés y su novio Jesús hacen planes para el día siguiente, que es la fiesta nacional del Día del Pilar, cuando llegan a la calle los niños con el chimpancé de los roma.
Todo ello iniciará una dinámica de crisis tanto en la vida de Inés, como en la del barrio.

Contexto: Antes de ver el episodio, investigue en la web qué se celebra en España
el Día del Pilar y en qué fecha se celebra. ¿Qué relevancia tiene en relación al tema de
este capítulo? Explíquelo a la clase.

Reflexiones de Carlitos: En varias partes del episodio es posible oír la voz de Carlitos ya adulto, que reflexiona sobre los cambios vividos por la sociedad española. Escuche con atención durante el episodio y escriba un resumen de lo que Carlitos dice desde
la perspectiva del presente. Compare su resumen con el de un compañero. ¿Han entendido algo diferente? Pregunten al profesor si les quedan dudas.

PREGUNTAS PARA EL ANÁLISIS

1. ¿Qué papel tiene el descampado en las vidas de Carlitos y sus amigos? ¿Y en este
   episodio?

2. Cada miembro de la familia reacciona de una forma diferente ante este grupo de extraños de la comunidad, y lo hacen de acuerdo con historias personales. Explique la razón posible de la actitud que cada miembro de la familia Alcántara tiene con respecto a la presencia de los roma.

3. ¿Qué tipos diferentes de actitudes se observan en el barrio con respecto a la presencia de los gitanos? En este contexto, explique las marcas que este grupo deja en el descampado antes de irse.

4. ¿Qué tipo de idea de nacionalismo expresa el maestro de Carlitos, don Severiano, con motivo de la celebración de la Fiesta de la Hispanidad?

Imagine el diálogo: En este episodio la desconfianza ante la presencia de los gitanos es paralela a la que sienten éstos por los "payos". Vuelva a ver el episodio y fíjese esta vez en las expresiones idiomáticas que usan los personajes. Por ejemplo, intente descubrir el significado de "payo" en la lengua de los romaníes.

En clase, con otro compañero, escriban un breve diálogo entre dos miembros de la familia, una escena adicional en la cual se presenten las dos posturas, la de Inés y Carlitos, y la del resto de la familia con respecto a la presencia de los gitanos en el descampado. Para hacerla más real, deben usar al menos cinco expresiones o dichos que hayan oído en el episodio.

Los dos rombos, el símbolo de que un programa de televisión no era apto para menores de 18 años.
© Alain M. Urrutia.

¿Qué nos dice la ilustración?

Antes de iniciar el trabajo en este capítulo, piense en lo que representa la ilustración de la página inicial, la cual hace referencia a la clasificación de los programas televisivos en referencia a la edad de los televidentes. Comente con sus compañeros qué conexión tiene con el tema que se va a examinar.

El poder de la imagen

Busque en internet, especialmente en youtube.com, segmentos audiovisuales de archivo usando como palabras clave "censura, cine, franquismo", "movida madrileña", o "templo de la movida". Reflexione sobre lo que estas imágenes expresan acerca de la censura y liberalización posterior de la cultura de España, y escriba sus conclusiones en cinco oraciones para presentarlas al resto de la clase.

¿Cuánto sabemos ya?

En este capítulo estudiaremos la transformación de la sociedad española tanto en los medios de comunicación como en su cultura audiovisual, literaria y popular con respecto al tema de la libertad de expresión. Esta transformación significó el paso gradual desde un control estricto de la información y los materiales culturales durante el franquismo, hasta una prácticamente total libertad de expresión en los dos ámbitos de prensa y cultura, fenómeno que se manifestó con el advenimiento y consolidación de la democracia. En primer lugar se hace un repaso de cómo el régimen franquista, en colaboración con la Iglesia Católica, controló la forma y el contenido de la información que recibían los españoles, desde la prensa hasta el cine, pasando por la literatura y la televisión. Después, exploraremos los cambios que la liberalización política tuvo en la cultura popular española, especialmente en la música y el cine.

LISTA DE CONCEPTOS CLAVE

En las páginas siguientes, se introducirán varios conceptos, entre los cuales destacan los que se enumeran a continuación.

Adoctrinamiento político	Destape	Estreno
Censor	Diario	Orientación bibliográfica
Censura	Dirigismo informativo	Película taquillera
Cineasta	Divulgación	Rojo
Consigna informativa	Erotismo chabacano	

En casa: Busque primero las palabras en un diccionario castellano como por ejemplo el diccionario de la lengua de la Real Academia en www.rae.es, pero tenga en cuenta que su significado puede ser diferente en el contexto de este capítulo. Por esta razón, considere el significado político que dichos conceptos puedan tener en la España de Franco y la transición a la democracia. De entre toda la lista, seleccione tres palabras o conceptos que a usted le parezcan más importantes para entender este capítulo y repare un breve informe oral para presentar en la clase. Si hay algún término cuyo significado desconoce, indíquelo también en su informe.

En clase: Presente a sus compañeros el informe con su selección de los conceptos o términos más importantes relacionados con la censura y la libertad de expresión. Compare si sus interpretaciones de los términos de la lista coinciden con las de sus compañeros. Finalmente, pida aclaraciones a su profesor sobre el significado de aquellos conceptos que no haya definido.

Conocimientos previos

En la prensa actual se lee con frecuencia sobre regímenes políticos en los que se controla el acceso a la información por parte de sus ciudadanos. Basta con hacer un repaso en internet para ver que efectivamente la censura de los medios informativos y materiales culturales se da en regímenes políticos de toda índole. Incluso es posible que alguno de ustedes haya viajado por países en los cuales se practica la censura y conozca cómo funciona. Use estos conocimientos previos para responder a las siguientes preguntas y coméntelas con un compañero. A continuación de cada pregunta se propone una posible introducción de la respuesta a modo de guía de práctica de estructuras idiomáticas.

- ¿Qué regímenes políticos en la actualidad ejercen un control de la información y del acceso público a materiales culturales? *Según constata la prensa actual, es muy probable que la censura funcione de modo oficial en...*

- ¿Cómo se ejerce este control? ¿Qué métodos utiliza el Gobierno? *Imagino que el Gobierno que instituya un sistema de censura controlará...*

- ¿Qué consecuencias podría tener este control de la cultura y la información en el nivel cultural, intelectual y de desarrollo de un país? *En cuanto a la cultura, es probable que tuviera consecuencias... En cuanto al tono intelectual, es posible que hubiera... En cuanto al nivel de desarrollo, podría darse un fenómeno de...*

- ¿Qué sabe usted sobre la censura durante el régimen franquista? ¿Por qué conoce esta información? ¿Cuáles fueron sus fuentes? *Mis conocimientos sobre la censura durante el franquismo derivan de...*

- Si ha estado en España, ¿qué conoce usted sobre los programas de televisión que se ven en ese país? ¿Qué impresión le produjo el país en cuanto a la libertad de expresión? *Por lo que observé durante mi visita, me dio la impresión de que... Al no haber viajado a España, supongo que la televisión es...*

• ¿Qué significa la libertad de expresión? ¿Es compatible la libertad de expresión con ciertos límites? *Desde mi punto de vista...*

Experiencia personal

Imagine que vive en una situación en la que no puede expresar sus ideas, deseos y opiniones libremente. En tal situación, su acceso a información también estaría controlado por el gobierno, de modo que hay pocas oportunidades para el intercambio de ideas. Las siguientes preguntas le ayudarán a reflexionar sobre la situación en la que se encontraba España al final del franquismo.

• ¿Dónde buscaría información sobre lo que pasa en otros países? *Si el gobierno no me permitiera acceder a noticias sobre otros países...*

• ¿Cómo accedería a libros? ¿Qué pasaría si el gobierno obligara a destruir los libros que desea leer? *Si no pudiera comprar los libros que me interesaran...*

• ¿Y si usted fuera un cineasta en un contexto que tuviera que producir cine "aceptable"? ¿Qué opciones tendría? ¿Qué películas podría producir? *Si fuera un(a) cineasta, seguiría las directrices de..., y produciría películas que fueran...*

• ¿Qué pintura colgaría de los museos? ¿Qué música se escucharía en la radio y TV? *Si hubiera censura en este país, en los museos veríamos...*

• ¿Qué efecto tendría el control de acceso a páginas en internet? *Si en mi país se regulara el acceso a internet...*

• ¿Qué opina usted de los intentos de varios grupos de interés de regular los contenidos que aparecen en internet? ¿Y sobre los intentos de regular la letra de la música que escuchan los jóvenes? ¿A quién le corresponde regular este tema? ¿Al gobierno? ¿A cada familia? *Desde mi punto de vista, cualquier / algún tipo de regulación sobre el contenido de...*

• ¿Qué opina sobre la regulación que impide que escuchemos palabras malsonantes o que veamos a gente sin ropa en los medios de comunicación? *El hecho de que se regulen ciertos tipos de contenidos en la televisión me parece...*

De la censura informativa a la libertad de prensa

PREGUNTAS PARA EL ANÁLISIS

Las varias leyes de prensa que se fueron aprobando durante el principio del régimen franquista, en su periodo final, y a principios de la democracia presentan un recorrido sobre el nivel de información que estos diferentes gobiernos estaban dispuestos a facilitar a la ciudadanía. Todas ellas se examinan en esta sección. A continuación aparecen algunas preguntas sobre el texto que pueden ayudarle a guiarse en la lectura y comprensión del mismo. Al final de la lectura volveremos a ellas para responderlas con más precisión. Por el momento, basta con intentar responder a algunas de ellas.

1. ¿Cuál era la principal diferencia entre la Ley de Prensa de 1938 y la de 1966? *Una de las principales diferencias entre ambas leyes se refiere a...*

2. ¿Cuáles eran las contradicciones que presentaba la Ley de Prensa de 1966 en el inicio del periodo de apertura del franquismo? ¿Por qué aparecían estas contradicciones? *Al igual que en el régimen franquista, en la Ley de Prensa de 1966 se da por un lado... y por el otro...*

3. ¿Cuál era la doble función de la censura durante el franquismo? *La censura franquista tenía dos funciones; la primera de las cuales era... y la segunda...*

4. ¿Cómo era el trabajo del censor en la radio? ¿Y en la prensa escrita? *El trabajo del censor consistía en...*

5. ¿Qué anécdota interesante ocurrió con un error de la censura en la radio? *Entre otras anécdotas de la censura destaca...*

6. ¿Cuáles son los límites a la libertad de expresión establecida en la Ley de Prensa de 1977? *Bajo la Ley de Prensa de 1977, no se permitirá la publicación de información que contenga...* ¿Qué otros límites se imponen a la libertad de expresión? *Los límites para la libertad de expresión y de prensa contemplados en esta ley son...*

7. ¿Qué diferencias hay entre esta ley y la "Ley Fraga" de 1966? *La Ley de 1977 se distingue de la Ley Fraga en que...*

Durante la dictadura de Franco, la cultura y la información disponibles en la sociedad española estaban limitadas y no respondían a principios de libertad de expresión. Las noticias y los materiales culturales se producían de acuerdo con criterios establecidos por un departamento del Gobierno dedicado a vigilar que no transmitieran ideas opuestas al régimen franquista y a una moralidad marcada por el catolicismo. Este sistema de censura afectaba a la prensa escrita, la radio, la televisión, las revistas y libros publicados en el país, al cine producido y mostrado en los teatros, así como al arte que colgaba en los museos y se exponía en las galerías. La principal intención del gobierno era evitar el acceso de los españoles a todo tipo de ideología opuesta al régimen de Franco, así como impedir que se fomentara mediante los medios de comunicación cualquier sedición regionalista. Por otro lado, una intención no menos importante fue la de establecer un cierto tono y ambiente del discurso público en lo referente a lo que se decía, cómo se decía, lo que se celebraba y cómo se celebraba, incluso en cuanto a los héroes y mitos colectivos, tanto de la realidad, como de ficción. Así pues, la censura funcionó en la España franquista gracias a un doble mecanismo. Por un lado, se limitaba el acceso a información y materiales culturales. Por otro lado, se proponían desde los organismos oficiales directivas referentes a las noticias que debían destacar los diarios, así como los contenidos de películas y medios de entretenimiento.

En el caso de periódicos y revistas, tanto los límites como las directivas informativas o consignas estaban regulados mediante leyes de prensa. A lo largo del régimen franquista se redactaron y promulgaron dos de estas leyes. La primera ley de prensa, que legitima la censura, data de 1938. Esta ley fue redactada por Serrano Suñer, y promulgada en plena Guerra Civil con el objetivo de desarmar a la prensa republicana y eliminar la libertad de expresión. Como consecuencia de esta ley, la prensa se convertía en una institución al servicio del Estado, transmisora de valores oficiales e instrumento de adoctrinamiento político. Aunque con carácter transitorio, la ley instauró unos rígidos mecanismos de control de la información. Por ejemplo, se enviaban consignas informativas, es decir, directivas de las noticias que se debían publicar, a todos los periódicos del país. Estas funciones las realizaba el Servicio Nacional de Prensa, pero correspondía a su representante en cada provincia la creación de directivas más específicas sobre lo que se destacaría en cada noticia. También era obligatorio el mantenimiento de un Registro Oficial de Periodistas que permitía la vigilancia de los miembros de esta profesión.

La censura dependió primero del Ministerio del Interior (1939-1951), el cual se ocupaba de temas de orden y seguridad ciudadana (por ejemplo, de la policía), más tarde del Ministerio de Educación (1946-1951) y, desde 1951, del Ministerio de Información y Turismo, órgano central de la propaganda del régimen. En 1962, Manuel Fraga Iribarne fue nombrado ministro de Información y Turismo y en dicho cargo inició un tímido proceso de liberalización y de reducción de las consignas informativas que culminó en 1966 con la Ley de Prensa e Imprenta. Dicha ley estaba complementada por el Estatuto de la Publicidad de 11 de junio de 1964, el Estatuto de Publicaciones Infantiles y Juveniles de 19 de enero de 1967 y el Estatuto de la Profesión Periodística, entre otros textos normativos. La nueva Ley de Prensa de 1966 constituye un intento de controlar la divulgación de información sin las duras condiciones que se habían establecido en el periodo de la posguerra mediante la ley de 1938. Bien por pura vergüenza ante otros países, bien por un menor temor de posibles rebeliones en un periodo de paz que duraba ya casi treinta años, desde 1966 había ya una mayor libertad de prensa, eso sí, sin llegar a los niveles que se crearon con el advenimiento de la democracia.

El Ministerio de Información todavía intentaba orientar los contenidos de los medios de comunicación de acuerdo con sus objetivos políticos, entre los cuales se encontraba asegurar la unidad ideológica de los medios de información y de sus profesionales. Como consecuencia, se observa una uniformidad, con poco valor en la calidad de lo que se produce incluso en esta época de mayor apertura de los años sesenta. El cambio vino provocado por la propia evolución institucional del régimen de Franco, el cual vio necesario en esos instantes enterrar definitivamente una "caduca y anacrónica" Ley de Prensa de 1938, y sustituirla por otra "de cariz más liberal". En realidad, una cierta presión internacional hacia el régimen hizo que se propusiera una forma más sutil de control de la política informativa. Si España quería abrirse al mundo y establecer relaciones diplomáticas con otros países, tenía que dar una imagen de mayor apertura informativa. A partir de la Ley de Prensa de 1966, no se habla tanto de censura, como de una "guía de los contenidos" que tiene que ofrecer la prensa casi obligatoriamente. Se trata de un dirigismo informativo. Un claro ejemplo de ello es la obligación que tienen muchos periódicos de informar sobre "gloriosos episodios nacionales". Por ejemplo, cuando llegaba la fecha de la conmemoración de un evento histórico como una batalla famosa, el Ministerio de Información y Turismo, a través de sus agencias provinciales, enviaba directivas a los diarios con la consigna de publicar noticias sobre dicha conmemoración. Estas fechas se consideraban de interés nacional pues dirigían la atención ciudadana a los valores defendidos por el gobierno de España, en una clara exaltación del nacionalismo español. Incluso en los años sesenta, la prensa no es más que un aparato más al servicio de los intereses del Estado, cuando no vehículo de propaganda, control de la opinión pública (o creación de otra afecta al poder), vigilancia y castigo.

El preámbulo de la citada Ley Fraga, como se llegó a conocer a la Ley de Prensa de 1966, indica ya un movimiento hacia la posibilidad de que los varios grupos que constituyen el régimen franquista de los años sesenta se expresen con cierta libertad: "La conciencia indudable de propiciar a dicha opinión [pública] cauces idóneos a través de los cuales sea posible canalizar debidamente las aspiraciones de todos los grupos sociales alrededor de las cuales gira la convivencia nacional." Esto no significó, no obstante, que se diera expresión a las ideas de oposición al régimen, pero hizo posible la aparición de unos medios de prensa más maduros, y un ciudadano más sensibilizado ante la necesidad de acceso a una información fiable. Tal sensibilización tanto en los medios de comunicación como en la población dejó ya un sedimento que facilitó la transición a la democracia.

Como se ha sugerido ya, la Ley Fraga no estaba exenta de las contradicciones propias del régimen franquista en sus años finales. Los principales cambios de esta ley, junto con los principios declarados en su preámbulo, representan a simple vista un deseo de apertura informativa, pero las normas que se enumeran a continuación ofrecen una imagen diferente. Por un lado, y desde un impulso de apertura, la empresa periodística pasó al dominio de la iniciativa privada; es decir, ya no era una cuestión de interés nacional, como lo había sido cuando dependía del Ministerio del Interior. Las consignas informativas y la censura quedaban reservadas a partir de 1966 solamente a casos de emergencia nacional o de guerra. Aunque no se consideraba a los medios de prensa como de interés nacional, se establecía el concepto de "información de interés general" según el cual el Gobierno podía obligar a cualquier publicación a insertar gratuitamente notas provenientes de la Dirección General de Prensa. Un ejemplo de ello es el mencionado caso de la conmemoración de eventos históricos que resaltaban el pasado glorioso de España. Además, se contemplaba el secuestro administrativo o las sanciones para publicaciones que contuvieran información no aceptable para el Gobierno, en contra de los Principios Fundamentales del Movimiento y el ordenamiento jurídico general del franquismo. Pero también se permitía a los periodistas protestar estas sanciones administrativas mediante un proceso legal. Aunque no significó el reconocimiento de la libertad de prensa, esta ley sí permitió una mayor libertad de movimiento de ideas, algo que aprovecharon varios medios para mostrar una actitud más crítica con el régimen franquista.

Incluso al amparo de esta ley se dan varias anécdotas que apuntan ya a las citadas contradicciones del régimen franquista. Estas contradicciones derivaban del impulso, por un lado, de una mayor apertura y asimilación a los valores de otros países europeos y, por otro, de mantener el control de la opinión pública y la defensa de los valores católicos. Por ejemplo, en 1971, un tribunal había multado a un periodista de la revista *Índice* con 5.000 pesetas por haber entrevistado en 1968 a un drogadicto homosexual. El razonamiento para la multa había sido que las ideas expresadas atentaban contra los principios morales básicos y que suponía un peligro para los valores éticos que la ley de prensa debía defender contra todo intento de corrosión que pudiera causar una conmoción social. Es decir, que dicha información se debía multar por atentar contra el bien público.

Lo curioso, y algo que apunta a las contradicciones señaladas, es que el mismo tribunal había legalizado la publicación de fotos de gente en bikini, cuyo uso el gobierno español se vio obligado a permitir en las numerosas playas del país dado el beneficio económico derivado de una llegada masiva de turistas de otros países europeos. Estos turistas no estaban dispuestos a tolerar la visita de la Guardia Civil que les recordara las normas del país referentes al decoro en lugares públicos. En particular, en lo referente al bikini y otras ropas de playa, el gobierno, y en especial el Ministerio de Información y Turismo, tuvieron que adaptarse a los nuevos tiempos. Estos eran los tiempos del flujo masivo de turistas que venían de países donde no existían normas de decencia pública. No sólo se admitieron los bikinis en las playas, sino que también se admitió la publicación de las fotos de los turistas que los llevaban, así como la reproducción de imágenes de estas playas llenas de bikinis en la misma televisión española. El Ministerio de Turismo tuvo que usar la retórica más sutil para justificar algo que hasta hace poco tiempo se había considerado que atentaba contra el bien público: mientras que se insistía en que dicho atuendo femenino era trivial e indecente, la publicación de la fotografía no constituía una "ofensa moral". Los razonamientos que intentaban reconciliar moral pública e intereses económicos adoptaban siempre este tono rocambolesco y surrealista.

Otras anécdotas de esta época de los sesenta, con su supuesta apertura informativa, nos hablan de las frustraciones de los profesionales de la información debido a un control del vocabulario aceptable en sus publicaciones. Desde el Ministerio de Información y Turismo, todavía a principios de los setenta se controlaban las opciones léxicas de los periodistas. Basten estos ejemplos. Los diarios y revistas no podían publicar artículos que contuvieran las palabras "homosexual" ni "adúltero". Tampoco se podía publicar la palabra "suicida". Todavía a finales del franquismo los profesionales de la información estaban sujetos a multas y sanciones por el uso de palabras indebidas. El escritor Vázquez Montalbán tuvo que cambiar la palabra "sobaco" por la más aceptable de "axila". Los "pechos" no eran tales, sino "senos". Los censores intervenían también en la selección del título de artículos y libros. No se hablaba de "obreros" – término conectado con el vocabulario del movimiento marxista – sino de "trabajadores".

También en la radio, auténtico medio de comunicación de masas en España, el trabajo de sus profesionales consistía en equilibrar la necesidad de informar, con el dirigismo informativo del gobierno. Trabajar en la radio de los últimos años del franquismo se convirtió en una sucesión de trucos para engañar al censor. Las emisoras estaban obligadas a enviar al Ministerio de Información y Turismo la totalidad del contenido de los programas, incluida la música. Para ello, se utilizaban unas hojas impresas, conocidas como "censuras", y por lo general se enviaban con un contenido que no tenía nada que ver con el que realmente se iba a emitir. Así, los censores encargados de escuchar y vigilar el contenido no se daban cuenta, de modo que se podían incluir en los programas de radio los contenidos deseados. En las emisoras de radio también se censuraba la música, poniendo cinta adhesiva en las secciones de las casetes con contenidos cuestionables: inmorales, contrarios al régimen, o simplemente no del gusto personal del censor. Estas secciones de la canción en cuestión quedaban en blanco y sólo se podía escuchar la parte de la canción que la censura consideraba aceptable. En estas circunstancias, la experiencia musical podía resultar un tanto truncada y frustrante. La única solución que se adoptaba es que, aun cuando el censor devolviera la casete cubierta de cinta adhesiva, el director de cada programa de radio tocara algún disco o casete propio o de un amigo, que no estuviera parcialmente cubierto.

A pesar de todo su celo, los censores cometían enormes errores. Uno de los errores más famosos ocurrió al final de la década de los sesenta, cuando sonaba en todas las emisoras de radio la canción francesa *Je t'aime... moi non plus*, que interpretaba el dúo formado por Jane Birkin y su esposo Serge Gainsbourg. Dicha canción subió rápidamente en la lista de éxitos musicales. En la canción se reproducían con toda realidad los gemidos de una pareja que hacía el amor, entre la música de una agradable melodía. El censor asignado al caso sólo había examinado la letra de la canción, que era claramente inocente y que trataba sobre el amor y el desamor; por esta razón, autorizó su difusión. Cuando la canción comenzó a emitirse en la radio, causó un enorme revuelo y sólo

cuando los censores se dieron cuenta de los famosos gemidos de la pareja, muy pareci-
dos a los ruidos en un orgasmo, se retiró de la circulación este disco. En este momento,
el fenómeno de su popularidad era imparable, pues el disco ya había sido adquirido por
muchísimos jóvenes españoles que lo utilizaban en toda fiesta que organizaran.

Una vez llegada la democracia, el gobierno vio la necesidad de adecuar la ley de
prensa a las realidades de una ciudadanía que quería estar informada. Es de destacar el
hecho de que con la democracia hicieron aparición una serie de publicaciones que
hacían hincapié en el periodismo de investigación y en brindar una información exacta
a sus lectores. Entre estas publicaciones se encontraban el periódico *El País* y la revista
Cambio 16, esta última ya desaparecida. Para responder a la nueva situación de libertada
y apertura informativa, se promulgó en 1977 una nueva ley de prensa. Dicha ley reconocía el derecho de todos los ciudadanos a la libre información pero también al respeto de su honor por los medios informativos. Dicha ley carecía además de las estipulaciones que en leyes anteriores permitían al gobierno establecer una dirección
informativa, es decir, obligar a los medios de comunicación a destacar ciertas noticias en
detrimento de otras. En esta nueva ley, aunque se destaca el derecho a la información en
una sociedad abierta y un estado de derecho, se afirman también una serie de principios
éticos de respeto a la persona que la protegerían de posibles insultos y calumnias publicadas en los medios de comunicación. En consecuencia, la intervención administrativa
que pudiera controlar lo publicado está reducida al máximo, pero se deja abierta la posibilidad de limitar la publicación de ciertas informaciones que pudieran dañar el bienestar público y la dignidad privada, las cuales están contempladas también en otras leyes
en el Código Penal.

Por ejemplo, la Administración, es decir, el Gobierno, sólo puede decretar el secuestro o prohibir la publicación de materiales audiovisuales o impresos que pudieran
constituir un delito criminal por contener comentarios o informaciones que atenten
contra la unidad de España, que signifiquen un insulto a la monarquía o a la familia real,
a las fuerzas armadas, o que resulten obscenos o pornográficos. Sin embargo, la ley permite también que las publicaciones que hayan sido secuestradas, a través de sus representantes, presenten un recurso administrativo para reconsiderar la posición de la
Administración. La Ley de Prensa de 1977 establece también límites en lo que puede
constituir la publicación de calumnias o injurias cometidas por medio de recursos
sonoros o impresos, y especialmente lo que se realizaran durante periodos de campañas
electorales.

SACADO DEL TEXTO: EXPRESAR CONTRASTE (PERO/SINO);
DESCRIPCIONES DE LO INDETERMINADO

Primera actividad: Algunos censores del franquismo no apreciaban el uso de palabras como "pechos", "sobaco", "adúltero(a)" y "suicidio" entre otras. Vamos a explorar algunas alternativas a estos términos, así como a otras noticias que los censores consideraban inapropiadas. Por ejemplo:

• No se podía usar la palabra "rojo" *sino* "colorado" (alternativas que el censor consideraba mutuamente excluyentes)

• No se permitía publicar noticias sobre suicidios, *pero* se podía publicar fotos de turistas en bikinis (ideas contrastantes pero no excluyentes)

Construya oraciones con los conceptos de las dos columnas que se proponen usando *pero* o *sino*, según corresponda, y compare sus oraciones con las de un compañero. ¿Cuál es la diferencia de uso de ambas expresiones, *sino* y *pero*? Presenten sus conclusiones a la clase.

sobaco	gloriosas batallas nacionales
pecho	seno
adúltero(a)	la familia cristiana
homosexual	axila
divorcio	la creciente llegada de turistas del norte de Europa

Segunda actividad: Como se ha comentado en la sección anterior, la Ley de Prensa de 1977 abría toda una serie de libertades informativas, y eliminaba el dirigismo que había caracterizado a las leyes anteriores. Sin embargo, la nueva ley no estaba exenta de limitaciones. Complete estas oraciones que explican el tipo de información que no se permitía que se publicara bajo la Ley de Prensa de 1977.

• *La Ley de 1977 no permitía que se publicara información que insultara a* _____
_____

• Esta ley prohibía la publicación de fotografías que _____
_____

- Según la Ley de 1977, no se podía incluir información durante una campaña electoral, la cual_____

  _____

- La Ley de Prensa de la nueva democracia permitía el secuestro de publicaciones que _____

  _____

- Desde 1977, se restringía la publicación de archivos sonoros o impresos que _____

  _____

¿Qué tipo de verbos se han usado para completar estas oraciones? ¿Qué regla se puede derivar de estas observaciones? Comente con un compañero y presenten otra vez sus conclusiones a la clase.

- Se usa el subjuntivo para describir _____

- Se usa el indicativo para describir _____

REPASO DE LAS PREGUNTAS PARA EL ANÁLISIS

Comente con un compañero cómo respondería ahora a las preguntas para el análisis, y presenten sus conclusiones comunes al resto de la clase.

Se propone también que entre todo el grupo decidan cuáles son las ideas más relevantes de este pasaje. Una vez toda la clase tenga estas ideas en la pizarra, las copiarán a tarjetas adhesivas, y en grupos de tres personas, se colocarán dichas tarjetas en un papel grande indicando las relaciones que ven entre cada uno de los conceptos. Cada grupo explicará a la clase cómo han organizado sus ideas.

La censura de la cultura visual

PREGUNTAS PARA EL ANÁLISIS

Antes de leer esta sección, considere las preguntas que se presentan a continuación para dirigir su lectura. Trabajando junto con un compañero, escriba lo que cree que pueden ser las respuestas. Entreguen este papel al profesor, porque al final de la sección se podrá comparar lo que han aprendido con lo que suponían antes de leer el texto.

Los periódicos, con la nueva libertad de expresión, pudieron informar del regreso a España de comunistas históricos como Dolores Ibarruri, "la Pasionaria". © Alain M. Urrutia.

1. ¿Qué efecto tuvo la televisión en la sociedad española? *Aunque la televisión era objeto de censura, influyó en...*

2. ¿Cómo era la censura en el caso de la programación de TVE? *La televisión era una entidad pública, y por lo tanto...*

3. En el caso de la prensa gráfica (revistas y publicaciones con material fotográfico), ¿qué criterio seguía el censor para permitir o denegar la publicación de estos materiales? *Lo que más importaba al censor era...*

4. ¿Quiénes eran los censores? *Entre los censores se podía encontrar a...*

5. ¿Por qué fue la censura más fuerte con el cine y cuál era el principal método de control de contenido de las películas extranjeras? *El cine constituía...y se censuraba...*

La censura prestó una especial atención a la cultura visual de la televisión y el periodismo fotográfico. Como en el caso de la prensa escrita, el objetivo primordial no sólo era evitar que se transmitiera una serie de contenidos que el régimen consideraba indecentes, sino también que el ciudadano español llegara a pensar de cierta manera. En el caso de la televisión, esto ocurrió en los últimos años del franquismo. Hay que tener en cuenta que España sólo tenía dos canales de televisión con horas limitadas de emisión, y que los televisores sólo comenzaron a entrar en los hogares españoles de forma generalizada a partir de principios de los años sesenta. Ambos canales eran parte de RTVE (Radio Televisión Española), una empresa pública y dependiente del Gobierno, y es lógico suponer que los responsables de este medio ejercieran un considerable control del contenido de los programas que se emitían.

La televisión había llegado a España en 1956, aunque sólo para la cuidad de Madrid. A principios de los años sesenta, con Manuel Fraga en el Ministerio de Información y Turismo, la estructura de la programación estaba inicialmente controlada por el Gobierno. A pesar de este hecho, la gente se lanzó a comprar televisores, gracias a la nueva prosperidad económica que se comenzaba a experimentar en los años sesenta. De los 850.000 televisores que había en 1963, se pasó a tres millones en 1969. Con esta entrada del televisor en los hogares españoles, también cambiaba la disposición de los espacios familiares. Si antes todo giraba en torno al comedor, la mesa camilla o la habitación donde estaba el tocadiscos o la radio, ahora el centro de gravedad y punto de referencia familiar era el salón, y el punto de orientación de sofá y sillas era hacia la "tele". Y esta era una "tele" cuya programación era eminentemente de producción española. Las series de televisión, tanto para niños como para adultos, eran producidas por RTVE, la institución nacional de la radio y la televisión. Curiosamente, los productos que salían de ella no eran necesariamente malos, pues se producían programas de teatro, documentales sobre tradiciones regionales y sobre naturaleza que tenían una intención claramente educativa. Según cuenta el escritor Ignacio Elguero:

> Aquellos primeros programas de producción propia forman parte de la época dorada de la televisión. Hay que tener en cuenta que el propio Franco no dio, en los primeros años de vida del medio, demasiada importancia a éste, y que, en general, realizadores y guionistas pudieron trabajar con mayor in-

dependencia que en el cine, donde la censura estaba más alerta. Fueron series y programas cargados de creatividad e imaginación, pertenecientes a un mundo mágico, lo que unido a que habíamos creado un hábito cotidiano de ver la televisión, formaron en nosotros la capacidad de convertir en algo mítico a esos personajes y a esas canciones, que formarían para siempre parte de nuestra memoria colectiva. (p. 70)

Sin embargo, los periodistas y responsables de programas de televisión también se dedicaban a intentar eludir la censura tanto como lo habían hecho sus colegas de la prensa escrita y la radio. La historia de los medios de comunicación españoles está llena de ejemplos de engaños al censor. Por ejemplo, los responsables del programa *Informe semanal* (un famoso programa de noticias al estilo de *60 minutes* de EE.UU.) han reconocido que montaban los programas en presencia de un censor, a pesar de que este programa comenzó a emitirse a finales del régimen franquista. Llegado un momento conflictivo – un informe sobre alguna idea no muy agradable para el régimen franquista – una secretaria o alguien del equipo le comunicaba al censor que tenía una llamada de teléfono en otra oficina y, aprovechando su ausencia, los redactores del programa incorporaban en la cinta el fragmento conflictivo. Si tenían suerte, el funcionario no pedía revisar el trabajo realizado en su ausencia.

Sin embargo, también es necesario reconocer que el advenimiento de la televisión a los hogares españoles representó la apertura de los mismos al mundo de fuera de España. Cualquier noticia, como por ejemplo las noticias de las protestas y manifestaciones del mayo de 1968 en Francia, o la del primer paseo en la Luna por un astronauta norteamericano, abría ante la mente de los españoles un mundo que antes, por falta de recursos, o por el puro aislamiento diplomático y cultural del régimen de Franco, les había sido denegado.

En el caso de las revistas y medios que contuvieran imágenes, la férrea censura controlaba toda manifestación artística e impedía cualquier muestra de "destape" o revelación, no sólo de erotismo, sino de la más mínima muestra de piel. Una de las actividades habituales de los diseñadores gráficos e ilustradores había sido la de tapar, con lápiz o pluma, aquellas partes de la anatomía femenina que en la foto aparecían descubiertas. El objeto de la atención del diseñador gráfico no sólo eran pechos ni traseros; para que la censura no aceptara una foto era suficiente con que se sugiriera que la modelo no llevaba bañador ni ropa interior bajo su ropa. Todas estas pruebas debían enviarse antes al ministerio correspondiente para su aprobación, aunque con frecuencia después se intercambiaban por otras fotografías diferentes y, con suerte, la edición pasaba desapercibida. En caso de ser descubierta, la edición era "secuestrada", es decir, se sacaban del mercado todas las copias disponibles.

Sin embargo, este control sólo tuvo como resultado el que durante los últimos años del franquismo y los primeros de la democracia se usara cualquier excusa para usar el erotismo más chabacano. Por ejemplo, *Diez Minutos*, una revista de las muchas revistas del género del corazón, publicaba con gran aceptación popular una sección, "Famosas en la intimidad", en la que mujeres famosas en la sociedad española posaban en su dormitorio o en su cuarto de baño, vestidas con ropa de cama o en la bañera, de modo que el lector pudiera ver partes de su anatomía. Esto ya se consideraba el inicio del "destape".

Como en el caso de la prensa escrita y la radio, las revistas, los teatros y los cines tenían que someterse al criterio del censor. El censor era la persona encargada de examinar que cada producto cultural cumpliera una serie de normas de moralidad y que se ajustase a lo que marcaba la Iglesia Católica como aceptable. Los criterios, no obstante, no siempre eran uniformes, ya que la censura estaba constituida por personas reales, ciudadanos de verdad, con nombres, apellidos y profesión, que recibían un salario adicional por vigilar diversos productos culturales. Eran todos ellos funcionarios del Ministerio de Información y Turismo. Entre ellos se incluían todo tipo de profesiones, pues este era un trabajo que realizaban de modo adicional a su ocupación habitual: militares de procedencia diversa, sacerdotes, guardias civiles, algún amigo de funcionarios y mujeres. Había muchas mujeres, aunque todas ellas eran amas de casa, la única profesión femenina aceptable durante el franquismo. No sólo su procedencia, sino también la ideología política de los censores incluía un amplio espectro: desde la derecha más recalcitrante hasta simples conservadores, pasando por miembros del Opus Dei, una orden religiosa seglar establecida en España durante los años veinte. Entre este grupo de protectores de la moralidad nacional, había dos grupos diferenciados: los partidarios de prohibirlo todo, y los que preferían "cortar" las partes más ofensivas de libros, películas, obras de teatro y música. En unos y otros, la actividad favorita era suprimir, es decir, prohibir el acceso a imágenes y contenido. La importancia de esta función radicaba, como ya se ha dicho, en que de este modo se buscaba evitar que los españoles llegaran a tener ideas que no estuvieran sancionadas por el régimen o por la Iglesia.

En el caso del teatro, el día anterior al estreno de una obra se realizaba el llamado ensayo de censura, en que la compañía mostraba su trabajo a un grupo de censores. Con la esperanza de obtener el sello de permiso, los productores cerraban escotes de las camisas de las señoras, alargaban las faldas, suavizaban el lenguaje o eliminaban tensiones dramáticas, eróticas o políticas. La idea era que no se detectaran los elementos que pudieran ser más conflictivos. Como en el caso de las revistas, siempre se corría el riesgo de que el ministerio o la policía suspendieran la función. También como en el caso de la prensa escrita, la censura tuvo como consecuencia que los profesionales del teatro buscaran siempre formas de engañar al censor, aguzando así su creatividad.

Pero fue en el cine donde la censura se aplicó con más vigor, ya que esta forma de entretenimiento era la favorita de los españoles. La censura examinaba con gran atención las películas antes de su estreno, tanto las nacionales como las extranjeras. En el caso de las películas extranjeras, los contenidos cuestionables desde el punto de vista del censor se podían resolver con el doblaje. El doblaje consistía en poner voces en español a los actores de películas en otros idiomas. Ésta es una práctica que todavía continúa en la actualidad. Así pues, durante el régimen franquista, las escenas de contenido más sensual eran simplemente cortadas. Este fenómeno de la censura, no sólo tuvo lugar durante los años más represivos del franquismo, sino que se prolongó hasta bien entrados los sesenta y a principios de los setenta, cuando la sociedad española había comenzado a madurar política y culturalmente. La película *La residencia* (1969, de Narciso Ibáñez Serrador) tuvo enormes problemas para superar la censura, aunque al final consiguió introducir una escena en que una de las actrices era azotada. La película *Viridiana* (1961, de Luis Buñuel) seguía prohibida, a pesar de haber sido rodada en España y de haber tenido apoyo económico oficial.

En este ambiente de represión sistemática de la manifestación libre de ideas, era lógico que se buscara toda forma de acceso a filmes, obras de teatro, música y libros prohibidos. La libertad de expresión estaba tan sólo al otro lado de los Pirineos. En la primavera de 1973, un agente de turismo de la provincia de Gerona anunciaba un viaje a la localidad francesa de Perpiñán para asistir a una proyección de *El último tango en París*, la película de Bernardo Bertolucci que protagonizaban Marlon Brando y Maria Schneider y que había causado un enorme alboroto en el extranjero por un contenido altamente sexual. La oferta turística incluía el viaje en autobús, la entrada al cine, e incluso ayuda con la tramitación de un permiso de paso de la frontera para quienes no tuvieran pasaportes. Y es que obtener el permiso para salir fuera del país no era tan fácil por lo que se refiere a la obtención del pasaporte: cualquier antecedente criminal, multa de tráfico, afiliación política más o menos reconocida, o simplemente una tendencia no aceptable era motivo suficiente para que las autoridades denegasen el documento. Obtener un pasaporte era largo y conllevaba un considerable coste, y muchos españoles no lo tuvieron hasta bien entrados los años sesenta. Se cuenta que, al final de esta historia, el famoso autobús no salió para su destino. Posiblemente, algún ciudadano de moral irreprochable denunció estos planes a la Guardia Civil y los agentes obligaron al agente a suspender el viaje. Este episodio, sin embargo, no hizo desistir a los agentes de viaje ni a los cinéfilos españoles. Desde ese momento, los anuncios de los proyectados viajes al extranjero evitaban mencionar el motivo real y ni se reflejaba el título de la película.

En estos viajes al extranjero, la gente no buscaba simplemente ver películas eróticas y comprar revistas como *Playboy*, sino muchas veces tener acceso a libros cuya publicación y venta estaban estrictamente prohibidos en España. Los mismos agentes de aduanas, que tenían como misión confiscar los materiales eróticos, comenzaron a ser parte de un mercado negro, pues ellos mismos se encargaban de distribuir el material confiscado, que después aparecía en mercadillos de diversas ciudades españolas. Y es que España ya había comenzado a cambiar. Año tras año de censura sólo había creado un mayor interés por la cultura de más allá de las fronteras españolas. Parte de esta cultura estaba producida por los mismos españoles que vivían en el exilio. Éste es el caso del director de cine Luis Buñuel, quien no pudiendo producir las películas que quería, se fue a México, país de donde proceden algunos de sus filmes más provocadores. Otros directores tuvieron que encontrar otras soluciones a sus necesidades creativas, como se refleja en el siguiente artículo de prensa.

ACTIVIDADES DE PRELECTURA

El artículo que se incluye a continuación describe la situación en la que los cineastas españoles tuvieron que crear sus filmes bajo el control de la censura. Estas preguntas le guiarán en la lectura del artículo, aunque deberá contestarlas al terminar de leerlo.

1. ¿Qué condiciones debían cumplir las películas españolas producidas durante el régimen franquista? *Los requisitos que debían cumplir las películas españolas eran...*

2. ¿Qué trucos usaban los directores para eludir la censura cinematográfica? *Para escapar la vigilancia del censor era necesario que los directores hicieran...*

3. ¿Qué nivel de participación tenía Franco en este proceso? *Franco estaba involucrado...*

4. ¿Qué efecto tuvo la censura en el estilo del cine español posterior al franquismo? *La censura dejó en el cine español un estilo de...*

1977–1997: dos décadas de cine sin tijeras

Borja Hermoso

El Mundo – Cultura – 07/12/1997

Se cumplen 20 años del decreto que acabó con la censura franquista

MADRID – Después de muchas conversaciones y papeleos, el funcionario de turno de la Junta de Censura se dejó de medias tintas y le dijo a Jaime de Armiñán: "Mira, mientras la momia del Pardo esté viva, tu película no se estrenará."

Corría el año de 1975, la película era *¡Jo, papá!* y la momia en vida era, claro, Franco. El 20-N de aquel año murió el dictador y la película pasó. Esta situación, una de tantas, simboliza la angustiosa experiencia de los cineastas españoles durante el franquismo y, más concretamente, durante el último tramo de la dictadura. El pasado lunes se cumplieron precisamente 20 años de la publicación, en el BOE, del real decreto que ponía fin a la censura cinematográfica en nuestro país.

El nuevo texto legal, impulsado por el entonces ministro de Cultura Pío Cabanillas, consagraba el principio de libertad de expresión y decía: "La cinematografía, como componente básico de la actividad cultural, debe estar acorde con el pluralismo democrático en el que está inmersa nuestra sociedad." La Junta de Censura quedaba reducida a un mero departamento de calificación de películas. Títulos extranjeros condenados en España, como *Emmanuelle* o *El último tango en París*, tenían vía libre para que los españoles pudieran verlos y

aquí, y no en Hendaya o Perpiñán. *Cría cuervos*, de Saura, ya había logrado para entonces superar siete meses de prohibición. Pero dos años después, todavía, Pilar Miró tendría que soportar, con *El crimen de Cuenca*, el azote de quienes aún no se habían dado por aludidos por el nuevo decreto.

José Luis Borau, uno de los directores y productores que más en carne propia vivió los últimos coletazos censores del franquismo, recuerda que la situación hasta aquel 1 de diciembre del 77 era "insostenible" para la gente que hacía cine en España. "Pero cuando se dieron cuenta de que el dictador estaba muerto, no les quedó más remedio que cambiar, muerto el perro se acabó la rabia. Era una marea que se les echaba encima", relata el director de Furtivos, quien recuerda como especialmente duros los años previos al decreto que acabó con la censura: "En su etapa final, la censura fue aún mucho peor; de aquello que algunos llamaron la dictablanda, nada de nada."

CONDICIONES DE LAS PELÍCULAS. – Juan Antonio Bardem resume así las condiciones necesarias para que una película agradase al régimen: "Tenía que ser una obra afecta al régimen del invicto caudillo, quizá con algún que otro taco y, cómo no, con alguna teta añadida."

La tarea de los censores era, según Borau, "terrible, pero además era estúpida, porque se le colaban muchos goles, como aquella escena de la partida de cartas de *Viridiana* de Buñuel".

En eso coincide con él Jaime de Armiñán, otra víctima del porque lo digo yo, quien comenta con cierta sorna la dudosa capacitación de algunos de aquellos censores: "Felizmente, no eran demasiado sagaces y a menudo no captaban la segunda lectura que había detrás de ciertos guiones." Ilustra esa afirmación con una anécdota de su película *Mi querida señorita*: "Ingenuamente, se nos ocurrió preguntar al subdirector de cine de entonces si se podía hacer aquella película, y nos contestó: 'Bueno, según cómo la hagáis'. Le presentamos un guión bastante disfrazado y, claro, pasó." Lo único que cayó bajo el tijeretazo fue un pecho fugaz de Mónica Randall.

Borau subraya hoy cómo surgió de aquel modo "un cine simbólico y lleno de guiños por todas partes, un cine críptico del que le fue muy complicado salir al cine español".

Los directores compartían una técnica de desmarque: cuando la Junta de Censura exigía la presentación previa del guión de la película, se presentaba uno falso: así lo hizo el propio Borau en *Furtivos*, y también Jaime de Armiñán en *Mi querida señorita*. "Guiones falsos o medio falsos: esa era la única forma de pasar la barrera", recuerda el primero.

El caso de *Furtivos* – memorable retrato del tardofranquismo en su vertiente terrateniente / rural en escalofriante interpretación de Lola Gaos y Ovidi Montllor – fue uno de los más representativos. El franquismo no llegó a prohibir oficialmente la película... simplemente los artesanos de la tijera le dijeron a Borau: "O pega 33 cortes o no tiene visado para estrenar." Borau no cortó, y la película estuvo seis meses parada.

Juan Antonio Bardem, director de *Calle Mayor* y *Muerte de un ciclista*, recuerda cómo la censura afectó a prácticamente todas sus películas: "En todas ellas hubo cortes importantes, además de forzados cambios de diálogos y hasta de títulos; en alguno de esos cambios, además, el diálogo tenía que incluir obligatoriamente un texto determinado por ellos."

EL CASO DE *CAMADA NEGRA*. – Al contrario que *Furtivos* de Borau, la película que sí estuvo oficialmente prohibida, pese a haber muerto Franco, fue *Camada negra*, película dirigida en 1977 por Manuel Gutiérrez Aragón, y producida por el propio Borau.

Este fresco salvaje y (entonces) temerario [filme] sobre las mentes enfermas de los guerrilleros ultras fue masacrado por el régimen, que exigió a Gutiérrez Aragón diversos cortes. "Nos negamos, y siguió prohibida, aunque el régimen ya se iba desmoronando y poco a poco fueron aprobándola; fuimos con ella al Festival de Berlín, y aquello fue decisivo, porque gané el Oso de Plata a la mejor dirección." Después fue estrenada en los cines Luchana de Madrid, donde los fascistas hicieron explotar una bomba antes de dedicarse con aplicación a agredir a los asistentes.

Gutiérrez Aragón evoca los dos únicos puntos en los que los feroces censores no dejaban pasar ni una: Franco y la Falange. "Podías criticar ciertas cosas, pero nunca al general, ni mostrar una camisa azul. Es como hoy en Cuba, donde nadie critica al comandante. Todas las autocracias son iguales."

El director de *Habla, mudita* (que también sufrió en 1973 la visita inquisitorial) ironiza sobre la censura: "Muchas veces se volvió contra los que la aplicaban, porque acababan dando publicidad a la película, ya que la prensa era cada vez más libre y lo contaba todo. Era una situación de fin de reinado."

Ricardo Franco, que vio una y otra vez cómo la censura repudiaba su largometraje *El desastre de Annual* (1970) por "anarco-subversiva" – palabras del ministro de Información y Turismo Alfredo Sánchez-Bella –

asegura: "Franco y doña Carmen eran muy aficionados al cine, y veían películas cada día en El Pardo; sus comentarios sobre si esa película era o no una cochinada, orientaban directamente la actuación de la Junta de Censura."

FURTIVOS, TODO UN SÍMBOLO. – El rodaje de la película de José Luis Borau, interpretada por Lola Gaos, Ovidi Montllor y el propio Borau, había concluido en diciembre de 1974, pero el estreno se pospuso hasta septiembre de 1975, en el Festival de San Sebastián – donde ganó – y a dos meses vista de la muerte de Franco. "No se atrevieron a prohibir la proyección en San Sebastián. Me dijeron los de la Dirección General de Cine que yo les había hecho un chantaje... y era verdad. ¿Qué podías hacer en aquellos años?", explica Borau.

SACADO DEL TEXTO: EXPRESIONES IDIOMÁTICAS

En el artículo que acaba de leer aparecen numerosas expresiones idiomáticas y vocabulario de uso extendido en España. Busque estas expresiones en el artículo e intente adivinar su significado. Finalmente, debe conectarlas mediante líneas con los significados que aparecen en la columna de la derecha.

darse por aludidos	palabras malsonantes
no dejar pasar ni una	últimos signos de vida de algo o alguien
momia en vida	no aplicar un criterio enteramente
vivir en carne propia	sin más razones
dictablanda	engañar a alguien sin que se dé cuenta
muerto el perro se acabó la rabia	una dictadura que no es muy dura
tacos	cuando se va la persona encargada, terminan sus normas
porque lo digo yo	
últimos coletazos	tener experiencia personal de algo
hacer algo a medias tintas	persona casi muerta
colar goles a alguien	sentirse mencionados
	no permitir ni una desviación de la regla

REPASO DE LAS PREGUNTAS PARA EL ANÁLISIS

Ahora es el momento de responder de nuevo a las preguntas que se presentaron antes de la lectura de este artículo y de todo el pasaje anterior. Después de responder a las preguntas para el análisis, el profesor les entregará los papeles con las respuestas que habían dado a algunas de estas preguntas antes de las lecturas. Decida con un compañero en qué áreas han notado ustedes una mayor diferencia entre sus respuestas iniciales y las que darían ahora.

Censura, creación literaria y pensamiento

PREGUNTAS PARA EL ANÁLISIS

La censura también afectó a áreas creativas en el campo literario y el pensamiento, si bien no fue tan fuerte como en el área del cine. Teniendo en cuenta lo que usted conoce ya sobre la censura, intente responder a estas preguntas antes de leer esta sección. Escriba las respuestas en una tarjeta y entréguela al profesor. Volverá a examinarlas tras haber leído el texto para comprobar si hay ideas que se deben revisar.

1. En vista del régimen de censura predominante incluso durante los años del franquismo ¿cómo era el clima cultural durante esta época? *Dada la estricta vigilancia de la censura, el clima cultural español del franquismo se caracterizaba por...*

2. ¿Qué razones hubo por las que la calidad de la literatura española no sufrió tanto como consecuencia de la censura? *Las principales razones fueron...*

3. ¿De qué forma se criticaba al franquismo en la literatura española? *La mayoría de los autores crearon obras que...*

4. ¿Qué efecto tuvo el franquismo en la literatura en otras lenguas del territorio español? *El franquismo hizo que las lenguas regionales estuvieran prohibidas en público, y como consecuencia...*

Aunque los españoles no leían mucho durante los años del franquismo, la dictadura también dirigió la atención del censor hacia la literatura, tanto nacional como extranjera. Sin embargo, en parte por vergüenza de aparecer ante el resto del mundo como un país retrógrado, el gobierno español tuvo más cuidado con la censura de la literatura. Además, si muchas de las grandes obras de literatura no eran leídas por el gran público, sus ideas no podían constituir un peligro para un régimen que quería controlar lo que pensaba su gente. De todos modos, los libros pasaban por lo que se llamaba un proceso de "orientación bibliográfica", que vigilaba que no contuvieran una crítica abierta al régimen ni un llamamiento a la lucha contra el mismo. Los ensayos y obras más críticas se publicaban en español en las editoriales de México y la Argentina, algunas de las cuales eran compañías fundadas por exiliados españoles. Sin embargo, también se puede leer una crítica implícita en muchas de las novelas publicadas en España durante el franquismo. Algunas de estas obras, como las de Juan Goytisolo y las de Ana María Matute, no sólo fueron publicadas, sino que ganaron premios literarios. En estas novelas, la España gris y represiva del franquismo se refleja a través de las vidas insípidas y sin salida ni comunicación de sus protagonistas. Los autores de los inicios del régimen franquista quieren mostrar la dramática situación en la que se encuentra el español medio tras la guerra. Ésta es una sociedad arruinada que todavía no puede creer la confrontación fratricida que había tenido lugar. Se podría decir que ésta es una literatura de testimonio. A veces, como en el caso de *Los santos inocentes* de Miguel Delibes, se denunciaba el injusto régimen de propiedad de la tierra, que condenaba a la miseria a gran número de familias en áreas rurales. Los escritores españoles no tenían que manifestar sus quejas abiertamente, sino que solamente se limitaban a reflejar la realidad que los rodeaba. Estos autores fueron un ejemplo de gran calidad literaria. En los primeros años del franquismo se escriben grandes obras como *La familia de Pascual Duarte* (1942) de Camilo José Cela, y *Nada* (1945) de Carmen Laforet, en novela; *Hijos de la ira* (1944) de Dámaso Alonso, y *Sombra del paraíso* (1944) de Vicente Aleixandre son poemas que tratan de la experiencia humana y de su alienación existencial.

Sin embargo, el franquismo temprano promocionó una literatura oficial que presentaba un mensaje claramente ideologizado en obras de propaganda y de claro desprecio por el bando perdedor, muchas de las cuales eran de escasa calidad. Otro tipo de literatura del mismo periodo fue la literatura de evasión, como la romántica de Corín Tellado y la de historias del oeste de Estados Unidos en obras de tipo cómic, así como la literatura religiosa de devocionarios y misales. Estas eran obras a las que accedía la gran mayoría de la población. En años posteriores, la gran mayoría de la población consumiría obras de autores de mayor calidad, como Miguel Delibes y Camilo José Cela.

En los años cincuenta aparece una literatura que, con un marcado realismo, hace una crítica social y política implacable. Es una literatura objetiva, sin artificios, que se limita a presentar las duras condiciones en que vivía el campesino español, el obrero industrial, así como el conformismo de una burguesía partidaria del régimen. Se trata de obras como *Jarama* (1956) de Rafael Sánchez Ferlosio y las novelas de Carmen Martín Gaite, Jesús Fernandez Santos y Ana María Matute, de gran claridad, precisión y dominio de las técnicas narrativas. También de esta época es *La Colmena* (1951) de Camilo J. Cela, quien, a pesar de su cercanía al régimen franquista, logra reflejar en esta obra las condiciones de miseria en que se vivía en el Madrid posterior a la Guerra Civil. La cuestión que se presenta ante el estudioso de este periodo de la creación literaria en España es si la existencia de la censura trajo consigo una mayor calidad de las obras producidas. El argumento a favor de una mayor calidad se apoya en que el realismo objetivista o neorrealismo que caracteriza la literatura de esta época deriva de la necesidad de criticar sin acusar, de dar testimonio sin denunciar. Por el contrario, también se puede razonar que la situación de represión política impuso ciertos clichés creativos como los del tremendismo y el uso de símbolos que limitaron la creatividad y la exploración de otras técnicas en el panorama de la literatura española.

Ya en los años sesenta se liberaliza un tanto el acceso a la literatura, incluso a la de aquellos autores que habían estado prohibidos, y el auge económico crea las condiciones para un mayor acceso de la población a obras literarias de calidad. Gracias a este proceso es posible leer obras de Manuel Machado, Miguel Hernández, Rafael Alberti y otros autores que no habían sido favorecidos por el régimen. Aunque a finales de los años sesenta y durante los setenta aparece en el panorama literario español una obra más experimental en sus técnicas narrativas, y más esteticista en su enfoque, todavía destaca el realismo de Carmen Martín Gaite, Miguel Delibes, Juan Marsé, y Francisco Umbral en este último periodo del franquismo. Estos autores no pueden sino mostrar las cosas como las ven, mientras que nuevas generaciones de autores se dirigían a la exploración de nuevos temas, lejos de la velada crítica política que había caracterizado a sus predecesores.

También afectada por la censura estuvo la literatura del exilio, pues durante el franquismo temprano sus obras fueron de limitada distribución. La literatura en el exilio era también una literatura realista, de compromiso moral con los españoles que quedaron en España. Sin embargo, los temas fueron un tanto diferentes: la exploración de las causas de la contienda civil, el pasado histórico de España, y el desarraigo como eje que articula la experiencia del español en el exilio. Entre estos autores se encuentran Rosa Chacel y

Max Aub, quienes luego regresarían a España. Muchos de estos autores se agruparon en torno a editoriales y revistas que contribuyeron a crear. En su obra se percibe cierto aislamiento lingüístico, como resultado del alejamiento de referentes auténticos.

En cuanto a las literaturas en otros idiomas de España, se puede afirmar que el desmantelamiento de dichas lenguas que instauró el franquismo tuvo inicialmente un efecto devastador en la creación literaria. Durante el franquismo temprano se clausuraron escuelas, periódicos y editoriales que se expresaban en la lengua catalana. En estas condiciones, era difícil la publicación, excepto en el exilio, de dichas obras, para las cuales había cada vez menos público. El proceso de recuperación de la tradición literaria en lengua catalana fue lento y a ello contribuyó la pequeña liberalización del franquismo tardío que permitió, entre otras cosas, el regreso de exiliados. Otros factores fueron el establecimiento de premios literarios como el de San Jordi, y la creación de escuelas clandestinas para la enseñanza del catalán.

La literatura en euskera también vivió una serie de circunstancias que pusieron en peligro su supervivencia. En parte ello era debido, como en el caso de la literatura catalana, a la prohibición del uso del euskera en el ámbito público. Pero a finales del franquismo se observa un cierto renacimiento, con un nuevo público, gran parte del cual se estaba educando en las nacientes ikastolas (escuelas vascas). La temática de esta nueva literatura vasca está centrada en la recuperación de la identidad de este pueblo.

La literatura gallega, tras la Guerra Civil, abandona los temas agrarios para introducir el tema de la emigración a la que se vieron obligados muchos gallegos por las condiciones de miseria económica de la región. En la medida de lo posible, esta literatura también intenta emprender una temática crítica. Así pues, se puede decir que la crítica, casi siempre velada, bien sea tras el realismo objetivista, o tras el simbolismo esteticista, es una de las constantes de la creación literaria durante el franquismo. Sin embargo, también se puede afirmar que aparte de los intentos de eliminar el uso de lenguas regionales, el censor se mantuvo menos cerca de las obras de literatura, pues no fue esta forma de arte objeto de consumo masivo. A pesar de una cierta orientación bibliográfica que favorecía la publicación de obras de escapismo intelectual o religiosas, la creación literaria publicada en España produjo también grandes obras.

SACADO DEL TEXTO: POR MÁS QUE / POR MUCHO QUE

Observe este diálogo referente al texto que acaba de leer:

A: Los censores buscaban críticas abiertas al régimen en la literatura de algunos autores, ¿no?

B : Sí, pero por más que los censores buscaran críticas abiertas al régimen en las obras de autores como Miguel Delibes, sólo encontraron descripciones escuetas y concisas de la realidad del campo español.

A : ¿No es verdad que el régimen controló la expresión de ideas?

B : Por supuesto, pero por mucho que el régimen controlara la expresión de ideas, no pudo regular enteramente el mundo de las publicaciones.

1. ¿Puede pensar en una frase equivalente en su idioma a las expresiones "por más que" o "por mucho que"?

2. ¿Qué tipo de verbos se usan con estas expresiones?

3. Trabajando en parejas, construyan oraciones o mini-diálogos con las siguientes ideas sacadas del texto y siguiendo el esquema que se ha presentado. Presenten sus resultados frente a la clase.

   • Los escritores en el exilio intentaron mantener el contacto con su país de origen.

   • El franquismo también propició una literatura propagandista del régimen.

   • Los creadores más jóvenes estaban interesados en un cierto esteticismo modernista centrado en efectos.

   • El régimen franquista no estaba interesado en las artes de vanguardia.

REPASO DE LAS PREGUNTAS PARA EL ANÁLISIS

El profesor les entregará las tarjetas que habían escrito con las respuestas a las preguntas para el análisis. Comente con el resto de la clase qué ideas preconcebidas tenía usted y lo que ha aprendido al leer esta sección. Comente también los errores que necesita corregir respecto a sus suposiciones iniciales.

Fenómeno del "destape"

PREGUNTAS PARA EL ANÁLISIS

Como reacción a la censura, el fenómeno del "destape" invadió España con una oleada de erotismo y pornografía. En ello, España no era tan diferente de lo que se veía en otros países europeos. La diferencia radica en la intensidad con la que se inundó la cultura española con este tipo de productos. Estas preguntas de guía de la lectura pueden ayudarle a concentrarse en las secciones más importantes del texto. Al final de la lectura puede regresar a ellas para responderlas y comentar su respuesta con la clase.

1. ¿Cómo se puede justificar la "ola de erotismo" que invadió España tras la muerte de Franco? ¿Fue algo exclusivo de España? *Se puede afirmar que la ola de erotismo que llenó cines, teatros y quioscos españoles se justificó por...*

2. En este contexto de la transición a la democracia, ¿qué significa el "destape"? *El concepto de destape representa...*

3. ¿Qué se puede decir sobre la calidad del cine español en los primeros años tras la muerte de Franco? *Se puede caracterizar el cine español de la transición como un cine...*

4. ¿Qué suerte corrieron algunos de los protagonistas del destape? ¿Qué significado tuvo esta evolución en sus carreras en relación a la evolución de la sociedad española? *La evolución profesional de los protagonistas del destape fue de dos tipos. Por un lado... y por otro...*

5. ¿Qué significa "españolada" en el contexto del cine español? ¿Qué tipo de temas predominaban en este género de películas? *La "españolada" se puede describir como una película...*

Los primeros años de la democracia ven el inicio de una mayor libertad de prensa. De hecho, es en los primeros años de la transición cuando aparecen periódicos como *Cambio 16* y *El País*, representantes ambos de la nueva independencia y el poder de la prensa. Ambos medios fueron también los cronistas de esta nueva época en la política española. Los españoles tenían una gran sed de información, así como de acceso a los materiales culturales que durante años habían disfrutado sus vecinos europeos. Sin embargo, el delito de escándalo, en el cual se basaba todo el aparato de la censura, todavía estaba contemplado en el Código Penal (Ley Criminal), y no fue eliminado hasta 1982. Aunque el aparato de la censura había sido desmantelado gracias a la nueva Ley de Prensa de 1977, el crimen de escándalo continuó existiendo algunos años más y creando problemas para algunos autores, entre ellos los directores de cine.

Aunque esta época de transición se caracterizara por una apertura informativa, muchos españoles recuerdan el periodo de transición a la democracia por la abundancia de revistas en los quioscos de sus ciudades con fotografías de desnudos. Entre ellas, la más famosa fue la revista *Interviú*, que al estilo de la revista *Playboy* en los Estados Unidos, combinaba las fotografías de mujeres con ropa escasa, con los artículos "serios". También de fuente de anécdotas, pero no menos importante, se puede clasificar al cine español de la transición con su nuevo "destape". El "destape", concepto que se refiere a la enorme cantidad de desnudos o personas "destapadas" que aparecían en las revistas y el cine español de la transición, se ha convertido en la palabra que define este periodo de recién encontrada libertad. Aunque dicho concepto no hace justicia al enorme esfuerzo de los medios de comunicación por establecer su propia independencia informativa, indica un periodo de cierta locura y confusión en la cultura visual española, que todavía tendría que encontrar su propia personalidad.

Ya desde el final del franquismo se hablaba de la "ola de erotismo" que invadía el panorama cultural español. Esta supuesta ola, inocente desde una perspectiva presente, era indicio de los intensos deseos de apertura de una sociedad que había tenido que obedecer normas sobre qué libros leer, qué películas ver (algunas de las cuales se condenaban desde el púlpito), y qué arte apreciar. Sin embargo, hay también un elemento de cliché que caracteriza el destape como algo exclusivamente de reacción ante la censura franquista. De hecho, la misma ola de erotismo y violencia que se vio en el cine español de los setenta apareció también en el cine de otros países europeos. La única diferencia es la intensidad con la que dicha apertura se vivió en España, pero se puede encontrar también ejemplos de erotismo barato y chabacano tanto en el cine italiano de Alvaro Vitali, el estadounidense Russ Meyer, la serie cinematográfica francesa *Emmanuelle* (cine erótico), tanto como con los actores españoles Pajares y Esteso. En España, estas películas de un erotismo entre inocente y de mal gusto llegaron a conocerse como "españoladas", y la saturación con las que llenaron las salas de cines del país ha tenido efectos hasta mucho más tarde, cuando se asociaba cualquier ejemplo del cine español, por bueno que fuera, con la escasa calidad de este cine del destape de finales del franquismo y de la transición a la democracia.

El primer gran éxito de este tipo de cine de la españolada lo constituyó la película *No desearás al vecino del quinto* (Ramón Fernández, 1970) cuya clave se encontraba en un argumento un tanto simplón y machista: en el film un doctor se hace pasar por homosexual – o "mariquita", como se repite a lo largo de la película – para que a los hombres del pueblo no les moleste que tenga que ver a sus mujeres desnudas. Sin embargo, no hay que olvidar que el gran reclamo de esta película se encontraba en el hecho de que mostrara a mujeres bastante ligeras de ropa según los parámetros de la época. Cada vez más, las películas conocidas como españoladas intentan probar los límites con un cine de argumentos fáciles y cualquier excusa para mostrar partes de la anatomía de las mujeres. Los directores tomaron este rumbo, en primer lugar porque se podía, y en segundo porque era algo que había estado prohibido durante décadas. El resultado fue películas de dudosa calidad, producidas con prisas y con postproducciones todavía menos cuidadas. Los títulos de las películas lo dicen todo. En el año 1973 se lanzan *Doctor, me gustan las mujeres, ¿es grave?*, *Las señoritas de compañía*, *Lo verde empieza en los Pirineos* o *Un Casanova en apuros*, pero en 1977 se llega a películas de títulos tan reveladores como *Deseo carnal*, *Desnuda ante el espejo*, *Eróticos juegos de la burguesía*, *La orgía*, *La visita del vicio* o *Susana quiere perder eso*, o en 1980 con *Aberraciones sexuales de una mujer casada*, *Atraco a sexo armado*, *Con el culo al aire*, *Viciosas al desnudo* o *La caliente niña Julieta*.

Estos títulos aparentemente arriesgados, sin embargo, encubrían una ideología bastante retrógrada y nada transgresora de una forma machista de ver la relación entre los sexos. Quizás por el cansancio y aburrimiento que el ciudadano llegó a sentir por este tipo de cine de tan baja calidad, o quizás porque ya estaban disponibles las salas para filmes X, la españolada pasó a ser sinónimo de cine barato y simplón, y alejó al espectador de las salas de cine. Algunos de los actores asociados con este género de películas quedaron encasillados como "actores de españoladas", pero otros hicieron una transición a producciones posteriores de mayor calidad. Su evolución marca también la evolución de la sociedad española. Entre los protagonistas del destape se encuentran:

- *Alfredo Landa:* Protagonista de la emblemática película inauguradora del destape *No desearás al vecino del quinto*, que se convirtió en el símbolo del español que, habiendo estado reprimido por Estado e Iglesia, se lanza a perseguir a extranjeras en las playas o a cualquier mujer que se lo permitiera. El cliché del "españolito" que persigue a la extranjera se basa en la idea de que toda española decente sabe mantener a los hombres a distancia. Así, sólo las extranjeras pueden ser presa fácil del macho ibérico. Su cara es tan frecuente en las películas de la época de la transición que se puede incluso hablar del "landismo" como un subgénero cinematográfico. No obstante, Landa supo hacer la transición a un cine más serio, con el reconocimiento de la crítica por su trabajo en películas de José Luis Garci, de Berlanga (*La vaquilla*, de 1985) o, sobre todo, en *Los santos inocentes* (Mario Camus, 1984), una película basada en el libro del mismo título de Miguel Delibes, cuyo papel protagonista le vale el premio de interpretación en Cannes. Desde entonces, tanto crítica como público lo consideran como uno de los mejores actores del cine español.

• *Nadiuska:* Roswicha Bertasha Smid Honczar, como realmente se llamaba, llegó a España en 1971, con sólo diecinueve años. Con su exotismo de extranjera liberada, representaba el sueño erótico de tantos españoles reprimidos y este potencial lo vieron rápidamente los directores de españoladas. Por ejemplo, el director Vicente Escribá la hizo famosa con comedias como *Lo verde empieza en los Pirineos*, *Zorrita Martínez*, o *Polvo eres*, títulos todos que juegan con el doble significado de sus palabras en clara referencia sexual. Para el español medio, no cabía duda del contenido de estas películas. Tras una época de gran éxito profesional y hasta de una pequeña entrada en Hollywood, llegó a perder todo el dinero ganado hasta el punto de vivir desahuciada, prácticamente en la calle, y tener que ser ingresada, por orden judicial, en un hospital psiquiátrico en 1999.

• *Agata Lys:* Esta actriz, cuyo nombre real es Margarita García, se hizo famosa por aparecer como bailarina en el famoso programa concurso de televisión *Un, dos, tres*. Tras una serie de papeles en películas menores, llegó a ser protagonista de títulos como *Último tango en Madrid* (comedia que intentaba aprovecharse del éxito del *Último tango en París* de Bernardo Bertolucci), *El erotismo y la informática*, o *Sábado, chica, motel, qué lío aquel*, todos ellos tan evocadores como los mencionados anteriormente. Después de haberse retirado, sólo ha regresado al cine para trabajar en proyectos de los mejores directores, como *Los santos inocentes*, *Taxi*, o *Familia*.

• *María José Cantudo:* Debutó en el cine con *El espanto surge de la tumba*, de 1972, una película de terror. En la película *La trastienda*, de 1976, "La Cantudo", como se la llegó a conocer, se convirtió en un mito nacional por ser la primera actriz española en desnudarse completamente. En este sentido, ella fue una pionera, pero supo también adaptarse a los cambios en el cine español y pudo llegar a participar en proyectos artísticamente más ambiciosos. Tras terminar su carrera cinematográfica, hizo la transición al teatro, donde todavía sigue trabajando.

- *Mariano Ozores:* Uno de los directores más prolíficos, taquilleros e importantes del cine comercial español en toda su historia. Su nombre siempre estará asociado con la españolada pues no supo hacer la transición a otras formas de entretenimiento.

   Para concluir esta sección dedicada al cine, se puede decir que la transición está marcada por una exploración de los límites de lo permitido. Lo que había estado prohibido durante el régimen franquista era ahora puesto en primer plano, literal y figurativamente hablando. Sin embargo, es necesario tener en cuenta que el cine que se hacía en esta época en otros países también exploraba los temas abiertos por la revolución sexual.

SACADO DEL TEXTO: AUNQUE ES / SEA

Las siguientes oraciones están sacadas del texto y ambas presentan una idea, para luego considerar otra idea contrastante que se acepta simultáneamente.

- "Aunque esta época de transición *se caracterizara* por una apertura informativa, muchos españoles recuerdan el periodo de transición a la democracia por la abundancia de revistas con fotografías de desnudos en los quioscos de sus ciudades." (Es decir, puede que la transición se caracterizara o no por la apertura informativa, pero en todo caso los españoles tienen un recuerdo más anecdótico de este periodo, lleno de desnudos.)

- "Aunque dicho concepto de 'destape' *no hace justicia* al enorme esfuerzo de los medios de comunicación por establecer su propia independencia informativa, indica un periodo de cierta locura y confusión en la cultura visual española." (Es decir, pensar en el "destape" efectivamente no hace justicia a la seriedad de los medios informativos españoles, pero de todos modos indica la confusión de una época de cambio.)

1. Ambas oraciones son correctas. ¿Qué significado añade el uso de verbos en indicativo o subjuntivo respectivamente? *El uso del verbo en subjuntivo con "aunque" expresa... El uso del verbo en indicativo con "aunque" significa que...*

2. Trabajando en clase en parejas, formen oraciones similares a las anteriores partiendo de las siguientes ideas:

   a. María José Cantudo se hizo famosa por el primer desnudo integral.

   b. Algunos actores de la transición quedaron encasillados en el género de la "españolada".

c. España pasó por un periodo de excesiva atención al erotismo en su cine y teatro.

d. El periodo de la transición representó una liberalización de los productos culturales españoles.

REPASO DE LAS PREGUNTAS PARA EL ANÁLISIS

En parejas, comenten las respuestas que darían ahora, tras haber leído esta sección anterior, a las preguntas para el análisis. Preparen un breve informe y comparen sus ideas con las del resto de la clase.

La cultura de los chiripitifláuticos y la "movida"

PREGUNTAS PARA EL ANÁLISIS

La "movida" representa uno de los movimientos de la cultura popular española de mayor vitalidad de los últimos cincuenta años. Este movimiento nace en Madrid cuando los chiripitifláuticos llegan a la edad de salir a clubes y encuentran que la música y cultura popular de la época no responde a los cambios que había vivido y estaba viviendo esta generación. Siga la pauta de estas preguntas para guiar la lectura del siguiente pasaje. Al final de la sección volveremos a ellas para responderlas.

1. ¿Qué tipo de televisión veían los chiripitifláuticos? *Los niños de la generación nacida entre 1960 y 1970 veían una televisión que...*

2. ¿Cuáles fueron los medios de entretenimiento más importantes para esta generación? Piense en posibles explicaciones. *Las principales fuentes de referentes culturales para esta generación fueron...*

3. ¿Qué panorama cultural se encontraron los nacidos entre los sesenta y setenta cuando llegaron a la adolescencia y la juventud? *A principios de los años ochenta, cuando esta generación llegó a su mayoría de edad, se encontró que...*

4. ¿Qué representó la "movida madrileña"? *La movida madrileña fue un movimiento cultural que...*

Si la generación anterior había sido entretenida con la radio y el cine, la generación de quienes nacieron entre 1960 y 1970 fue la primera generación que se entretuvo con la tele-

Las nuevas generaciones de españoles comenzaron a aprender sobre la participación en una sociedad abierta. © Alain M. Urrutia.

visión. También fue ésta la primera generación que vivió la apertura cultural tras la muerte de Franco. Ellos llegaron a la mayoría de edad en un mundo cultural sin apenas censura. Éste era el mundo de la revista *Interviú*, con sus reportajes de famosas sin ropa, el mundo de los desnudos arbitrarios en un cine español de baja calidad, pero también era el mundo del periódico *El País*, y de la revista *Cambio 16*, cronistas libres e independientes de la transición a la democracia. Gracias a estos medios de comunicación, la generación de los chiripitifláuticos tenía no sólo sed de información, de activismo y de participación en el proceso político, sino también sed de nuevos productos culturales.

La televisión es el medio que marcó más a esta generación. Para los nacidos en la década de los sesenta, la televisión fue una forma de ocio controlada porque no se dejaba al niño delante del televisor para tenerlo callado. Es verdad que estos niños devoraban televisión con gran avidez, pero esta experiencia estaba limitada por los propios horarios de la programación y por los padres que establecían las horas y los programas permitidos. Los horarios televisivos estaban dominados por horas de espacios dedicados a los niños. Es decir, la programación televisiva infantil se emitía a unas horas muy determinadas, claramente diferenciadas por los padres, fuera de las cuales no se podía estar delante del televisor. No se podía ver más que estos programas infantiles. Además, estos niños tenían otras fuentes de ocio, como la lectura, los juegos en la calle y los juguetes. Hay que recordar, por otro lado, que esta generación fue la última que pudo jugar en la calle de las grandes ciudades, donde todavía existían espacios abiertos, descampados esperando la construcción de apartamentos durante el despegue económico del país. En estos descampados los niños de esta generación de la transición pasaron más tiempo que delante del televisor. No obstante, el espacio televisivo definitorio de esta generación fue *Los chiripitifláuticos*, cuya emisión se inició en 1966 y se mantuvo en programación durante seis años. Se trataba de un programa que cuidaba mucho los guiones y los temas musicales, de modo que muchas de estas canciones se han quedado en la memoria colectiva de esta generación.

Pero la televisión no estaba exenta de restricciones. El 1 de mayo de 1963 se instituyó el sistema de los dos rombos (◇◇) en la televisión. Ésta era una de las pocas prohibiciones institucionales del franquismo sobre el acceso de los niños a programas de televisión. Los responsables de televisión usaban este sistema para informar a las familias de si un programa determinado podía ser visto por los niños. Si tenía un rombo, los menores de catorce años no podían verlo. Si tenía dos rombos, símbolos que aparecían en el ángulo derecho superior de la pantalla, sólo lo podían ver los mayores de dieciocho años. En realidad, no se trataba de programas de televisión arriesgados. Tales programas no eran posibles en la televisión de la época y posiblemente no lo eran en la mayoría de los países que tenían una programación de TV. Pero esta situación era más acentuada en España, donde las autoridades tenían un mayor poder de decisión sobre lo que se mostraba en la pantalla en los hogares españoles.

Un director de programación de televisión en la actualidad, nacido en 1964, resume de este modo la televisión del final del franquismo y la transición a la democracia: "La televisión de antes era una televisión blanca y familiar. Podía ser formativa, pero le faltaba pulso. Todo lo que ha venido ahora, aparte de la basura, que también ha venido, llega con la presión de la audiencia, algo que antes no existía. Y en esa tele blanca no había presión, y hay que reconocer que había también cosas muy aburridas."

A pesar de lo aburrida que podía ser a veces la televisión de los años setenta, es importante destacar que para la generación de la transición a la democracia, la televisión no sólo era fuente de entretenimiento, sino también de formación o educación. La televisión española, o TVE, tenía dos cadenas, conocidas como la Primera y la Segunda. Si la primera cadena se centraba más en el entretenimiento con series de drama y humor, la segunda se centraba más en una programación educativa. Toda una generación recuerda los documentales sobre la naturaleza e historia de las culturas y pueblos que han visto de pequeños. Incluso los programas televisivos infantiles de fórmula más superficial, tenían un componente educativo. La mayoría eran de gran calidad, pues estaban generados por un grupo de educadores y pedagogos que tuvieron en cuenta, milagrosamente en esta época temprana de la televisión, las necesidades formativas de su audiencia infantil, al estilo de *Mr. Rogers' Neighborhood* o de *Sesame Street* en los EE.UU.

La radio sería descubierta más tarde por la generación de los chiripitiflaúticos como fuente de información de las nuevas tendencias musicales, especialmente la cadena SER, cuyas emisoras locales comenzaron a emitir la música que escuchaban los jóvenes de otros países. Fue la radio el medio por el cual se conoció el fenómeno de la "movida madrileña", un fenómeno de renacimiento y vanguardia cultural protagonizado por los nacidos en los sesenta y setenta cuando llegaron a su adolescencia.

Al llegar la generación de la explosión demográfica a su mayoría de edad, se encontraron con un panorama cultural gris y aburrido. España estaba todavía sumida en una timidez creativa, particularmente en el área de la cultura popular (música, cine, revistas especializadas, nuevas propuestas en diseño de ropa, entre otros). La respuesta al desierto cultural que se encontró esta generación de la transición a la democracia fue la de una exploración de nuevos medios culturales. No se trató de una revolución cultural en las artes como la pintura ni la literatura, sino en la música y más tarde, con directores como Pedro Almodóvar, en el cine.

La movida madrileña es la respuesta de diferentes grupos culturales a una España que se salía de una dictadura gris y casposa, y que necesitaba un nuevo aire, grupos unidos por unas enormes ganas de divertirse. Éste era el inicio de la década de los ochenta. El panorama político había cambiado, pero el rock no se había vivido en España con el furor que se había vivido en otros países occidentales, el pop apenas existía, sólo con el grupo Los Pecos, y ya estaban sonando viejos. En este contexto, la "movida" nace de la noche madrileña en los clubes, y viene a ofrecer un foro para la creación de una nueva música, la aparición de nuevos creadores de productos culturales, y la experimentación de esa libertad de expresión que tanto se había anhelado.

En parte, este movimiento fue propiciado por el gobierno de la ciudad de Madrid, y en especial por su alcalde Enrique Tierno Galván, un antiguo profesor miembro del partido socialista, quien estaba muy conectado con las inquietudes de los jóvenes. En primer lugar, Tierno, también conocido como "el viejo profesor", revitalizó las fiestas populares, dando más protagonismo a la cultura juvenil que había estado ausente durante el franquismo. En segundo lugar, el ayuntamiento de Madrid contribuyó subvencionando grandes conciertos de los famosos *rockeros* internacionales. Esto hizo posible que los jóvenes pudieran costearse la asistencia a conciertos durante las fiestas locales de San Isidro o los Carnavales. Hay que hacer hincapié también en el hecho de que este movimiento apareció en principio sólo en Madrid, escenario y protagonista de la movida.

Los dos elementos que articulan la movida madrileña y que le dotan de energía creadora son las ganas de disfrutar la vida, sin preocuparse por la política, y por otro lado, la ruptura con toda la represión cultural que había significado el franquismo. El lugar en el cual se expresa esta nueva energía es en los barrios del centro, a donde se desplazan los jóvenes de los barrios periféricos para salir por la noche y divertirse en los clubes. Estos clubes se encuentran en los barrios de Lavapiés y Malasaña, que hasta cierto punto todavía están de moda. De entre ellos, Malasaña es el barrio emblemático de la movida, lleno de locales donde los jóvenes de la época tocan la nueva música que se está creando.

La música y cultura que se crean en este momento son herederas de la contracultura europea y norteamericana de los sesenta y setenta, pero con un sabor especial. Por ejemplo, en la movida tienen gran importancia los "fanzines" (revistas alternativas) y los graffitis.

Entre los protagonistas de la movida se encuentran fotógrafos (Ouka Lele, Alberto García-Alix, Gorka de Duo); pintores y dibujantes (Ceesepe, "El Hortelano", Guillermo Pérez Villalta, el dúo Costus, Nazario); músicos (Radio Futura, Tequila, La Unión, Nacha Pop, Los Secretos, Aviador Dro, Burning, Leño, Alaska y los Pegamoides, Tino Casal, Joaquín Sabina, Golpes Bajos, Los Nikis, Los Toreros Muertos, Gabinete Caligari, Parálisis Permanente, Las Vulpes, Derribos Arias, Glutamato Ye-ye, Mecano); directores de cine (Pedro Almodóvar, Fernando Trueba, Fernando Colomo, Iván Zulueta); escritores (Gregorio Morales, Vicente Molina Foix, Luis Antonio de Villena, Javier Barquín, José Tono, Luis Mateo Díez, José Antonio Gabriel y Galán, José Luis Moreno-Ruiz, Ramón Mayrata) y hasta cronistas que escriben para algunas revistas como *La Luna*, o el cómic *Madriz* editado por el Ayuntamiento de Madrid.

Más tarde, este movimiento se extendió a otras ciudades españolas, como fue el caso de Vigo, en la provincia gallega de Pontevedra. En esta ciudad, la movida estuvo también acompañada de la creatividad en el mundo de la moda. Al final, la movida desapareció cuando muchos de los participantes crecieron y entraron en sectores de la cultura ya establecida. Almodóvar se hizo famoso como director de cine y montó su propia compañía productora, y algunos grupos se integraron en casas discográficas consolidadas. Pero algunos de los nombres más sonados también murieron debido a los excesos cometidos durante la época. Esta generación que vivió por primera vez la libertad que no había tenido la generación de sus padres ni la de sus hermanos mayores, fue la primera también en experimentar con drogas y los excesos del alcohol.

La movida no sólo se manifestó en el nuevo cine de Almodóvar, en la música de grupos como Toreros Muertos, Ciudad Jardín o Alaska y los Pegamoides, o en los fanzines de Ceesepe, sino que también se manifestó a través de nuevas expresiones idiomáticas que esta juventud, más liberada que la de sus padres, pudo acuñar. Muchas de estas expresiones todavía perduran. Como muestra, un texto que describe el ir y venir de la vida nocturna de la juventud, lleno de expresiones "cheli". El cheli fue la jerga creada por la gente de la movida, y el autor Francisco Umbral le dedicó un diccionario. El cheli se nutre de conceptos asociados con la vida nocturna, el beber e ir de bares, y la vida urbana en general. A continuación, en clave de humor, se incluye una descripción de cómo es la experiencia de salir a los clubes para un joven madrileño de la movida, alguien que habla cheli. El texto no es fácil de entender, así que "al loro".

Esta noche vas a salir de baretos, o de pafetos por Malasaña con los colegas, bueno, con la peña o la basca, ese grupo de amiguetes con los que vas a privar birras. Claro que tendréis que tomar un buseto porque tu padre no te deja ni tocar el buga. En caso de que lo esté leyendo algún no iniciado en el "cheli", habrá que dar alguna pista sobre el significado de estas palabras porque, de otro modo, ni se coscan, ni se empapan o, mejor dicho, ni lo comprenden: "Esta noche vas a salir con los amigos e irás de bares o a algún pub del barrio de Malasaña para ir a beber unas cervezas. Pero iréis en autobús porque tu padre no te deja usar su auto." ¿Te coscas ahora? Vale, tío, seguimos adelante con esta historia.

Si privas a saco, la consecuencia es clara. Agarrarás una borrachera, o una melopea, una castaña, tajada, una moña, o una buena bolinga. Al final, no podrás evitar echar por la boca hasta las ideas, o soltar la raba, como el regalo que te deja la resaca. Otra consecuencia: no te quedará ni un duro. Has pulido toda la guita que habías ganado cuidando a los niños de la vecina. Así que no tienes ni una cala, ni chapas, ni libras, ni papeles, ni un chavo. Ni pasta, ni parné. Es que esos colegas tuyos, son unos gorrones, unos manguis que te chorizan el dinero y nunca pagan por sus birras.

Pero al menos hay algo bueno. Anoche no tuviste bronca. Imagina cómo habría sido chupar galletas, o recibir un par de jetazos que te hubieran roto la cara. Habrías terminado con los piños en el suelo. Y luego, la cuenta del dentista.

SACADO DEL TEXTO: JERGA Y ESTILO

En este texto se observan varias expresiones coloquiales, muy diferentes en estilo del resto del capítulo que acaba de leer.

1. Marque en estas últimas declaraciones todas las expresiones que le parecen de tipo coloquial.

2. Marque en el texto de la sección *La cultura de los chiripitiflàuticos y la "movida"* aquellas expresiones que le parecen más formales, en el sentido de que no las usaría usted al hablar con sus amigos.

3. Clasifique estas expresiones en las categorías correspondientes.

Lenguaje coloquial: _____
_____
_____
_____

Lenguaje formal: _____
_____
_____
_____

4. Conecte las expresiones de la columna de la izquierda con su posible significado y compare sus respuestas con las del resto de la clase.

No tener guita	Beber en exceso
Agarrar una melopea	Robar
Soltar la raba	No pagar nunca la propia bebida
Recibir un par de jetazos	Salir a los bares
Privar a saco	Vomitar
Ir de baretos	Emborracharse
Ser un gorrón	Ser golpeado en la cara
Chorizar	Quedarse sin dinero

REPASO DE LAS PREGUNTAS PARA EL ANÁLISIS

La clase se divide en grupos que van a trabajar en la respuesta de cada una de las preguntas para el análisis. Cada grupo debe presentar un breve informe al resto de la clase con una respuesta detallada.

Ensayos

Para escribir los textos que se proponen a continuación es necesario realizar algo de investigación en internet. Busque la información y combínela con las ideas que ya ha aprendido a través de las lecturas de este capítulo.

1. **El cómic como vehículo cultural.** La generación de los chiripitifláuticos también se entretuvo con los "tebeos" o revistas de cómics de publicación semanal o mensual. Investigue sobre este tema y escriba un ensayo sobre esta forma de entretenimiento.

2. **Las artes plásticas.** En este capítulo se ha explorado el tema de la censura en cine, prensa, teatro y literatura, pero no se ha comentado nada sobre la actitud del franquismo con respecto a las artes plásticas. Busque información en internet y escriba un ensayo sobre la situación de artistas como Joan Miró, Antoni Tapies y la generación de pintores abstractos de la posguerra.

3. **¿Cómo reaccionar ante una nueva libertad?** La movida madrileña y el destape representan dos reacciones ante el final de un largo periodo de limitaciones de la cul-

tura española. Investigue sobre otros aspectos en los que los españoles vivieron la nueva libertad cultural, informativa y en lo personal. Escriba un ensayo sobre este tema, presentando los aspectos más destacados de su investigación.

4. **Cine español de la actualidad.** Investigue en internet el tipo de cine que se hace ahora en España. Se ha afirmado en este capítulo que la censura franquista dejó en el cine español una cierta tendencia al uso del simbolismo y de mensajes crípticos. Determine si esta afirmación se aplica al cine de la actualidad.

5. **Lo que he aprendido.** Tras haber leído todo o parte del capítulo y después de haber completado alguna de sus actividades, es posible que necesite revisar alguna de las respuestas a las preguntas para el análisis, o que quiera redefinir los conceptos introducidos en la lista inicial. Escriba un ensayo en el que reflexione sobre el proceso de aprendizaje que ha resultado al comparar sus respuestas iniciales y la revisión al final del capítulo.

Debate: ¿Límites a la libre expresión de ideas?

Dos equipos. Varias de las ideas y conceptos básicos a debatir se discuten a lo largo del capítulo, como por ejemplo, los de dirigismo informativo, decencia pública, y censura. Los argumentos más detallados se deben investigar en la web, a través de casos similares al español o leyendo la prensa de España.

Equipo A. Defiende la postura de que bajo ningún concepto se puede limitar la expresión de contenidos en los medios de comunicación actuales. Esto incluye el uso de palabras malsonantes o de imágenes de desnudos y escenas de contenido sexual tanto en la prensa escrita como en la televisión y películas.

Equipo B. Defiende la postura contraria, que se opone al uso de ciertas expresiones que pueden resultar ofensivas o hirientes para ciertos sectores de la población, así como imágenes poco apropiadas para niños y jóvenes, incluso dentro del marco de una ley que ampara la libertad de expresión.

Cuéntame cómo pasó – Episodio 7: "Amistades peligrosas"

Resumen del episodio: Toni Alcántara está a punto de entrar en la universidad para estudiar Derecho. Será el primero de la familia en asistir a la universidad, lo cual llena de orgullo a la familia. Pero no todos están contentos. Inés, la hija mayor está resentida, pues tuvo que dejar la escuela y empezar a trabajar para ayudar a la familia. En esa época, la educación universitaria de las mujeres no era una prioridad para muchas familias de clase media.

El problema que surge en este episodio tiene que ver con un amigo de Antonio, quien le ha pedido a éste que le guarde un paquete durante el fin de semana. El paquete contiene cientos de panfletos antifranquistas que se iban a lanzar por las calles de Madrid. Sin embargo, Carlitos lo descubre y esto llena de miedo a la familia.

Contexto: Ya en estos últimos años de la dictadura hay una incipiente organización de partidos políticos y sindicatos en la clandestinidad. Investigue en la web sobre las actividades clandestinas del partido socialista y de los sindicatos, y presente sus conclusiones a la clase.

Reflexiones de Carlitos: En varias partes del episodio es posible oír la voz de Carlitos ya adulto, que reflexiona sobre los cambios vividos por la sociedad española, especialmente en cuanto al miedo a la libre expresión de las ideas. Escuche con atención durante el episodio y escriba un resumen de lo que Carlitos dice desde la perspectiva del presente. Compare su resumen con el de un compañero. ¿Han entendido algo diferente? Pregunten al profesor si les quedan dudas.

PREGUNTAS PARA EL ANÁLISIS

1. ¿Qué reacciones produce en los varios miembros de la familia la entrada de Toni en la universidad?

2. ¿Cómo se sienten Antonio y Mercedes ante el paquete de panfletos? Explique estos sentimientos.

3. ¿Qué piensan los distintos miembros de la familia sobre la idea de "meterse en política"?

4. ¿Qué decide hacer Mercedes para tener más salidas profesionales?

5. ¿Cómo se soluciona al final el problema de los panfletos que oculta Antonio? ¿Cómo se puede interpretar esta solución?

Imagine el diálogo: En este episodio, los Alcántara no pueden ocultar su orgullo porque Toni será el primer universitario de la familia, y todos en la familia "están pendientes de él," es decir, que sólo viven pensando en Toni. Al ver el episodio anote algunas de las expresiones y dichos como éste anterior que usan los Alcántara.

En clase, con otro compañero, improvisen un breve diálogo entre Toni e Inés sobre el tema de la entrada de Toni en la universidad. Para hacerla más real, deben usar al menos cinco expresiones o dichos que hayan oído en el episodio.

La escuela española se hizo cada vez más accesible para un mayor número de alumnos. © Alain M. Urrutia.

Educación
Escuela y reforma social

Contenido

Forma

¿Qué nos dice la ilustración?

Antes de iniciar el trabajo en este capítulo, piense en lo que representa la ilustración de la página inicial. Comente con sus compañeros qué conexión tiene con el tema que se va a examinar, así como las ideas que evoca. ¿Qué tipo de escuela representa esta ilustración?

El poder de la imagen

Busque en internet, especialmente en youtube.com, segmentos audiovisuales de archivo usando como palabras clave "represión franquista: demografía y educación", "educación en España", "universidad en España" o "escuela española". Reflexione sobre lo que estas imágenes expresan acerca del tema de la educación. Escriba sus conclusiones en cinco oraciones y preséntelas al resto de la clase. ¿En qué ideas coincide la clase?

¿Cuánto sabemos ya?

Este capítulo presenta los cambios del sistema educativo español en la escuela a la que asistieron los nacidos entre 1960 y 1970, es decir, la generación que ahora está en el poder. Primero estudiaremos dos de las leyes que han tenido un efecto más fuerte en la sociedad española de la transición a la democracia, la Ley de 1970, y la de 1991. También se examinará la educación que ambas leyes dejaron atrás, es decir, la educación franquista, un sistema educativo en el que la Iglesia Católica jugó un papel especial. La universidad española será objeto de análisis por lo que representó en la ampliación de la clase media. Finalmente, se presentará el tema de la educación bilingüe en las diversas comunidades autónomas, un aspecto que demuestra hasta qué punto ha cambiado el sistema educativo español desde el final del franquismo hasta hoy mismo.

LISTA DE CONCEPTOS CLAVE

En el curso de las lecturas que siguen se introduce vocabulario que puede no resultar familiar o que se usa en un sentido diferente al ya conocido, como los ejemplos a continuación.

Analfabetismo	Formación ocupacional	Nacional-catolicismo
Asignatura / materia	Laicismo	Normalización
Catedrático(a)	Libertad de cátedra	lingüística
Depuración del	Magisterio	Pedagogía
profesorado	Materia obligatoria /	Repetir curso
Educación bilingüe	optativa	Suspenso / aprobado

En casa: Busque el significado de estas palabras en el diccionario de la Real Academia en www.rae.es o en cualquier diccionario que ofrezca las definiciones en español, pero se debe tener en cuenta que, hablando del tema que se trata en este capítulo, su significado puede ser diferente. Muchos de los términos se refieren a las clases y la escuela, de modo que resultarán relativamente fáciles de definir. Para comprender los más complicados, puede investigar en internet. Cuando tenga toda la información ya reunida, prepare un breve informe que incluya tanto definiciones como ejemplos del uso de estas expresiones, siguiendo este ejemplo: *"Suspenso" se puede definir como el resultado adverso al finalizar un curso. Esta palabra se usa en oraciones como: "Los alumnos que reciban más de dos suspensos recibirán una advertencia sobre su estatus académico."*

En clase: Compare con otro compañero si sus definiciones son similares, y expliquen entre los dos a la clase cómo han encontrado el significado de las expresiones más difíciles. El objetivo de esta actividad es que toda la clase identifique aquellos conceptos que pueden resultar más ambiguos en la posterior lectura de este capítulo.

Conocimientos previos

A estas alturas de su educación, usted ya tiene una idea formada sobre el sistema educativo de su país. ¿Y el sistema en España? Quizá conozca algo de este sistema tras haber pasado tiempo en ese país, por otras clases que haya estudiado antes, o incluso por alguna película española que haya visto. Piense también en lo que ya ha aprendido sobre el franquismo y la transición a la democracia antes de responder a las siguientes preguntas. No se preocupe si no sabe la respuesta correcta; lo importante es que use los elementos que ya conoce para especular sobre el tema de la educación. Tras finalizar la lectura de este capítulo puede repasar sus respuestas a estas preguntas para comprobar si usted estaba en lo cierto.

- ¿Qué parte de la población asistía a la universidad durante el franquismo? *De entre la población de edad universitaria, probablemente asistiría...*

- ¿Qué clases estudiaron los chiripitifláuticos durante sus años en la escuela primaria? ¿Eran diferentes de las clases que habían estudiado sus padres? ¿En qué áreas pudo haber diferencias? *Es probable que la generación de la transición estudiara...*

- ¿Cuánta población española cree usted que es analfabeta? ¿En qué basa su respuesta? *Imagino que la proporción de analfabetismo en España será...*

- ¿Cómo son las universidades españolas en relación a las de su país? ¿Es costosa la educación universitaria? *Según tengo entendido, la matrícula de la universidad española es... y la diferencia más destacable entre la universidad española y la estadounidense podría ser...*

- ¿Cómo es la educación en las regiones autónomas que tienen más de un idioma oficial? *Es probable que en estas regiones se enseñe...*

Experiencia personal

Antes de responder a estas preguntas, reflexione sobre sus propias experiencias en el sistema educativo de su país. Por ejemplo, piense en los principios o valores que guiaban la educación primaria y secundaria que usted recibió. Comente sus respuestas con un compañero y presenten sus conclusiones a todo el grupo.

- ¿Había clases de religión en su escuela primaria o secundaria? ¿Había referencias religiosas? Explique la razón. *En mi escuela la enseñanza de la religión era... y esto se debe a...*

- ¿Cómo eran sus maestros? Discuta el tipo de educación que probablemente recibieron ellos, sus intereses, y la influencia que pudieron tener en sus alumnos. *Lo más destacable de mis maestros y profesores era...*

- ¿Cuáles fueron los aspectos más positivos de la educación que recibió? ¿Y los negativos? *La educación que recibí se centraba en los valores de... y de entre estos valores, considero especialmente positivo el que me enseñara a... Por otro lado, me parece negativo que...*

- ¿Qué asignaturas eran más valoradas en su escuela secundaria? *En mi escuela secundaria se daba más importancia a que estudiáramos...*

Valores de la educación franquista

PREGUNTAS PARA EL ANÁLISIS

Para comprender mejor los cambios por los que pasó el sistema educativo durante la transición es conveniente conocer los valores sobre los que se apoyaba el sistema educativo franquista, especialmente en sus primeras etapas.

Antes de leer el texto, repase las preguntas que deberá contestar tras su lectura. Intente imaginar qué dice el texto sobre cada uno de estos temas y fijar la atención en aquellos pasajes del texto que nos den la respuesta. Los inicios de respuesta que se ofrecen como ejemplo son a modo de orientación. Usted puede expresarse de la manera que le parezca más natural, pero estas expresiones introducen formas comunes en el habla académica.

1. ¿Cuáles eran los valores primordiales de la educación a principios del régimen franquista? *De entre los valores que intentaba inculcar la educación franquista yo destacaría...*

2. ¿Qué significa "nacional-catolicismo" en el contexto de estos valores? *Para definir este concepto es necesario tener en cuenta que...*

3. ¿Qué diferencias existían en el sistema educativo franquista entre la educación primaria y la enseñanza media? *Por un lado, con la educación primaria se intentaba que los españoles se convirtieran en... . Por otro lado, la educación media tenía como objetivo...*

4. ¿Por qué era tan importante la formación y "depuración" del profesorado? ¿Qué significa esta "depuración"? *Para el régimen franquista era importante que los profesores fueran...*

5. ¿Qué ideario se inculcaba a los profesores en los cursillos de adoctrinamiento a los que debían asistir? *Según los títulos de los cursillos, se pueden observar valores que fomentan...*

6. ¿Qué papel jugó la Iglesia Católica en este sistema educativo del franquismo? *La Iglesia Católica estaba a cargo de...*

7. ¿Qué resultados tuvo el sistema educativo franquista y cómo fue la influencia de estos resultados en el Plan de Desarrollo de 1968? *Tras varios años de educación franquista, se concluyó que ésta...*

La generación que llegaría a la mayoría de edad junto con la democracia había vivido todavía la escuela del franquismo, aunque muchos de ellos se beneficiaron del impulso renovador de nueva legislación educativa al final del régimen. Esta generación se encontró entre los valores educativos del franquismo tardío y los nuevos valores que la educación asumió con los sucesivos gobiernos democráticos. Sus padres, sin embargo, habían asistido a una escuela muy diferente, una institución que con la colaboración de la Iglesia Católica había buscado borrar los cambios instituidos por el gobierno de la Segunda República. Durante los primeros años del franquismo, fue prioritario el adoctrinamiento de la población y la expansión de los principios que representaba el régimen.

El régimen de Franco se propuso cambiar todo lo conseguido por la reforma educativa del anterior gobierno democrático en el área de estructuras, contenidos y libros de texto. Franco veía en los maestros de las escuelas el verdadero frente donde su régimen se iba a introducir realmente en la sociedad española porque en estas escuelas de la posguerra se formarían unos españoles que volverían a los valores tradicionales propugnados por la Iglesia Católica.

Franco quiso eliminar lo que consideraba el materialismo reinante en la escuela republicana y reemplazarlo con el sentido cristiano de la educación. Uno de los primeros pasos que se dio en esta dirección fue el de colocar la figura de Cristo en todas las aulas de España, lo cual simbolizaba el compromiso del régimen franquista con la formación de una juventud católica. Según se indicaba en una de las primeras leyes franquistas sobre la educación primaria, el objetivo de la misma era proporcionar a todos los españoles una cultura general, formar la voluntad, la conciencia y el carácter del niño, e infundir en él el amor y la idea de servicio a la patria. Este proyecto educativo debía ajustarse a los principios del dogma y de la moral católica, y todo ello se lograría gracias a una intensa disciplina.

Si en la educación primaria veía el régimen franquista la plataforma que adoctrinaría a todos los españoles, en la educación media, o segunda enseñanza, se veía el lugar de formación de los dirigentes de la sociedad. Hay que tener en cuenta que sólo quienes tenían la posibilidad de continuar con una educación universitaria cursaban estudios de segunda enseñanza. Como primera medida de reforma involutiva, se comenzó por eliminar la educación mixta o coeducación, y por someter todo el sistema de enseñanza al control de la Iglesia, incluso en los centros públicos. Esto significaba que se controlaba la lista de libros de lectura obligatoria en el programa educativo, así como el contenido de una educación, de corte clásico, religioso y humanista, que intentaba inculcar en los jóvenes un sentido heroico de vocación de servicio. Como ejemplo de este programa de estudios, cabe destacar que se aprendía latín durante todos los años del Bachillerato y, por otro lado, que se celebraba la festividad de Santo Tomás de Aquino, un filósofo medieval que intentó reconciliar la razón con la fe sobre la existencia de Dios y del orden divino.

Además de los valores humanísticos y cristianos como pieza angular de la educación franquista, este sistema buscaba formar tanto a ciudadanos como líderes afectos al régimen, es decir, que pensaran según los valores establecidos por Franco en el ideario político del Movimiento, su "partido" político e ideología. Para ello, era necesario eliminar o depurar de las aulas a profesores de conocidas filiaciones a la República y sustituirlos por los que defendieran el franquismo. El magisterio, la profesión de profesor o maestro, era demasiado importante como dejarla en las manos de socialistas, comunistas, o, más aún, de nacionalistas catalanes o vascos. Como consecuencia de esta prioridad, se establecieron reglas y requisitos para acceder a la profesión del magisterio, así como cupos reservados para antiguos militares del ejército franquista, y para huérfanos de guerra. El resto de las plazas de trabajo para maestros estaba reservado para personas partidarias del régimen. Por ello, si un maestro había estado asociado con el gobierno republicano o con cualquier partido político que luchó contra Franco, lo más probable es que perdiera su puesto de trabajo y no pudiera volver a trabajar en la enseñanza. Todos los maestros de primaria y profesores de enseñanza media estaban además obligados a completar cursillos de adoctrinamiento político, a participar en desfiles militares y a acompañar a sus alumnos en ceremonias religiosas. Su trabajo se veía sujeto a inspecciones por parte de las autoridades del ministerio competente y el sueldo no era precisamente generoso, algo que se justificaba apelando a la enorme misión que cumplían: llevar a sus alumnos "hacia Dios y el Imperio por la Escuela".

Para muestra de la temática en la cual los maestros eran indoctrinados y la cual se esperaba que enseñaran a sus alumnos, basta una lista de títulos de los cursillos a los que debían asistir: "Qué espera la Iglesia del magisterio", "La educación del patriotismo y la enseñanza de la historia nacional", "Minusvalías marxistas", "La lucha ascética en la maestra de vocación", "Formación del espíritu religioso de las niñas", "La vocación de maestra. Aspecto sobrenatural", o "Colaboración del magisterio en la difusión del espíritu misional". En el caso de la enseñanza media, estos cursillos apenas eran necesarios, pues gran parte de este nivel educativo se dejó en manos de las órdenes religiosas, propietarias de muchos de los colegios que ofrecían enseñanza secundaria. Hay que tener en cuenta que a principios del franquismo, el gobierno apenas disponía de fondos para construir más escuelas, de modo que fue la Iglesia Católica, a través de sus diferentes órdenes dedicadas a la educación, la que se encargó de la formación de las futuras clases dirigentes.

La educación secundaria que recibieron los hijos de las clases dominantes fue dogmática y autoritaria, y también era así en el caso de la enseñanza primaria. Se enseñaba a memorizar, no a pensar de modo independiente, y a respetar la autoridad. Uno de los temas centrales era el del patriotismo, que aparecía siempre que era posible en los textos de historia, ciencias sociales y cualquier otra asignatura afín. Era prioritario que los estudiantes memorizaran fechas señaladas de la gloriosa historia de España que el régimen quería resaltar, nombres de embalses que Franco había hecho construir, así como eventos de significado religioso. Por otro lado, eventos históricos como la Revolución Francesa, problemáticos desde la perspectiva del régimen, se presentaban desde una perspectiva negativa y manipuladora, como un movimiento enciclopedista, fomentado por los masones anticatólicos, los mayores enemigos del franquismo.

En estos primeros años del régimen, la educación resaltaba el compromiso político tanto de alumnos como de profesores con la ideología franquista. Por ejemplo, la Ley de 6 de diciembre de 1940 instituía el Frente de Juventudes que, además de formar a sus militantes para futuros afiliados al Movimiento, tenía como meta "irradiar la acción necesaria para que todos los jóvenes de España sean iniciados en las consignas políticas del Movimiento". En este sistema educativo se prohibía además no sólo la enseñanza, sino también el uso de lenguas como el gallego, el catalán o el euskera, y cuando algún alumno lo olvidaba no se dudaba en usar el castigo físico para reprenderlo. Es más, las metas de alivio del analfabetismo y difusión de la cultura tenían que hacerse coincidir con la inculcación de la ideología del régimen. Como consecuencia, se autorizaba casi exclusivamente el estudio de obras que resaltaran los principios del patriotismo. Lo que más importaba era el espíritu y lo que menos eran las ciencias y las letras. Para fomentar esta nación de españoles afectos al régimen, era necesario fomentar el desinterés y la escasa curiosidad intelectual, el poco rigor del pensamiento, y la ausencia de sentido crítico. Fueron estos también factores que crearon la apatía y desinterés en la política que se ha mencionado en capítulos anteriores.

Otro de los ejes más importantes de la educación franquista era el nacional-catolicismo. Esto no significaba solamente que se impartían clases de religión católica en escuelas, liceos, institutos y colegios, sino que todos los contenidos educativos transmitían un mensaje que intentaba guiar las almas de los alumnos "por el Imperio hacia Dios". Toda la organización de la escuela, desde la eliminación de la coeducación, hasta el sentido del ascetismo y de la disciplina, estaban todos ellos al servicio de un ideario católico. Cualquier asignatura que enseñara un maestro estaba también al servicio de las ideas del dogma católico.

El papel preponderante que la Iglesia Católica tuvo en el sistema educativo franquista desde los mismos comienzos de éste no puede justificarse sólo mediante las preferencias personales del general. La razón se encuentra en un pacto de conveniencia que el gobierno franquista firmó con la Iglesia Católica, el "Concordato con el Vaticano", o acuerdo que detallaba la forma de las relaciones entre el Estado Español, entonces oficialmente católico, y la Iglesia. Franco, un hombre eminentemente práctico, vio en la Iglesia Católica la solución a la necesidad de homogeneización de la cultura del país, así como una respuesta a las necesidades de nuevos centros educativos en un país que en los años cuarenta y cincuenta no tenía muchos medios económicos para pagar por ellos. La asociación con la Iglesia también permitía a Franco presentar la Guerra Civil como una gesta para restaurar el orden a favor del nacional-catolicismo. La religión

En la actualidad se empieza a aprender en las escuelas una versión más plural de la Guerra Civil y del franquismo. © Alain M. Urrutia.

católica, dada la larga historia de íntimas relaciones entre la Iglesia y los reyes de España, presentaba una garantía de unidad nacional. Por consiguiente, el Estado se convirtió en el defensor del dogma católico. La Iglesia, por su parte, vio en su asociación con el régimen franquista la posibilidad de un estado religioso que le permitiera hacer real el sueño de una sociedad realmente católica.

La prominencia de la Iglesia en el régimen franquista llega hasta el punto de que cualquier legislación concerniente a educación que el Estado quisiera proponer tenía que ser sometida a la aprobación del Vaticano. Mediante constantes consignas introducidas en los planes de lecciones de todas las asignaturas, los mensajes que recibían los niños y jóvenes españoles dejaban claras las conductas de los buenos católicos, y las barbaridades que no se podían tolerar en una sociedad decente. Así pues, la Iglesia ponía sus centros educativos a disposición del gobierno franquista, pero a cambio recibía el derecho de formar a todos los ciudadanos. Esto no era una mala idea desde la perspectiva franquista, pues dio como resultado una sociedad homogéneamente apolítica.

Curiosamente, este pacto entre Iglesia y Estado se ratificó de nuevo en 1979, cuando el país tenía ya una democracia.

Sin embargo, este sistema educativo era clasista, no educó a todos los españoles, y tuvo bastantes deficiencias. Sólo educó a algunos en el nivel de la primaria, y a muy pocos, los de mayores medio económicos, en la enseñanza media. Así pues, durante el franquismo inicial hubo altos porcentajes de analfabetismo. Por ejemplo, en la provincia de Alicante en 1950 eran analfabetos casi el 24% de los hombres y casi el 33% de las mujeres. Parte de ello era debido al enorme absentismo escolar, del orden del 25% en esa época, que hacía que poca población completara un nivel de educación suficiente para funcionar en trabajos que no fueran puramente manuales. En España había, en gran parte como consecuencia de este sistema escolar, grandes diferencias en las condiciones de escolarización y de oportunidades. Estudiar era un privilegio de las elites y el instrumento que les permitía mantener esta posición de privilegio. En los años sesenta, tan sólo el 16,5% de la población escolar española realizaba estudios en los niveles secundario y técnico. Si el gobierno no estaba dispuesto a poner más dinero y esfuerzo en su sistema educativo y a hacerlo más igualitario, había pocas posibilidades de progreso para el país. Ésta fue la conclusión de algunos de los reformadores pedagógicos que accedieron al Ministerio de Educación en los años sesenta.

Por consiguiente, el Plan de Desarrollo Económico y Social promulgado durante el final del régimen franquista en 1967 se basa en la idea de que la cultura y la educación son las vías más rápidas y eficaces para alcanzar condiciones de desarrollo social y económico. Una de las prioridades del Estado en este momento fue la de difundir la enseñanza y hacerla accesible al mayor número posible de personas mediante ayudas al estudiante, y la normativa que hacía una realidad la escolarización hasta los catorce años. En los años sesenta, la escolarización hasta los catorce años era más un sueño que una realidad, y por ello el Plan de Desarrollo Económico y Social contemplaba la creación de becas para que en un plazo de cinco años estuviera escolarizada toda la población.

También se intentó mejorar la calidad de la enseñanza, prestando atención a la educación especial, a fomentar la investigación y a conectar los estudios profesionales con las necesidades laborales del país. Se crearon tres Universidades Autónomas, la de Madrid, la de Barcelona y la de Bilbao, así como dos institutos politécnicos. Sin embargo, el mayor obstáculo para todos estos planes era el gasto público, que en los años sesenta estaba muy por debajo de la media europea en el capítulo de educación. Además, para mejorar la calidad de la educación se tenía que cambiar el sistema de valores asociados con el hecho educativo y con el sistema de enseñanza liberal. Esto no ocurriría hasta la Ley General de Educación de 1970.

SACADO DEL TEXTO: ESPECULACIONES

A continuación aparecen algunas hipótesis y especulaciones elaboradas a partir de ideas de la lectura anterior. Están divididas en dos columnas y desordenadas.

1. Trabajando con un compañero, conecte frases de ambas columnas para formar la oración correcta.

Si un maestro había luchado contra Franco	Si no hubiera sido obligatoria
Si el gobierno franquista quería tener control sobre la educación de una nueva generación de españoles	Ahora las relaciones con la Iglesia no serían tan problemáticas
	Se le castigaba incluso con castigos físicos
Si se hubiera pensado más en el desarrollo del país	Si el gobierno no hubiera obligado a muchos científicos a salir del país por su filiación republicana
No se enseñaba nada que cuestionara la versión oficial de la historia	
No se habría creado un nacionalismo español tan fuerte	El gobierno sospechaba de su patriotismo y los "depuraba"
El país habría avanzado en las ciencias	Si no se quería llamar la atención de los inspectores del Ministerio de Educación
Si alguien hablaba en un idioma diferente del castellano en la clase	Perdía su trabajo y debía salir al exilio o intentar cambiar de profesión
Si no hubiera un acuerdo firmado con el Vaticano	Debía ejercer un control estricto de los maestros
No habría ahora una reacción contra la enseñanza de la religión católica en las escuelas públicas y privadas	Si no se hubiera inculcado a través de clases sobre el espíritu nacional
Si los maestros no asistían a estos cursos de adoctrinamiento	La Iglesia no habría tenido un papel tan importante en el sistema educativo

2. Todas las oraciones ya completas presentan un esquema muy similar, pero con variación en las combinaciones de verbos. Trabajando con un compañero, encuentre las diferentes combinaciones verbales que han observado. ¿Qué combinaciones son más comunes? ¿Hay diferencias de significado entre ellas? Presenten sus conclusiones al grupo.

Responda ahora a las preguntas para el análisis que se proponían antes de la lectura de esta sección, y comente sus repuestas con la clase. ¿Cuál es la información que más le ha sorprendido? Compare sus conclusiones con las del resto de sus compañeros.

Evolución de las leyes de educación

PREGUNTAS PARA EL ANÁLISIS

Las sucesivas leyes de educación promulgadas tanto durante el final del franquismo como durante los gobiernos democráticos mostraban un deseo del gobierno de que el sistema educativo respondiera a las necesidades laborales de la sociedad. Cada una de estas leyes se apoya también sobre principios que marcan los valores que el sistema de escuelas y universidades inculcan en los ciudadanos.

Antes de leer esta sección, lea las siguientes preguntas que pueden guiar su lectura y ayudarle a comprender mejor el texto ¿Puede especular sobre la respuesta a alguna de ellas? Escriba la respuesta en una tarjeta y entréguesela al profesor. El objetivo es responderlas al final de la lectura comparando con lo que usted suponía o conocía antes de iniciar la lectura.

1. ¿Cuáles fueron los factores que impulsaron la Ley General de Educación de 1970? *Desde los gobiernos del tardo-franquismo se venía observando que el sistema educativo anterior había fracasado porque... y que se necesitaba que la educación fomentara...*

2. Se habla en la Ley de 1970 de la potenciación de la educación universitaria. Esto significa una educación universitaria prácticamente gratuita para quienes demostraran aptitudes académicas. ¿Qué impacto tuvo este objetivo de la Ley de 1970 en la sociedad española? *La potenciación de la enseñanza universitaria tuvo como consecuencia...*

3. La Ley de 1970 también cambió otros aspectos del sistema educativo franquista. ¿Cuáles fueron estos aspectos? *Algunas de las áreas educativas que sufrieron cambios bajo la nueva ley fueron...*

4. ¿Qué diferencias hay entre el sistema educativo que usted conoce en su país y el sistema educativo que hay en la actualidad en España? Tenga en cuenta las especiali-

dades que se ofrecen antes de entrar en la universidad, en las asignaturas obligatorias. ¿Cómo se diferencian de las asignaturas que usted estudió antes de entrar en la universidad? *La diferencia más grande con mi educación en la enseñanza media no es que aprendiéramos... sino que tuvimos / hicimos...*

5. ¿Cómo se considera el aspecto de evaluación de los alumnos en el sistema educativo actual tras la LOGSE de 1990? *El sistema de evaluación y medida de los resultados del proceso educativo en cada área de conocimiento es...*

6. ¿Cuáles son las diferencias de perspectiva y principios entre la Ley de 1970 (antes de morir Franco) y la Ley de 1990 (con el gobierno socialista en el poder)? ¿Qué diferencias hay en la educación obligatoria y gratuita de ambos sistemas? *De entre las diferencias entre las leyes educativas de 1970 y 1990 se puede destacar...*

Una sociedad es lo que enseña a sus generaciones más jóvenes y, de modo inverso, el sistema educativo refleja los valores – intelectuales, religiosos, y éticos – que una sociedad considera fundamentales. Estudiar el sistema educativo en España durante la época de la transición representa una forma de entender dichos valores. Los últimos cincuenta años de la historia de España han visto entrar en vigor varios sistemas diferentes de educación derivados de sendas leyes, como resultado de un intento de responder a las necesidades cambiantes del país en lo referente a la formación de sus ciudadanos y al mercado de trabajo. La generación de los nacidos entre 1960 y 1970 fue la primera que entró en una escuela diseñada por la nueva Ley General de Educación de 1970. El sistema que había vivido la generación de sus padres durante el franquismo dio paso a una nueva serie de etapas y niveles en el proceso educativo.

Ley General de Educación de 1970

El primer paso hacia una reforma educativa que permitiera el progreso de la sociedad española tuvo lugar en 1970 como consecuencia de la constatación de que había un desequilibrio entre la legislación y la realidad educativa del país. Se ve, en concreto, que la deficiente escolarización es uno de los frenos más importantes al desarrollo español, tanto en lo económico como en lo social. Hasta ese momento no se había invertido en las personas y en su formación. La única salida parece ser la democratización del sistema educativo. Por ejemplo, faltaba infraestructura como aulas suficientes en las zonas de España más industrializadas, las cuales estaban recibiendo el mayor número de inmigrantes de las zonas rurales. En 1967 todavía faltaban plazas escolares para 750.000 niños. Esto representaba un fracaso del sistema escolar español y mostraba la necesidad de una ley integral que abordara estos problemas.

En estas circunstancias, la Ley General de Educación intenta responder a las necesidades de una sociedad industrial moderna que necesita personas dotadas de capacidades de abstracción y de conocimientos técnicos. Es más, la concepción elitista de la educación implícita en el sistema franquista hasta los sesenta era insostenible en una sociedad que tenía que avanzar tecnológicamente. Era necesario facilitar el acceso a este sistema a toda persona con buenas capacidades intelectuales, y permitirle llegar hasta los niveles educativos más altos. También era necesario reformar el contenido de la educación española de modo que permitiera una diversificación profesional progresiva, especialmente en las áreas "tecnocráticas" como las de gestión de empresas, ingeniería y, más tarde, informática.

Así pues, en 1970, con la influencia y el interés de grupos de poder dentro del propio gobierno de Franco, así como de organismos internacionales como UNESCO y Banco Mundial, la Ley General del Sistema Educativo declaraba los siguientes objetivos:

- Superar la dicotomía del sistema educativo español que perpetuaba las diferencias socio-económicas. Como ya se ha comentado antes, este sistema mantenía la escuela primaria como la única opción de formación académica para los niños de las áreas rurales y de pocos medios económicos. Se permitía sólo a una minoría urbana dejar a los once años esa escuela primaria y pasar a un instituto de Bachillerato para prepararse de modo más riguroso y específico para acceder a la universidad. Como respuesta, en esta nueva ley se establecía la EGB (Educación General Básica) que declaraba que desde los seis a los catorce años la educación era obligatoria y gratuita para todos los niños y niñas.

- Dedicar la suficiente atención al desarrollo de la Formación Profesional, necesaria para responder a las demandas del mercado laboral y a las expectativas del mercado industrial. Sin embargo, este objetivo no se cumplió de forma satisfactoria por varias razones: falta de medios financieros, la existencia de pocos centros educativos en el Estado en comparación con la proliferación de centros educativos que ofrecían currículos más académicos y abstractos como el del Bachillerato, y una cierta indiferencia social por este tipo de educación por el poco prestigio asociado a la misma.

- Finalmente, extender la oferta universitaria, algo que quedaba pendiente en la España de los setenta. Este objetivo significó que el Estado tenía un compromiso para dedicar los medios financieros necesarios para abrir nuevas universidades públicas, contratar a profesores, y llenar sus aulas con alumnos que tuvieran ayudas económicas basadas en el mérito académico. Hasta este momento, la universidad había estado sólo al alcance de unos pocos, todos ellos miembros de las elites económicas y sociales del país. A partir de 1970 se abrían las puertas a quienes tuvieran la capacidad intelectual necesaria y los logros académicos que la certificaran.

La Ley General de Educación de 1970 estableció la enseñanza obligatoria hasta los catorce años con la EGB, o Educación General Básica, estructurada en dos etapas con ocho cursos de escolarización obligatoria. En la segunda etapa de EGB se estudiaban las asignaturas de Lengua Española, Matemáticas, Ciencias Naturales, Ciencias Sociales, Idiomas Extranjeros (generalmente Inglés o Francés), Plástica, Religión o Ética, y Educación Física. Tras esta primera fase de ocho cursos el alumno entraba al BUP, o Bachillerato Unificado Polivalente, o a la entonces creada FP, Formación Profesional. En primero de BUP se estudiaba Lengua, Matemáticas, Ciencias Naturales, Historia, Inglés, Francés, Música, Dibujo Técnico, Religión o Ética, y Educación Física. En segundo de BUP las asignaturas eran Literatura, Matemáticas, Física y Química, Geografía, Latín, Inglés, Francés, Religión o Ética, Educación Física y Educación Artístico-Tecnológica (EATP). Esto último significaba que se podía elegir una asignatura entre las ofertadas por cada centro educativo, como por ejemplo electricidad, diseño, teatro, informática, segundo idioma extranjero, labores del hogar, y fotografía. En tercero de BUP las asignaturas obligatorias eran Historia, Filosofía, Idioma Extranjero, Religión o Ética, Educación Física y EATP. Los alumnos debían elegir entre la opción de ciencias (Física y Química, Biología y Geología, Matemáticas, y Literatura) o letras (Literatura, Latín, Griego y Matemáticas). Al finalizar el BUP, se accedía al Curso de Orientación Universitaria (COU), cuya meta era casi exclusivamente preparar al alumno para entrar en la universidad en departamentos específicos, de ahí el nivel de especialización de las opciones de asignaturas. Así pues, el alumno podía elegir entre dos ramas de ciencias (opción Biosanitaria y Técnica) y dos de letras (Ciencias Sociales y Humanidades).

Con esta ley se reformó el sistema educativo desde la primaria hasta la universidad, intentando adaptarlo a las necesidades de escolarización que se habían identificado en el país tras años de deficiencias, y las asignaturas indicadas supuestamente preparaban a los alumnos para entrar en la universidad o en el sistema de Formación Profesional. Supuestamente, esta preparación también era suficiente para incorporarse al mundo laboral en sus niveles más básicos. En cualquier caso, tanto la Ley de 1970 como la proliferación de los movimientos de renovación pedagógica y el aumento de la sensibilidad social, hicieron del sistema escolar algo más demandado por la sociedad, aunque eran muchas las imperfecciones que se tenía que superar y las carencias que dejó sin resolver. Por tales razones, este sistema educativo fue derogado y sustituido progresivamente por el de la LOGSE de 1990, estando ya instaurada la democracia y con el partido socialista PSOE al frente del Gobierno.

Ley Orgánica de Ordenación del Sistema Educativo de 1990: LOGSE

Desde 1982, año en que el PSOE (Partido Socialista) llegó al poder, hubo varios intentos para superar las deficiencias que se venían observando en la aplicación de la Ley de 1970. Esa ley era uno de los remanentes del franquismo que se buscaba reformar. Tras varios debates, se promulgó una Ley Orgánica de Derecho a la Educación (LODE), en 1985, y una ley más restringida por referirse a la universidad en 1983, la Ley de Reforma Universitaria. Todas ellas culminaron en 1990 en la Ley Orgánica de Ordenación General del Sistema Educativo, o LOGSE.

En el preámbulo de la LOGSE se declara que "el objetivo fundamental de la educación es el de proporcionar a los niños y a las niñas, a los jóvenes de uno y otro sexo, una formación plena que les permita conformar su propia y esencial identidad, así como construir una concepción de la realidad que integre a la vez el conocimiento y la valoración ética y moral de la misma. Tal formación plena ha de ir dirigida al desarrollo de su capacidad para ejercer, de manera crítica y en una sociedad axiológicamente plural, la libertad, la tolerancia y la solidaridad."

Los objetivos de esta reforma del sistema educativo se especifican en el Artículo 1 de la misma ley: a) desarrollar la personalidad del alumno; b) enseñar un respeto de los derechos y libertades fundamentales y de la tolerancia y de la libertad, fomentando siempre la convivencia en un sistema democrático; c) impulsar la adquisición de hábitos intelectuales y técnicas de trabajo, junto con conocimientos científicos, técnicos, humanísticos, históricos y estéticos; d) capacitar al alumno para el ejercicio de actividades profesionales; e) formar al alumno en el respeto de la pluralidad lingüística y cultural de

España; f) prepararlo para participar activamente en la vida social y cultural; y final-mente, g) educar al alumno para la paz, la cooperación y la solidaridad entre los pueblos y las naciones.

El objetivo principal era adaptar el sistema escolar a las directrices de la Constitu-ción de 1978, mientras que se buscaba realizar planteamientos pedagógicos modernos que respondieran mejor a una serie de demandas sociales y económicas que habían cambiado considerablemente desde 1970. Para cumplir con estos objetivos, se pro-longaba la enseñanza obligatoria y gratuita hasta los dieciséis años, en lugar de los catorce años en la ley anterior, medida que resultaba más consistente con la regulación laboral que establecía que sólo se podía comenzar a trabajar a partir de los dieciséis años.

Por primera vez en esta ley se regula la educación infantil desde cero a seis años, tanto en los centros como guarderías, dedicados a vigilar y cuidar de los niños en edad pre-escolar, como en centros auténticamente educativos. En ambos casos se recogía ya un programa de formación del niño, enseñándole a conocer el propio cuerpo, rela-cionarse con los demás, explorar el entorno, y a adquirir progresivamente su autonomía. Todo ello está articulado en ciclos, no referidos a edades, sino a capacidades físicas e in-telectuales, los cuales se desarrollaban con mucha más flexibilidad de planteamiento que en leyes anteriores. La educación primaria comprende desde los seis a los doce años y tiene un currículo que deriva de un detallado plan para el desarrollo afectivo e intelectual del niño. Algunas de las áreas que se incluyen en dicho currículo son: conocimiento del medio natural, social y cultural; educación artística; educación física; lengua castellana, lenguas extranjeras; matemáticas. Uno de los cambios más impor-tantes que presentaba esta ley se refería a la evaluación de los resultados en los alumnos. En las leyes anteriores, el sistema de evaluación era mediante pruebas escritas, basadas en la memorización y administradas al final de cada ciclo educativo. En la nueva ley, la evaluación es parte de un proceso continuo, en el que se observa constantemente el pro-greso que cada alumno iba realizando.

La educación secundaria o ESO (Enseñanza Secundaria Obligatoria), desde los doce a los dieciséis años, incluye en su currículo las asignaturas de ciencias de la naturaleza, ciencias sociales, geografía e historia, educación física, educación plástica y visual, lengua castellana, lenguas extranjeras, matemáticas, música, y tecnología, entre las obligatorias. Hay además otras asignaturas optativas. Este currículo se puede adaptar a los niveles de conocimiento de los alumnos, siguiendo las directrices de equipos de psico-pedagogos, que actúan en el papel de orientadores de los alumnos y colaboradores de los padres y de los profesores. Al completar la ESO, se pasa a la Formación Profesional o al Bachillerato.

Este último incluye dos cursos académicos, equivalentes a los cursos de 3.º de BUP y al COU de la Ley de 1970. Además, a diferencia del sistema de 1970, hay cuatro tipos de Bachillerato: Artístico, de Ciencias de la Naturaleza y de la Salud, de Humanidades y Ciencias Sociales y de Tecnología. El currículo está diversificado según el tipo de Bachillerato, pero tiene como asignaturas comunes: educación física, filosofía, historia, lengua castellana, lengua autonómica (gallego, catalán o euskera, según corresponda) y lengua extranjera. El título de Bachiller es relativamente flexible en cuanto permite el acceso a la Formación Profesional de grado superior y a los estudios universitarios.

Existen también en este nuevo sistema opciones especiales, tales como las enseñanzas artísticas (Música y Danza, Arte Dramático y Artes Plásticas y Diseño) y las enseñanzas de idiomas. Como se puede comprobar, el sistema educativo instituido por la LOGSE intenta reflejar una realidad laboral y social mucho más compleja, y responder a ella con una oferta educativa centrada en las necesidades del alumno, en lugar de estar centrada en objetivos de contenidos. Este sistema es, consecuentemente, mucho más flexible e inclusivo que el de la LGE de 1970, y permite el paso desde un programa a otro si el alumno cambiara de planes educativos. Es decir, la opción por una de las vías educativas no confina al alumno a un único camino profesional.

SACADO DEL TEXTO: TIPOS DE CONDICIONES

Las oraciones que aparecen a continuación resumen las ideas más importantes de esta lectura. En ellas se expresan ideas que son condiciones necesarias, excepciones, y condiciones que introducen amenazas. Clasifique estas oraciones en la sección que corresponda y haga después una lista de las expresiones que se clasifican en cada categoría.

Condición necesaria _____

_____

Excepción _____

_____

Condición que introduce una amenaza _____

_____

1. No se puede acceder a la universidad a menos que se apruebe el Examen de la Selectividad.

2. A no ser que se hubiera reformado el sistema educativo español en 1970, el país se hubiera quedado atrás.

3. Como no se aprobaran todas las asignaturas, no se podía pasar de la Enseñanza General Básica al BUP.

4. La clase media podría acceder a la educación superior siempre y cuando se construyeran suficientes universidades públicas.

5. El sistema educativo no mejorará salvo que se cambien los planteamientos pedagógicos.

6. Como no se cambiara el sistema de evaluación con la LOGSE, se continuaría con la misma falta de flexibilidad de la que sufría la educación con la Ley de 1970.

7. No habría existido una robusta clase media en España a menos que se hubiera cambiado el sistema educativo en 1970.

8. Un estudiante puede acceder a la universidad con tal de que tenga buenas notas.

9. La generación de la transición estudió carreras universitarias siempre y cuando éstas tuvieran salidas profesionales en un duro mercado de trabajo.

10. Hay alternativas a la ruta del Bachillerato, como por ejemplo la Formación Profesional, con tal de que se cursen una serie de asignaturas comunes como la de lengua española.

Se usa el subjuntivo para expresar _____

_____

REPASO DE LAS PREGUNTAS PARA EL ANÁLISIS

Repase ahora con un compañero las respuestas que daría a las preguntas para el análisis de la sección anterior. Vuelvan a leer las respuestas que dieron inicialmente y que escribieron en tarjetas. ¿Hay alguna información que le haya sorprendido? ¿Algo que no conocía antes de leer la sección? Comenten con la clase tres de las ideas más importantes que han aprendido en esta sección y entre todos hagan una lista en la pizarra.

La escuela de los chiripitiflÁuticos

PREGUNTAS PARA EL ANÁLISIS

La escuela en la que estudió la generación de los nacidos entre 1960 y 1970 vio cambios que ya se habían instituido durante el tardo-franquismo. Algunos de los datos más importantes de esta educación son el énfasis en la disciplina, la memorización como técnica de estudio, así como la entrada masiva de los chiripitifláuticos en la universidad.

Lea estas preguntas antes de iniciar la lectura del texto. Junto con un compañero, escriban en una tarjeta lo que creen que pueden ser las respuestas, especialmente a las primeras cuatro preguntas. Entreguen estas tarjetas al profesor, pues se volverá a discutirlas tras la lectura de la sección. Fíjese en las expresiones que se ofrecen como sugerencia para iniciar la respuesta.

1. ¿Qué factores determinaban la elección de escuelas públicas o colegios privados para las familias españolas de la transición? *Para las familias de la nueva clase media española era importante que las escuelas / colegios fueran / estuvieran...*

2. ¿Qué tres conceptos resumen la educación que recibieron los niños de la transición? *Para definir el tipo de educación de esta generación bastan los conceptos de...*

3. ¿Cómo evolucionó el elemento de la disciplina en la educación de esta generación? *Inicialmente, la disciplina jugó un papel... si bien, más adelante, este papel cambió y se hizo...*

4. ¿Cuáles eran las obsesiones de la generación de los chiripitifláuticos durante su periodo de educación? *A los nacidos en los años sesenta les preocupaba enormemente...*

5. ¿Qué ideas presentan algunos de los miembros de la generación de la transición en sus declaraciones sobre sus experiencias? *A... le parece que la educación que recibió era... mientras que para... su educación fue...*

Las leyes descritas no transmiten suficientemente cómo fue la experiencia de ir a la escuela durante los últimos años del régimen franquista y durante la transición a la democracia. Cuando entró en vigor la Ley General de Educación, la creciente clase media española de los años sesenta y setenta llevaba a sus hijos a los colegios del barrio o, si no había uno justo en el barrio, al más cercano a casa. No se trataba de una elección muy difícil. Normalmente, las niñas iban a colegios de monjas, y los niños a colegios de curas porque, como se ha mencionado, apenas existían centros de coeducación. Y en estos centros educativos, en su mayoría privados, podían pasar varios años, desde los cuatro o cinco hasta cumplir los dieciocho, desde el nivel de Párvulos, o educación preescolar, hasta el COU para quienes tenían planes de asistir a la universidad.

Un aspecto a destacar de la educación con la que se encontraron los niños de la transición es el de un sistema que intentó eliminar las desigualdades sociales del país. Este cambio, potenciado por una creciente clase media que ya aparecía en España, recibió la respuesta de las autoridades de un gobierno que ya empezaba a pensar en términos de progreso y mayor prosperidad económica. Todo ello deriva del principio de que una sociedad sólo puede prosperar si brinda educación técnica y universitaria a un gran número de gente. Las nuevas clases educadas en escuelas profesionales y en la universidad serán las que hagan progresar al país. En los niveles anteriores a la universidad, las familias españolas se encontraron no sólo con la opción de las escuelas públicas, sino también los colegios de varias órdenes religiosas que ofrecían educación a precios realmente asequibles y que muchas familias españolas de clase media podían permitirse pagar. Esto hacía posible pensar en la posibilidad de mandar a la universidad a aquellos hijos que tuvieran capacidades intelectuales, quizás los primeros de la familia en acceder a la educación superior.

La educación que estos niños recibieron, especialmente en los niveles del primero al octavo cursos, estaba marcada por estructuras antiguas, con algunos intentos de modernización por la Ley de 1970, pero con un enorme peso de la educación religiosa y de los principios éticos del franquismo. La educación en un centro religioso de los setenta tenía un importante aspecto de disciplina. Una de las mayores obsesiones de estos centros era la puntualidad, la urbanidad (civismo) y el comportamiento (la buena conducta). De hecho, se recibían notas por estas actitudes. Llegar tarde equivalía al castigo. El escritor Ignacio Elguero describe este problema al recordar sus años de escuela:

> Cuando llegabas tarde al colegio y veías que no había nadie en el patio ni en los pasillos, tenías que quedarte en la puerta del aula, observado por todos tus compañeros, hasta que llegaba el jefe de estudios, que, tras darte el consabido capón, tirón de patillas o de orejas, te castigaba a llegar al día siguiente a eso de las ocho de la mañana, una hora antes de las clases. Luego te tocaba entrar al aula entre las risas de tus compañeros. La humillación pública vista como revulsivo para el escarmiento era muy común en aquellos primeros años setenta. Las cosas luego irían cambiando. (p. 42)

La disciplina se aplicaba a todo. Por ejemplo, los mejores estudiantes se sentaban al frente de la clase, según los resultados de los últimos exámenes. Esto significaba que se cambiaba de lugar en la clase a lo largo del año escolar, y que estar sentado al final del aula conllevaba una mala reputación entre los profesores, además de la consabida humillación pública. El orden de entrada en el colegio también estaba marcado por los resultados académicos a lo largo del curso. La disciplina también afectaba a la forma de escribir. Por supuesto, era una ofensa ser zurdo, y se obligaba a estos alumnos a aprender a escribir con la mano derecha. El castigo físico era la forma más común de tratar cualquier falta de disciplina. En situaciones más serias, la expulsión de la escuela era la mayor amenaza, temida no sólo por la humillación pública, sino también por la reacción de los padres. En esa época, los padres tenían un control muy grande de las actividades académicas de sus hijos, teniendo que firmar las notas y las observaciones de los profesores.

En esa época, lo peor que podía pasar a un estudiante era no pasar de curso – es decir, no continuar con el año siguiente con el resto de sus compañeros y tener que repetir el curso anterior – y no llegar a la universidad. En un país que estaba cambiando, el acceso a la universidad era la responsabilidad que sentían casi todos los niños de clase media. La suya era una escuela donde sólo se premiaba a quienes ya tenían facilidad para triunfar en los estudios, y se castigaba a quienes tuvieran la más mínima dificultad. La generación de los chiripitifláuticos tuvo pánico a repetir un año en la escuela; el alumno que tenía que hacerlo era visto como un potencial delincuente o como un incompetente, lo cual desencadenaba una serie de actitudes que tampoco ayudaban a superar esa situación. Esta situación era especialmente preocupante para los niños que terminaban ya con la escuela primaria, con el octavo curso, y que debían entonces continuar con el BUP. Para dar este paso, se tenía que tener todas las asignaturas aprobadas; no se admitía ningún suspenso. Estaba la oportunidad de hacer los exámenes otra vez en septiembre. Muchas familias españolas han tenido que sacrificar veranos y vacaciones para que el hijo o la hija estudiaran en clases particulares para poder aprobar en un examen especial en septiembre la asignatura o más que se hubieran suspendido al final del año académico en junio. Ésta era una de las mayores pesadillas de los alumnos de la escuela de los años setenta. Un alumno que se convertía en un "repetidor en serie" tenía una sola opción: la Formación Profesional. Esta opción educativa, dados los escasos recursos dedicados por el gobierno a ella, y dada la poca atención a las prácticas y a un programa realmente eficaz, era más bien una vergüenza para el alumno y para su familia. El enfoque descrito en la educación española prácticamente no cambió con el advenimiento de la democracia, ni con la promulgación de nuevas leyes de educación como la LOGSE. En parte ello fue debido a que eran los mismos profesores los que impartían las clases y transmitían los mismos valores y principios educativos a los alumnos.

Sin embargo, con la transición a la democracia, los colegios también tuvieron su propia evolución en cuanto a la disciplina y al castigo que habían definido la educación de los sesenta y setenta. Disciplina y castigo fueron desapareciendo paulatinamente a medida que también cambiaron las actitudes de los padres que veían en el castigo físico algo retrógrado y reprobable. Es más, la generación de la transición no había vivido una escuela con una enorme carga ideológica tan grande como la de la escuela a la que asistieron sus padres o sus hermanos mayores. Exceptuando algún caso aislado y minoritario, en general en el colegio no se había hablado de política ni había en las aulas de muchas escuelas fotos de Franco. Otro cambio que vivió esta generación es que se eliminó la misa obligatoria tanto en escuelas públicas como en colegios privados. Hay miembros de la generación de los chiripitiflaúticos que recuerdan que, aunque asistieron a colegios de órdenes religiosas, para cuando alcanzaron la enseñanza media no se les obligaba a asistir a los servicios religiosos.

Así pues, en los niveles de la secundaria (BUP y COU) la generación de los nacidos en los años sesenta vivió una época de mayor permisividad, pues España tenía ya una democracia. En esta etapa se abrieron nuevos institutos públicos o centros de enseñanza secundaria en preparación para entrar a la universidad. Los profesores en estos centros eran jóvenes que habían estudiado en una universidad donde hubo un gran activismo político, y estas experiencias las llevaban a sus clases. La mayor parte de la generación de la transición estudió en muchos de los nuevos institutos públicos, a diferencia de los centros en que había estudiado la enseñanza básica, es decir, en colegios de curas y monjas, todos ellos privados. Este aspecto también influyó en el mayor laicismo y libertad que comenzó a experimentar esta generación durante su adolescencia. Esto significa que cuando la generación de los nacidos entre 1960 y 1970 llegó a los niveles de la enseñanza media, se encontraron con un ambiente de mayor libertad en cuanto a las actitudes de los mismos profesores y alumnos. Baste como anécdota el hecho de que en muchos institutos públicos no se mantenía un control de asistencia a clase, de modo que los alumnos se sentían libres de faltar a algunas clases si así lo deseaban. Era en estos institutos públicos donde también comenzaron a organizarse políticamente los adolescentes que vivieron de forma más activa la transición a la democracia, haciendo con frecuencia asambleas para tratar de los temas del momento que les preocupaban.

Los métodos educativos, sin embargo, eran otra cuestión, pues todavía esta generación experimentó un aula en donde no se practicaba el trabajo personal de exploración intelectual. Los planteamientos pedagógicos eran todavía tradicionales. El profesor era la fuente única de información, junto con libros con unos esquemas didácticos ya obsoletos para la presentación de los contenidos. Muchos de estos libros eran aburridos y tenían información poco interesante, como la interminable lista de ríos de España, con cada uno de los embalses y la lista de cultivos de las tierras por donde pasaban dichos ríos. Para hacer la situación peor, la educación que recibió esta generación se basaba más en la memorización de contenidos y menos en la capacidad de pensar de modo independiente.

El punto culminante de este sistema obsoleto basado en la memorización llegaba al examen de acceso a la universidad, o Examen de la Selectividad. Durante dos días, todos aquellos estudiantes que quisieran entrar en una universidad, pública o privada, tenían que someterse a exámenes de tipo ensayo para varias asignaturas que eran obligatorias, así como para algunas de las asignaturas optativas que habían estudiado durante toda la enseñanza media. Este examen era motivo de gran ansiedad, pues era la llave que abría las puertas a la universidad incluso cuando se había aprobado todas las asignaturas del Bachillerato. Todo el año de COU, el Curso de Orientación Universitaria, el trabajo consistía en preparar al alumno para el Examen de la Selectividad, especialmente en el semestre de la primavera. Tener una buena nota en este examen, junto con una buena nota media en la educación secundaria, aseguraba el acceso a una especialidad de estudios preferida, como derecho o medicina, dos de las carreras universitarias más cotizadas y valoradas por el estatus social y económico asociado a ellas.

Para terminar este repaso a la educación de los chiripitifláuticos, basten algunas manifestaciones de miembros de esta generación sobre sus experiencias en la escuela:

> Fue una educación muy formal. Estudiábamos desde gramática y ortografía, hasta geografía, historia, ciencias, matemáticas, física, química, latín, francés, y luego las "marías" (asignaturas fáciles): educación física, trabajos manuales y/o labores, y religión. Evidentemente asistiendo a un colegio religioso, la religión era una asignatura obligatoria y también, durante el Bachillerato, la Formación del Espíritu Nacional, donde teníamos que memorizar el "Fuero de los españoles"; creo que hasta en COU, en el 76, dimos esta asignatura. Las normas en el colegio eran muy estrictas y a veces un poco absurdas.
>
> Mercedes, 1960, profesora universitaria

Estudié en un colegio religioso desde los cinco hasta los trece años (la Educación General Básica o EGB) en mi propio pueblo. Se trataba de un colegio sólo para niñas, pero eso no era lo peor; aunque había profesorado laico, mayoritariamente las profesoras eran las propias monjas y en general no demostraban una gran aptitud para la docencia. Era un colegio en el que se fomentaba la uniformidad y que conseguía que cualquier niña que sobresaliera de esa media no encontrara ningún cauce para su desarrollo individual.

El Bachillerato lo estudié en un instituto público de una localidad cercana, y supuso un cambio total en cuanto a la autonomía de la que se dotaba a los alumnos. El nivel académico no era tan malo como se me había querido hacer pensar, y de hecho en las pruebas de acceso a la universidad los resultados eran comparables, si no superiores a colegios privados y también muchas veces religiosos. El ambiente que se respiraba era de libertad para los alumnos (niños, en realidad, de catorce años), y aquí sí que se procuraba una mentalidad abierta y critica.

Begoña, 1967, funcionaria del sistema sanitario

La recuerdo con cariño. Tuve la fortuna de ser un estudiante aplicado. Es probable que otros compañeros con menos suerte en los estudios echaran en falta una atención más personalizada. Respecto a la educación en valores, no guardo la impresión de que fuera opresiva o intransigente; entre los mismos religiosos y profesores laicos con los que trataba percibía una amplia gama de modelos y conductas con los que sentirme, o no, identificado. Mi colegio no era, por otra parte, un centro elitista: los chicos que acudíamos (desgraciadamente sólo chicos) éramos chavales del barrio, la mayoría de familias humildes. Me eduqué, eso sí puedo decirlo, en un ambiente donde el esfuerzo y el trabajo se exigían y se valoraban de forma especial.

Joxemari, 1970, profesor de matemáticas

SACADO DEL TEXTO: "COMO" (CONDICIÓN, CAUSA, MODO)

Las oraciones que se presentan a continuación resumen algunas de las ideas de la lectura. Todas ellas contienen la palabra "como", pero esta palabra tiene significados diferentes: causa, modo o manera de hacer algo, o condición. Sustituya la palabra "como" por una de las siguientes opciones en cada una de las oraciones: "de la manera que" (modo), "en caso de que" (condición), "ya que" (causa).

1. Como hubiera cometido una falta de disciplina, un miembro de la generación de los chiripitiflauticos podía esperar un castigo físico.

2. Como no había otra opción más que memorizar muchos contenidos, la educación que recibió esta generación tendió a cultivar la pasividad.

3. Se seguían currículos muy estrictos, como establecía el Ministerio de Educación.

4. Como se estudiara en un centro privado, la disciplina podía ser todavía más fuerte.

5. Muchos miembros de esta generación eligieron especialidades en el Bachillerato como dijeron sus padres y pensando en la carrera, ya que no tuvieron otros consejeros.

6. Como la educación privada no era excesivamente cara, la clase media elegía el centro educativo para sus hijos buscando siempre el más cercano a casa.

7. Como un alumno no pudiera aprobar todas las asignaturas de un nivel en tres años, tenía que abandonar el sistema educativo en la enseñanza media.

8. En una escuela caracterizada por modos pasivos de aprendizaje, los alumnos se arreglaban como podían para explorar conocimientos interesantes.

Comente con un compañero sus soluciones y respondan juntos a esta pregunta: ¿En qué casos se usa el subjuntivo al usar la palabra "como"? Es decir, ¿qué significado de la palabra hace necesario el uso del subjuntivo? Presenten sus conclusiones a la clase.

Al usar la palabra "como" se utiliza el subjuntivo cuando se expresa _____

_____

REPASO DE LAS PREGUNTAS PARA EL ANÁLISIS

El profesor les entregará las tarjetas que rellenaron antes de leer esta sección. En parejas, comparen estas respuestas con las que darían ahora a las preguntas sobre el texto. Evalúen con la clase lo que han aprendido en esta sección.

Acceso a la universidad

PREGUNTAS PARA EL ANÁLISIS

Las preguntas que se plantean a continuación guiarán la exploración del tema del acceso a la universidad para las clases medias, hecho que marcó en gran medida el tono del sistema educativo de la transición. Léalas antes e intente responder junto con otro compañero a las cuatro primeras. Al final de la lectura, se volverá a reflexionar sobre las respuestas.

1. ¿Qué factores hicieron posible la entrada en la universidad de una gran parte de la generación de la transición? *El acceso a la universidad para la generación de los nacidos en los sesenta fue posible gracias a...*

2. ¿Qué consecuencias tuvo este acceso mayoritario en la universidad misma? *El acceso masivo a la universidad trajo consigo...*

3. ¿Cómo preparó esta universidad a los nacidos en los sesenta para enfrentarse al mundo del trabajo? *La educación universitaria de esta generación se caracterizó por...*

4. ¿Qué carreras o estudios universitarios fueron más populares durante la transición a la democracia? ¿Qué factores determinaban la elección de carrera universitaria? *De entre las carreras más populares destacan... debido a...*

5. ¿Qué aspectos positivos y negativos señalan las manifestaciones de algunos de los miembros de esta generación? *Las declaraciones señalan como aspectos positivos... y como aspectos negativos...*

La Constitución española de 1978 declara que todos los españoles tienen derecho a la educación universitaria. Las metas de dicha educación son la transmisión de información, tanto en cuanto al conocimiento científico-técnico, como en lo referente a la capacitación para una profesión, el apoyo a la formación de una capacidad crítica y reflexiva, y la oferta técnica que se debe hacer a la sociedad. Para la consecución de estas metas, la universidad española cuenta con el derecho a su autonomía, también garantizada por la Constitución. Es precisamente el año 1978, año de la Constitución española, cuando la generación de los chiripitifláuticos comienza a acceder masivamente a la universidad.

El acceso masivo de la creciente clase media española a la universidad es uno de los aspectos más importantes del proceso de la transición a la democracia en España. Este mayor número de universitarios de clases medias había comenzado ya a observarse al final del régimen franquista, como consecuencia del Plan de Desarrollo diseñado por los tecnócratas del Gobierno para fomentar el progreso del país. Especialmente desde mediados de los sesenta comienzan a dispararse los datos sobre matriculación universitaria, y esta tendencia no cambió hasta mediados de los noventa, cuando comenzó a verse las consecuencias del descenso de la natalidad en España. Así pues, la generación de los nacidos en los sesenta difiere de la de sus padres por este acceso que tiene a los estudios universitarios, pero al mismo tiempo, también a diferencia de la generación de sus hijos, se encuentra con una universidad todavía caracterizada por planteamientos educativos obsoletos. Ya se ha mencionado con referencia a las leyes sobre educación cómo una de las prioridades del gobierno, tanto del régimen franquista como de los primeros gobiernos democráticos, fue el desarrollo económico y social a través del fomento de una población con un alto nivel de educación y de preparación técnica.

Sin embargo, para cuando la generación de los nacidos entre 1960 y 1970 llegó a la universidad, se encontraron con que la preparación que recibían en ella no les capacitaba para responder al nuevo mercado de trabajo. En primer lugar, se encontraron con una crisis económica que tuvo como consecuencia un descenso del número disponible de puestos de trabajo. Encontrar trabajo se convirtió en la mayor obsesión de quienes recibieron títulos universitarios durante la transición, es decir, de los chiripitifláuticos licenciados. Como esta generación llegó a la universidad a finales de los años setenta y a comienzo de los ochenta, en plena crisis de la economía española, la obsesión de los padres era que estos chicos y chicas estudiaran una profesión que les hiciera competitivos en el problemático mercado de trabajo. Por esta razón, muchos de los miembros de esta generación estudiaron ingeniería, derecho o medicina, porque se entendía que estas eran profesiones "con salidas", es decir, con mejores opciones para encontrar un empleo tras la licenciatura.

La incorporación masiva de la mujer a la universidad fue otro de los fenómenos que se produjo durante la transición española y que ayuda a explicar la gran democratización de la enseñanza universitaria, abierta así a ambos sexos. En el año académico de 1980–81, ya un 44% de los estudiantes universitarios que entraban en la universidad eran mujeres, y esta cifra siguió creciendo hasta el 53% de la actualidad. Como factor adicional de los grandes números de universitarios que se vieron durante la transición se debe añadir el deseo de muchos padres de que sus hijos tuvieran la educación que ellos no habían podido tener. Se puede decir que la democratización de la sociedad española va unida también a un proceso de democratización de la enseñanza. No obstante, es necesario considerar también que la afluencia masiva de alumnos en el primer año de los cinco que constituyen la mayoría de especialidades se iba reduciendo en los siguientes años a medida que los estudiantes iban suspendiendo asignaturas y el proceso selectivo funcionaba de forma implícita. En virtud de esta democratización de las instituciones de educación superior, se ha hablado de la masificación de las aulas universitarias como uno de los grandes obstáculos para la calidad educativa. Con frecuencia se mencionan sus dimensiones enormes, con decenas de miles de alumnos en la mayor parte de las universidades públicas, como factor que dificulta una rápida adaptación de la institución a las condiciones cambiantes del mercado laboral y del entorno social y económico.

La citada masificación de la universidad no sólo representó un obstáculo sino que también fomentó una mayor igualdad en la sociedad española y, en algunos casos, creó un entorno en el que los jóvenes españoles comenzaban a jugar a la participación política. Ya en los años sesenta se había comenzado a experimentar una cierta politización en las aulas universitarias, y en algunos campus los hermanos mayores de los chiripitifláuticos habían comenzado a protestar contra el régimen franquista. La masificación que a partir de los años sesenta se vive en la universidad favoreció la extensión de determinada cultura política por la entrada de otras visiones políticas en el mundo universitario. En esa universidad de los años sesenta se puede hablar de una "burbuja democrática" dentro de una dictadura. Aunque todavía con limitaciones, comenzaron a estar presentes los partidos políticos clandestinos, en mayor medida el Partido Comunista Español (PCE), y después los otros grupos políticos. Fue en este contexto universitario que se formaron muchas de las figuras de la política española de la transición.

Para la generación de la transición, las cosas fueron un tanto más difíciles en relación a encontrar su carrera profesional, fuera en la política o en otros campos. Bien es cierto que era barato y fácil acceder a la universidad. Las familias de clase media lo consideraban una prioridad y, gracias a una mejor posición económica, sus hijos e hijas no tenían que ponerse a trabajar y muchos pudieron empezar sus estudios universitarios. Sin embargo, en muchos casos, la gente se matriculaba sin saber muy bien lo que quería estudiar. No había consejeros en educación que guiaran a los chicos en la educación secundaria sobre posibles senderos en su educación universitaria, y los padres tampoco eran muy útiles en este respecto, pues ellos estaban condicionados por el miedo a tener hijos que nunca pudieran encontrar un trabajo. Además, muchos de estos padres no habían asistido a la universidad. Por consiguiente, fue muy habitual entre los nacidos en los sesenta que iniciaran los estudios universitarios – la "carrera", como se llama de forma coloquial – pensando exclusivamente en las posibilidades de colocación en un puesto de trabajo seguro. Se miraba mucho alrededor de uno, en el entorno, buscando dónde poder colocarse. El seguir la tradición familiar paterna, o el conocer a alguien para encontrar trabajo después, condicionaban bastante la elección de la especialidad de estudios.

Cuando se habla de especialidad en los estudios universitarios, o de la "carrera", el sistema es un tanto diferente al de otros países. Cuando un estudiante entra en una universidad, sea pública o privada, se incorpora a una facultad específica. Puede ser la facultad de derecho, de medicina, de filología inglesa, de biología, o de informática. Esta filiación con una determinada facultad hace que todas las asignaturas que se estudien sean sólo las ofrecidas dentro de dicha facultad. En la universidad, se cursan estudios durante una media de cinco años durante los cuales no se estudia otra cosa que las materias de dicha disciplina. Se trata de un currículo académico un tanto más rígido que el del sistema de las artes liberales. De hecho, son pocos los programas que ofrecen ahora la posibilidad de estudios interdisciplinarios, y esta posibilidad era inexistente en la universidad de la transición a la democracia. Por eso, la experiencia más importante de un joven español a los dieciocho años era no tanto en qué universidad estudiar – la calidad y prestigio de entre las universidades españolas no presentaba tales diferencias significativas – sino qué carrera hacer, es decir, en qué facultad entrar. Esta decisión, particularmente en los años setenta y ochenta, podía determinar no sólo el éxito profesional, sino también la capacidad de encontrar un puesto de trabajo acorde. Muchos jóvenes españoles intentaron la estrategia de probar carreras con salidas.

A veces, la opción de estudiar una carrera con salidas como derecho o medicina no estaba abierta, y un joven no podía entrar en la facultad de su elección. Muchos de los que tenían claro qué estudiar, no pudieron hacerlo por la regla de los números *clausus*. Según esta regla, ciertas carreras tenían como requisito una cierta nota media mínima para acceder a ellas. Esta nota mínima se calculaba haciendo la media de las notas del Bachillerato y la nota del Examen de la Selectividad, o examen de acceso a la universidad. Todos estos fenómenos fueron configurando una base universitaria con gran desconcierto y confusión. Facultades masificadas, una universidad llena con un alumnado con ilusiones, con ganas de modernizarse, pero con una estructura académica obsoleta y que no respondía a las necesidades del mercado de trabajo ni de la sociedad. La misma confusión que se encontraba en los especialistas que realizaron la "reconversión industrial" en España, una serie de medidas gubernamentales que dejaron a tanta gente sin trabajo, encontraba su paralelo en una universidad que no ofrecía una educación adecuada a un nuevo sistema económico. Los miembros de la generación de la transición sufrieron las consecuencias de las carencias del sistema universitario español de la época. Muchos de ellos tardaron en encontrar trabajo tras su graduación. En algunos casos llegaban a tardar hasta un año, durante el cual eran los padres quienes les mantenían y pagaban sus gastos. En muchos casos también, cuando estos licenciados llegaron a encontrar puestos de trabajo, eran puestos por debajo de su preparación académica. Este fenómeno es lo que se conoce como subempleo.

En principio, esta generación intentó ser práctica. Con la considerable presión familiar que tenía no hubiera podido ser de otro modo. Las carreras de derecho, medicina, empresariales y económicas eran las que más salidas ofrecían en los años ochenta. Después fueron los estudios de informática. La carrera de medicina tenía una nota muy alta en cualquier universidad del Estado, y muchos de los que deseaban estudiarla y no cumplían los requisitos, tuvieron que optar por biología o veterinaria. Las filologías (literaturas de varias lenguas) tenían como salida hacer oposiciones, que eran exámenes estatales para obtener un puesto oficial de profesor en un instituto o escuela secundaria. Así podían llegar a ser profesores en los nuevos institutos de enseñanza secundaria que se estaban construyendo en toda España. Pero para todo ello había demasiada gente; esta es una generación muy numerosa, una de las mayores del siglo XX en España. Sin una planificación del gobierno que le hubiera permitido responder ante esta situación con planes educativos eficaces para un cambiante mercado laboral y necesidades sociales, y sin la orientación que hubiera ayudado a los futuros universitarios a seleccionar mejor una carrera, la universidad fue una experiencia problemática para esta generación, a pesar de la democratización que caracterizó a dicha institución. Como consecuencia, muchos chicos y chicas españoles terminaron desencantados tras su paso por la universidad.

Esta generación, que tuvo acceso a la universidad más que ninguna otra antes, estaba preparándose para entrar en el mercado laboral y cuando lo hizo, se encontró con que las cosas estaban peor que nunca. En el año 1981, las cifras de desempleo eran de dos millones, y en 1987, eran ya de tres millones de desempleados en un país de unos treinta y ocho millones de habitantes en esa época. Uno de los mayores problemas que se encontró esta generación al acceder al mercado de trabajo es que su educación no se adaptaba al nuevo periodo de cambios tecnológicos que se iniciaba en los ochenta. Estos jóvenes venían de un sistema educativo que tenía un fuerte componente teórico y un alto grado de abstracción. En consecuencia, muchas de las personas de esta generación no pudieron trabajar en aquello para lo que habían estudiado. Estudiaran lo que estudiaran, los universitarios no salían preparados para el mercado laboral. Pese al intento consciente por "tecnocratizar" a los estudiantes, haciéndoles ver que la universidad era un espacio de formación y preparación de técnicos que estarían al servicio del Estado, esta promesa no se cumplió y, por consiguiente, la generación de la transición hizo del puesto de trabajo su gran obsesión, una obsesión que se reforzaba en casa, pues la mayoría de los universitarios españoles vivían y todavía viven con su familia mientras asisten a la universidad de su provincia.

Algunos de los miembros de la generación de la transición, sin embargo, recuerdan más bien como esta universidad cada vez más democrática, más autónoma, y más libre; les abría la mente a nuevas ideas. Hay que tener en cuenta que en esta universidad se formaron quienes hoy en día son los líderes políticos del país. Como muestra de algunas de las experiencias universitarias bastan estas declaraciones de varios chiripitifláuticos:

> Yo tuve suerte de empezar la universidad cuando todo estaba cambiando alrededor y, también, de estudiar en un colegio universitario donde los profesores eran muy jóvenes. Creo que nosotros (profesores y estudiantes) cambiamos al mismo ritmo que el país. No puedo comparar con la generación anterior, pero en clase se hablaba de muchas cosas. Se empezaba a mirar hacia afuera. En mi caso, estudiando historia, por fin, pudimos estudiar la República española en profundidad y no sólo como un capítulo de dos páginas cortas en un libro de texto. Entre clase y clase, se hablaba de política. Recuerdo los primeros años de la carrera llenos de mítines políticos, reuniones y alguna que otra manifestación.
>
> Estudiando en la universidad, también me tocó vivir el intento de golpe del 81 [se verá en el capítulo sobre el ejército]. Vivía en una ciudad más grande, y allí lo que se sintió fue miedo, miedo a perder todo lo que se había conseguido hasta ese día.
>
> Mercedes, 1960, profesora de universidad

> Mi época de universidad fue algo más convulsa, aunque nada comparado, imagino, con la efervescencia que se vivió en la década de los setenta. Ten en cuenta que yo viví la universidad a caballo entre los ochenta y los noventa. Sí recuerdo multitudinarias asambleas en el Aula Magna, "sentadas ocupas" [estudiantes sentados como protesta en un espacio público] en el rectorado y alguna que otra "guerra de la señorita Pepis" [una confrontación de menor importancia, trivial]. En fin, que me he hecho algo viejo...
>
> Joxemari, 1970, profesor de matemáticas

> Mi único año en la universidad me sirvió para saber de que iba esa especie de mafia crea-parados. La universidad es un buen lugar para colocar a gente que ansía crear distinción de clases en base a la acumulación de conocimientos y para dar sentido y utilidad al hecho de "saber por saber".
>
> Xoan, 1965, actor y director de escena

SACADO DEL TEXTO: PASE LO QUE PASE

Las oraciones que se presentan a continuación sirven para desestimar un factor. Es decir, se afirma que este factor no importa nada.

Estudiaran lo que estudiaran, los universitarios no salían preparados para el mercado laboral. */ No importa lo que estudiaban,* pues los universitarios españoles no salían preparados.

O considere estas alternativas:

Asistieran donde asistieran, los universitarios tenían profesores dados a las clases magistrales con poca interacción con los alumnos. */ No importa dónde asistían,* pues los universitarios tenían profesores dados a las clases magistrales.

1. Transforme estas ideas de la lectura anterior, de acuerdo con el ejemplo:

No importa lo que hacían en clase, pues había muy poco componente práctico. ____

_____

No importa a qué universidad asistieran, pues estos centros estaban _____

_____

No importa el dinero que tenía la familia, pues se podía asistir a la universidad si se tenían buenas notas. _____

_____

No importa los cambios que hubo en la universidad española, pues los profesores no cambiaron de planteamientos pedagógicos. _____

_____

No importa dónde se estudiaba, pues la educación en todas las universidades era de la misma calidad. _____

_____

2. Comente con un compañero sus respuestas y decidan entre los dos la manera de explicar a la clase esta fórmula que se ha presentado.

REPASO DE LAS PREGUNTAS PARA EL ANÁLISIS

Junto con un compañero de clase, revise sus respuestas a las preguntas que se proponían antes de la lectura. Presenten sus conclusiones a la clase.

Para completar esta actividad, cada una de las parejas debe escribir en tarjetas adhesivas tres de los conceptos más importantes que han aprendido sobre el tema de la universidad en la transición. Entre toda la clase, se configurará un mapa de conceptos para esta sección, relacionando las tarjetas que se han producido de una forma visual.

Educación bilingüe

PREGUNTAS PARA EL ANÁLISIS

Otro de los grandes cambios que se han observado en el sistema educativo español es el de la introducción de otras lenguas regionales en el sistema educativo como medio de enseñanza. Comente con un compañero su respuesta a la cuarta pregunta de esta sección. Utilice el resto de las preguntas como una guía para la lectura.

1. ¿Qué significa el concepto de "normalización lingüística" en el contexto de las escuelas españolas de la actualidad? *Se puede definir "normalización lingüística" como un proceso por el cual…*

2. ¿En qué valores o principios se basa la enseñanza en otras lenguas cooficiales al castellano? *Los principios que sustentan sistemas educativos en lenguas diferentes al castellano pero cooficiales son…*

3. ¿Cuál es el modelo o modelos que se adoptan en la educación primaria y secundaria para la enseñanza en otras lenguas? *El sistema de enseñanza en otras lenguas del Estado español consiste en…*

4. ¿De dónde viene la crítica a estos sistemas y normativas que proponen la enseñanza en una lengua regional? ¿Qué problemas potenciales ve usted en la existencia de

este múltiple sistema de bilingüismos? *Las varias críticas que se plantean a este sistema provienen de...*

La España de hoy siente la necesidad de actualizar su sistema educativo y adaptarlo, no sólo a las necesidades que el mundo de hoy impone en la formación de los jóvenes, sino también al objetivo de homogeneización y armonización con el sistema educativo europeo. Sin embargo, al mismo tiempo que existe este impulso homogeneizador, hay una tendencia a dar expresión y relevancia a las lenguas regionales que existen en España. Esto significa que la educación en las diferentes comunidades autónomas españolas adquiere unas dimensiones lingüísticas especiales. Se trata de sistemas en los cuales los padres pueden elegir entre una variedad de "cócteles lingüísticos" según se dé más o menos relevancia al castellano o a la otra lengua oficial de la región. En las varias regiones en que se declararon dos lenguas como cooficiales, se inició un proceso de "normalización lingüística" que tenía como objetivo recuperar el uso de una lengua no castellana, la cual había estado prohibida en la práctica por el régimen franquista. El sistema educativo fue uno de los primeros campos en los que se puso en práctica este proceso.

Las distintas lenguas y modalidades lingüísticas existentes en España son consideradas por la Constitución española como una riqueza que debe ser objeto de especial respeto y protección. El Consejo Escolar del Estado entendió al inicio de la democracia que la escuela debía dar una respuesta correcta a la riqueza que para un país supone la existencia de diferentes lenguas. Como consecuencia, se vio que debía garantizarse el correcto conocimiento y uso de las lenguas oficiales de cada comunidad autónoma. En la práctica, esto suponía que en las regiones autónomas con otra lengua cooficial junto al castellano, dicha lengua se convertía en el principal vehículo para el proceso educativo, y el castellano era una asignatura más a estudiar. Hay que recordar que el texto constitucional considera al castellano como lengua oficial del Estado, lengua que todos los ciudadanos tienen el deber de conocer y derecho a usar. Por otro lado, los estatutos de autonomía de Asturias, Baleares, Cataluña, Galicia, Navarra, País Vasco y Comunidad Valenciana han contemplado distintas estipulaciones en relación con las lenguas existentes en los territorios respectivos. Estas previsiones se concretan en cada territorio como una serie de opciones de combinaciones posibles en el uso y aprendizaje de la lengua regional y el castellano. Cada territorio, a través de sus departamentos de educación, decidió hace ya tiempo la prominencia de la lengua regional, y el papel que el castellano tendría en el proceso educativo a través de una serie de modelos lingüísticos precisos. Pero independientemente del modelo adoptado, la materia relacionada con la lengua y literatura española será obligatoria en todos los niveles y etapas educativas. Esta normativa llega incluso a la universidad, donde el modelo de cooficialidad de lenguas se repite, aunque esté regulado siempre desde la autonomía de cada universidad y de cada profesor en su propia clase y horas de oficina.

En Cataluña, por ejemplo, se declara al catalán como lengua oficial en todos los niveles, grados y modalidades del sistema educativo no universitario. El objetivo de este sistema educativo en el contexto de la normalización es que al completar la enseñanza obligatoria los estudiantes puedan utilizar normal y correctamente el catalán y el castellano. La única excepción a esta regla es si el alumno hubiera realizado la mayor parte de sus estudios en otro territorio diferente. Además, el profesorado que imparta estas clases deberá poseer el dominio oral y escrito del catalán y del castellano, algo obligatorio para los profesores que comiencen a trabajar en este sistema. Para conseguir la plena capacitación idiomática de estos profesores se facilitan los cursos de aprendizaje necesarios. Esta normativa, que lleva ya varios años en existencia, ha hecho que muchos profesores que habían trabajado durante muchos años en el sistema educativo de las varias regiones autónomas tuvieran que tomar una excedencia de un año para completar los estudios de la lengua cooficial al castellano y probar que podían impartir clases en dicha lengua.

En Galicia, también la ley declara el gallego como lengua oficial en todos los niveles educativos de enseñanza. Se entiende que los niños tienen el derecho a recibir la primera enseñanza en su lengua materna. En este sistema, al igual que en Cataluña y otras regiones autónomas, se intenta evitar la separación de niños en aulas o centros diferentes por razones lingüísticas. Es prioritario que todos los niños puedan funcionar en la escuela en ambas lenguas cooficiales al mismo nivel. Al finalizar el periodo de escolarización obligatoria los alumnos deberán conocer el gallego y el castellano, en sus niveles oral y escrito, en igualdad de condiciones. La lengua gallega deberá ser objeto de estudio obligatorio en todos los niveles educativos no universitarios, tanto en centros públicos como privados.

Según las previsiones del Estatuto de Autonomía del País Vasco, la Ley de enero de 1993 de la Escuela Pública Vasca, garantiza el derecho de los alumnos a recibir enseñanza tanto en euskera como en castellano, y establece la necesidad de que ambas lenguas se incorporen a los programas de enseñanza. En dicha ley se incluyen varios modelos lingüísticos dentro del sistema educativo, cada uno de los cuales refleja una combinación diferente de ambas lenguas. Por ejemplo, está el Modelo A, donde toda la información se ofrece en castellano, aunque se permite también que el euskera forme parte de algunas actividades. En el Modelo B y C el currículo combina el euskera y el castellano en diferentes proporciones, y en el Modelo D las clases se imparten íntegramente en euskera. En todos los modelos la lengua y literatura castellana y la lengua y literatura vasca, así como las lenguas modernas, se deben enseñar en los respectivos idiomas, de modo que se puede decir que en todos los modelos hay una combinación de idiomas, en una variedad de "cócteles lingüísticos". Esta variedad de modelos refleja la complejidad del uso del euskera en la sociedad vasca, pero es interesante resaltar que a lo largo de los años en que estos modelos han estado en funcionamiento, el Modelo D se ha convertido en el más popular, incluso entre familias castellano-parlantes. Esta decisión es especialmente fácil cuando un niño se incorpora al sistema educativo del País Vasco desde los primeros niveles.

En cuanto al profesorado, se consideraba inicialmente que el conocimiento del euskera era un mérito adicional a la hora de lograr un puesto de trabajo. La Administración del Gobierno Vasco viene imponiendo una serie de medidas de discriminación positiva a la hora de contratar a personal que tiene conocimientos de euskera, y esto hace de la lengua un requisito importante cuando se busca empleo. Sin embargo, con los años se ha convertido en una obligación. La administración del sistema educativo ha creado las condiciones, a través de periodos de excedencia, para que el profesorado pueda lograr un nivel de dominio del euskera suficiente para impartir clases en dicho idioma. Esto se aplica no sólo a los maestros de la educación primaria y de educación secundaria obligatoria, sino también al profesorado del Bachillerato y de los cursos de acceso a la universidad.

En general, se puede decir que estos procesos de normalización lingüística no han generado una fuerte oposición entre las familias que deben elegir el modelo educativo más adecuado para sus hijos. Parte de la oposición vino en algún momento de profesores que tuvieron que aprender la lengua de su comunidad autónoma para poder continuar con sus labores docentes. Los profesores veían en esta obligación una imposición poco realista en cuanto a la posibilidad de incorporar la otra lengua en sus clases. La oposición a estos modelos educativos proviene también del Partido Popular que, aunque no se opone a la enseñanza de las diversas lenguas cooficiales, considera que el castellano, como lengua común de todo el territorio español, no puede ser discriminado como vehículo de comunicación en el proceso educativo. Esta oposición se hace más fuerte en el caso de las universidades de aquellas regiones autónomas con otra lengua adicional al castellano. El siguiente artículo de opinión expresa desacuerdo con que la educación universitaria se imparta en otras lenguas en lugar del castellano, tal y como viene ocurriendo en la práctica en algunas comunidades autónomas.

ACTIVIDADES DE PRELECTURA

El siguiente texto expresa una posición con respecto a la reacción de varios rectores de universidades en regiones autonómicas, que a su vez reaccionaron ante una sentencia del Tribunal Supremo del 12 de junio de 1987, en la cual se afirmaba el derecho de los alumnos universitarios en la Comunidad Autónoma de Valencia a recibir instrucción en castellano. Para mejorar la comprensión de este artículo de opinión, considere las siguientes preguntas:

1. ¿En qué tipo de publicación se divulgó este artículo? ¿Qué tipo de sección es "Tribuna"?

2. ¿Quiénes son los autores de este artículo? ¿Qué posición es posible que defiendan?

3. Lea los primeros párrafos del artículo: ¿Qué tono y estilo tiene el texto?

4. ¿Qué argumentos es probable que usen para defender su posición?

Tribuna: Respuesta a la opinión de siete rectores

Pedro José Aguirre Herreros

El País – Sociedad – 21/07/1987

Los rectores de todas las universidades de las comunidades bilingües de España manifestaron su discrepancia con una reciente sentencia del Tribunal Supremo que reafirmaba el derecho de los estudiantes a recibir enseñanza en castellano. [...]

Ateniéndonos a la afirmación de los rectores de las universidades de Valencia, Santiago de Compostela, Baleares, Barcelona, Autónoma de Barcelona, Politécnica de Cataluña y País Vasco de que los ciudadanos pueden discrepar pública y respetuosamente de las sentencias, aunque deban ser lealmente acatadas, nosotros no discrepamos de la sentencia pero sí de su muy respetable opinión sobre el fallo del Tribunal Supremo que establece el derecho de los estudiantes a la enseñanza en castellano. Por lo que nos creemos en el deber de usar nuestro derecho de réplica, ya que los hijos de nuestros asociados se han visto forzados a estudiar en alguna de las lenguas regionales, con el sacrificio de su lengua propia, que además es la oficial del Estado español. Es evidente que existe un choque de derechos lingüísticos entre el profesor que, en uso de los mismos, explica en su lengua propia y el alumno de idioma diferente, que tiene derecho a ser enseñado en su lengua materna. Por ello, la cuestión jurídica debía ser la de cuál de los dos derechos debe prevalecer. Ustedes dan preferencia absoluta al derecho del profesor, partiendo de la base de que el alumno está obligado al conocimiento del idioma regional, lo mismo que si viviera en un país extranjero. Para ello, y dado que tal obligación no figura en ningún estatuto ni en la Constitución, ustedes argumentan a partir de tres supuestos:

1. El de la mayoría de estudiantes de la propia región que desean estudiar en su lengua. Pero saben muy bien que esa mayoría es harto relativa en algunos centros y que en otros existe una mayoría de castellanohablantes.

2. El que, a los pocos años de residencia todos tienen al menos un conocimiento pasivo de esa lengua. Pero también saben que para el aprendizaje de algunas materias es imprescindible el dominio absoluto de esa lengua.

3. El de las atenciones y tutorías de aquellos

profesores hacia los estudiantes de otras lenguas para la comprensión de sus explicaciones. Cuando, aun reconociendo que algunos las tengan, son varias las veces que a nuestros hijos les han dicho que se espabilasen si no les entendían.

Ustedes rectores, airados, se quejan de que un profesor no pueda impartir sus clases en catalán, euskera o gallego, si la totalidad de sus alumnos no está conforme con ello, como si se tratase de una lengua extranjera y no de una lengua propia que es oficial. Pero se olvidan de los derechos del profesor que vive sometido a presiones por impartir sus clases en castellano, que también es lengua propia y oficial. Claro que es diferente el trato del problema en cada autonomía, y se quejan del fallo del Tribunal Supremo en relación con el recurso presentado por la universidad de Valencia sobre el uso del valenciano en la enseñanza, ya que en esa universidad tal vez los partidos políticos se hicieron eco de las protestas de unos y otros.

Pero no en todas las universidades sucede lo mismo, pues las de Cataluña, pese a la reconocida existencia de una mitad de ciudadanos castellanohablantes (cerca de los tres millones), declararon el catalán como único idioma oficial de la universidad, y así figura explícitamente en los estatutos de la universidad de Barcelona, sin que sepamos que el Estado se haya dado por enterado, aun después de la cantidad de recursos judiciales interpuestos y ganados sobre el derecho a recibir la enseñanza en el idioma propio. Y es que aquí parece que los políticos pactaron no tratar el problema, como si no existiera.

Porque el conflicto existe, pese a tan vergonzantes silencios, y no deja de ser sintomático el que la única solución que proponen sea la que en teoría existe en Cataluña. Y subrayamos en teoría porque ésta habla de la "cooficialidad sin restricciones, hasta conseguir la normalización, para que cada cual pueda expresarse en la lengua oficial de su elección". Pero la práctica nos dice que esta doctrina, que los hábiles políticos catalanes vendieron a los gobernantes de Madrid en 1979, es de resultados maravillosos para la implantación del catalán como idioma único, a costa de la progresiva desaparición del castellano en la docencia y en la calle.

Desdoblamiento

Por eso no se declaran ustedes partidarios del desdoblamiento sistemático de la enseñanza en dos grupos, uno para quienes se expresen en la lengua de la región y otro para quienes prefieran el castellano; pues para esta solución ponen el pretexto de la falta de medios y recursos; aparte de que – según su opinión – "ello supondría un criterio discriminatorio de las lenguas autonómicas y, en consecuencia, las carencias se traducirían en la consagración del uso docente del castellano [...], y para tal viaje no hacían falta alforjas". Es evidente, señores rectores, que su razonamiento es de una transparencia meridiana, ya que nada puede ser tan eficiente para el fomento de las diversas ambientaciones nacionalistas, sobre todo cuando el Gobierno central les transfiere hasta la propia inspección técnica estatal. Porque ustedes no han olvidado que nuestro Giner de los Ríos y Lenin dijeron aquello de "dadme la escuela y

el maestro y os dejo todo lo demás", mientras que aquellos políticos de Madrid, tal vez algo desmemoriados, debieron de suponer, y puede que lo sigan creyendo, que todo se arregla con una eficiente política o manipulando o jugando al chalaneo con otras competencias.

Nosotros, que vivimos la política lingüística seguida en Cataluña y conocemos desde discriminaciones hasta coacciones y sentencias incumplidas, sólo lamentamos que este fallo del Tribunal Supremo no sea aplicable a Cataluña, aunque no fuera más que como barrera ante determinados abusos. Porque nosotros somos los primeros en propugnar y defender el bilingüismo incondicionado que proclaman la Constitución y los estatutos, y por eso reconocemos, hablamos y recomendamos a nuestros asociados el aprendizaje del idioma regional, estando al lado de las autoridades autonómicas en cuantas actividades de índole cultural y de convivencia se organizan u organizamos en nuestros centros; pues el catalán es en nuestra vida una segunda lengua, como para otros lo debe ser el castellano, sin menosprecio para ninguna de las dos.

Con la Constitución y los estatutos en la mano, no queremos ni podemos renunciar a nuestra lengua primera ni a los derechos que se nos otorgan sobre la enseñanza en la misma. Para ello creemos que la mejor solución puede ser la de Azaña y la República, que aquí se aceptó como buena en 1932, y es la que funciona en otros países; es decir, la coexistencia de centros donde la enseñanza se imparta en catalán con centros en los que la enseñanza se imparta en castellano, y también centros mixtos que posibiliten la elección. La única condición sería la de la enseñanza del catalán en las escuelas castellanas y la enseñanza del castellano en las escuelas catalanas. Al propio tiempo deberían establecerse cátedras de catalán, euskera y gallego en todas las universidades españolas. Y en los casos en que tanto por el número de ciudadanos como por el de centros se hiciera solución de los centros distintos, no sería tan difícil el establecimiento de aulas paralelas de una y otra lengua, de modo que los padres pudieran elegir en las condiciones antes señaladas.

No creemos que esto sea pedir demasiado, pues nos parece la solución más democrática, si de verdad queremos potenciar las lenguas regionales sin que desaparezca el castellano como idioma vehicular y de entendimiento entre los distintos pueblos y regiones de España. Todo lo demás nos parece impregnado de cierta intencionalidad política, no muy acorde con nuestra realidad histórica y constitucional.

Pedro José Aguirre Herreros es presidente de la Casa de Castilla y León en Tarragona. Firman además, seis presidentes de casas regionales de Barcelona: Jesús Asensio Alonso, de Acción Cultural Miguel de Cervantes; Fermín Domingo Bosch Martínez, de la Casa de Cuenca; Pascual Giner Soria, de la Federación de Centros Aragoneses; Manuel de Guzmán Gómez-Lanzas, de la Federación de Comunidades Originarias de Castilla-La Mancha; Gregorio López Montoto, de la Casa de Asturias, y Antonio Tercero Moreno, del Hogar Extremeño.

SACADO DEL TEXTO: JERGA Y ESTILO

En las lecturas de este capítulo se ha presentado una combinación de estilos de habla, desde la jerga coloquial, hasta los formalismos de una ley, pasando por un registro formal. Trabajando en grupos pequeños, seleccionen doce oraciones y/o expresiones de entre las diferentes secciones de este capítulo y clasifíquenlas en las siguientes categorías:

Frases que usaría con amigos _____
_____

Frases que usaría al escribir un ensayo _____
_____

Frases que leería en una ley o documento de tipo oficial _____
_____
_____

REPASO DE LAS PREGUNTAS PARA EL ANÁLISIS

Revisen en parejas las respuestas que darían ahora a las preguntas para el análisis, y preparen un breve informe para presentar a la clase, combinándolo con las respuestas a estas preguntas sobre el artículo de opinión que acaban de leer.

1. ¿Qué principios de la Constitución invocan los autores de este artículo? ¿Qué relación debe existir entre el castellano y otras lenguas regionales?

2. ¿Qué cree usted que dice la sentencia a la que se refieren los autores? ¿En qué idioma debe enseñarse en la universidad desde la fecha de la sentencia?

3. ¿Qué argumentos proponen los rectores de universidades que critican la sentencia del Tribunal Supremo? ¿Cómo defienden el derecho de los profesores a expresarse en un idioma regional diferente del castellano?

4. ¿Qué solución proponen los autores? ¿Se oponen al uso de las lenguas regionales?

Ensayos

Para escribir los textos que se proponen a continuación es necesario investigar en internet pues se trata de conocer un poco más sobre la actualidad de la educación en España. Busque la información y combínela con las ideas que ya ha aprendido a través de las lecturas de este capítulo.

1. **Enseñanza de la religión.** Escriba un informe sobre cómo se realiza en la actualidad la enseñanza de la religión en las escuelas públicas españolas y el debate constante al que este asunto se halla sometido.

2. **Calidad de la enseñanza pública española en comparación con la enseñanza privada.** En España se combinan tres sistemas educativos paralelos: los centros públicos, los centros privados, y los centros concertados. Investigue en qué consisten estos sistemas y la relación que todos ellos tienen con el Ministerio de Educación, la autonomía de que gozan las comunidades autónomas en este área, y los datos estadís-

ticos referentes al mismo. Intente sacar algunas conclusiones sobre la calidad de la educación en España.

3. **Reforma de la universidad española.** Una de las prioridades de la educación española actual es la de adecuar el sistema universitario al del resto de Europa. Investigue lo que se está haciendo ahora en esta área y escriba un informe, incluyendo algunos datos sobre las nuevas universidades privadas que ahora están apareciendo en España.

4. **Lo que he aprendido.** Tras haber leído todo o parte del capítulo y después de haber completado alguna de sus actividades, regrese a la sección de "Conocimientos previos" y lea las respuestas que inicialmente dio a esas preguntas. Compare estas respuestas con lo que sabe ahora. Escriba un documento de reflexión en el cual analice lo que pensaba antes de iniciar el estudio de este capítulo y el proceso de aprendizaje que ha completado.

Debate: ¿Educación en euskera, gallego o catalán?

Dos equipos. Varias de las ideas y conceptos básicos a debatir se discuten en esta última sección del capítulo sobre la educación y el concepto de "normalización lingüística", como, por ejemplo, los de derechos constitucionales, así como los problemas que esta situación presenta para algunos alumnos y sistemas educativos. Algunos de los argumentos de partida se presentan en el artículo de opinión de la sección anterior. Los argumentos más detallados se deben investigar en internet, a través de casos similares al español en otros países, o leyendo la prensa de España.

Equipo A. Defiende la postura de que el uso de otras lenguas cooficiales en sistemas educativos está basado en los principios de la Constitución española de 1978, y que es un derecho de los pueblos con lenguas diferentes al castellano.

Equipo B. Defiende la postura contraria, que se opone al uso de las lenguas regionales en el sistema educativo por la serie de problemas económicos y prácticos que presenta en un país como España.

Cuéntame cómo pasó – Episodio 8: "Las mejores huelgas"

Resumen del episodio: Toni Alcántara ha entrado ya en la universidad y empieza a vivir el nuevo ambiente de activismo. Más movido por su atracción por una chica, participa en una de las numerosas asambleas que hacían los estudiantes de la época. Sin embargo, la familia insiste en que no se meta en política, y que no se "meta en jaleos". Se sigue tocando en este episodio el tema del miedo a participar en política y la despolitización de la sociedad española.

Por su parte, Carlitos se busca problemas en la escuela cuando decide organizar una huelga de espaldas para protestar por la presencia de niñas en su clase. Dos niñas se unen a la clase de Carlitos en cumplimiento de una orden del Ministerio de Educación. Esto no gusta, ni a los niños, ni a los maestros.

Contexto: La universidad española de los años sesenta ya es un foco de ideas políticas de oposición a la dictadura. Investigue en internet el ambiente universitario de esa época, elabore un breve informe, y presente sus conclusiones a la clase.

Reflexiones de Carlitos: En varias partes del episodio es posible oír la voz de Carlitos ya adulto, que reflexiona sobre los cambios vividos por la sociedad española, especialmente en cuanto a la escuela y la educación. Escuche con atención durante el episodio y escriba un resumen de lo que Carlitos dice desde la perspectiva del presente. Compare su resumen con el de un compañero. ¿Han entendido algo diferente? Pregunten al profesor si les quedan dudas.

PREGUNTAS PARA EL ANÁLISIS

1. ¿Cómo eran las clases de Carlitos? Haga una descripción de aspectos como la configuración física, el estilo de enseñanza, y todo lo que le haya llamado la atención.

2. ¿Cómo se explica la reacción de niños y maestros ante la presencia de las niñas en la escuela?

3. ¿De qué discuten los estudiantes en las asambleas en la universidad? ¿Qué significado pudieron tener en esta época dichas asambleas?

4. ¿Cómo reacciona la familia ante la historia de Antonio y la actuación de la policía durante una protesta?

Imagine el diálogo: Antonio y Mercedes le repiten a Toni que "no se meta en jaleos" y que no participe en política. Esta expresión idiomática es una de las muchas que se usan en el episodio. Vuelva a ver el episodio 8 de *Cuéntame* y haga una lista de las expresiones que oiga y que le parezcan coloquialismos por el contexto de conversación.

Si no puede entender qué significan, lleve la lista a clase y discútala con la clase, buscando así la ayuda de su profesor.

En clase, con otro compañero, improvisen un breve diálogo entre Toni y Mercedes sobre el tema de la participación en política por parte de Toni en su primer año en la universidad. Para hacerla más real, deben usar al menos cinco expresiones o dichos de los que hayan identificado en el episodio.

Las familias de más de tres hijos fueron algo muy común durante los años sesenta y setenta. © Alain M. Urrutia.

Prosperidad económica y familia

¿Qué nos dice la ilustración?

Antes de iniciar el trabajo en este capítulo, piense en lo que representa la ilustración de la página inicial. Comente con sus compañeros qué conexión tiene con el tema que se va a examinar sobre la familia española en los últimos años del régimen franquista y en la transición a la democracia.

El poder de la imagen

Busque en internet, especialmente en youtube.com, segmentos audiovisuales de archivo usando como palabras clave "familia numerosa española", "carné de familia numerosa", "*La gran familia* de Pedro Masó", o "He perdido a Chencho". Reflexione sobre cómo pueden contrastar estas imágenes con la familia prototípica española de ahora y en su referencia a la familia española del tardofranquismo. Escriba sus conclusiones en cinco oraciones y preséntelas al resto de la clase. ¿En qué ideas coincide la clase?

¿Cuánto sabemos ya?

En este capítulo se trata el tema de la familia española en la transición a la democracia, y especialmente la relación entre la nueva prosperidad económica de los años sesenta, el número de hijos y la incorporación de la mujer al trabajo. Estos temas se explorarán dentro del contexto del despegue económico del tardo-franquismo, hecho posible gracias a una liberalización de la economía española. Dicho despegue económico también sentó las condiciones para la consolidación de una clase media en España que en el momento de la transición estaba interesada en un futuro de empleo y de prosperidad para todos.

LISTA DE CONCEPTOS CLAVE

A continuación se enumeran algunos de los conceptos clave relacionados con el estudio de la población y de la economía.

Alza de precios del petróleo	Paro
Bienes de consumo	PIB
Desarrollo	Premio Nacional a la Natalidad
Despegue económico	Prestaciones sociales
Distribución de la renta	Renta familiar
Esperanza de vida	Sector primario
Estrenar / heredar	Sector secundario
Explosión demográfica	Sector terciario
Mano de obra	Seguridad social
Mortalidad infantil	Tasa de natalidad

En casa: Busque el significado de estas palabras preferentemente en el diccionario de la Real Academia en www.rae.es, es decir, en un diccionario que sólo ofrezca definiciones en español. Muchos de los términos se refieren a economía y finanzas familiares, de modo que resultarán relativamente fáciles de comprender. Para los más complicados, puede investigar en internet. Cuando tenga toda la información ya reunida, escriba las definiciones y algún ejemplo del uso de estas expresiones siguiendo este ejemplo: *"Renta" se puede definir en general como un dinero que se recibe por algo, pero aplicado al caso de una familia, los ingresos o dinero que entra en una familia por el trabajo que realizan sus miembros. Esta palabra se usa en oraciones como: "La renta familiar, con los bajos sueldos en la economía de los sesenta, se tenía que suplementar con otras formas de ingresos."*

En clase: Intercambie con un compañero sus definiciones y ejemplos. Intente encontrar los errores que ha cometido su compañero tanto en la comprensión del concepto como en la expresión y uso de vocabulario y gramática. Si no están seguros, pregunten al resto del grupo y al profesor a la hora de presentar sus conclusiones.

Conocimientos previos

Quizás haya leído algo sobre la población en España, sobre su índice de natalidad o sobre la esperanza de vida de la población. Las siguientes preguntas le ayudarán a reflexionar sobre lo que ya sabe, y también a descubrir lo que todavía no sabe sobre estos temas. No se preocupe si no puede responder a cualquiera de estas preguntas; lo importante es que use los elementos que ya conoce para especular sobre el despegue económico y su impacto en las familias en la transición a la democracia. Tras finalizar la lectura de este capítulo podrá repasar sus respuestas a estas preguntas para comprobar si usted estaba en lo cierto. El formato de las respuestas constituye sólo una guía para la formulación de las mismas, pero usted puede seguir su estilo personal a la hora de responder.

- ¿Cuál es el índice actual de crecimiento de la población en España? ¿Es mayor o menor que durante la dictadura? Explique la razón. *Es probable que la población en España crezca / no crezca...*

- ¿Es España un país económicamente próspero? ¿Lo clasificaría entre los países industrializados? ¿Entre los países desarrollados o en vías de desarrollo? *No creo que España se encuentre entre los países desarrollados / en desarrollo...*

- ¿Cómo eran las familias durante el franquismo en cuanto al número de hijos? ¿Cuántas generaciones vivían juntas en el mismo hogar? *Imagino que muchas familias tendrían... y que en un mismo hogar vivirían...*

- ¿Cuál era la situación económica de la típica familia española en los últimos años del franquismo? ¿Cree que esta situación mejoró con la transición a la democracia? *(No) creo que mejoró / mejorara la situación en el régimen franquista, al final, porque...*

- ¿Hay clases diferenciadas en la sociedad española? ¿Es una sociedad estratificada? *Imagino que habrá clases, pero las diferencias entre ellas serán...*

- Si pudo responder a las preguntas anteriores, ¿de dónde ha obtenido usted estos conocimientos? *Mis conocimientos derivan de...*

Experiencia personal

Antes de responder a estas preguntas, reflexione sobre sus propias observaciones sobre las familias típicas de su país. Para ello, piense en el número de hijos que tienen las familias que viven en su mismo barrio o que usted conoce, en las diferentes clases sociales que puede haber en su país, y en los aspectos que las diferencian. Piense también en los índices referentes a la población de su país que haya podido estudiar en otras clases. Comente sus repuestas con un compañero y presenten sus conclusiones a todo el grupo para que tengan un marco de referencia familiar a la hora de leer las secciones siguientes.

- ¿Cómo se calcula la prosperidad económica de una familia? *Entre los factores que explican la situación económica de una familia se incluyen...*

- ¿Cuántos miembros considera usted que hay en una familia numerosa? ¿Hay entre las familias de sus amigos muchas que son numerosas según su propia definición? *Imagino que una familia numerosa tendrá... (No) conozco a muchas familias que tienen / tengan...*

- Normalmente, ¿qué miembros de una familia viven juntos en un hogar en su comunidad? *Lo típico de mi comunidad es que en cada hogar vivan...*

- ¿Cuál es la relación entre prosperidad económica e índice de natalidad? *Me parece que en países económicamente más prósperos se observa...*

- ¿Hay diferentes clases sociales en su país? ¿Cómo se diferencian? *(No) creo que hay / haya diferencias muy marcadas entre las clases sociales porque...*

Prosperidad económica, años sesenta

PREGUNTAS PARA EL ANÁLISIS

El texto que aparece a continuación trata del desarrollo económico en la España de los sesenta, cuando Franco todavía estaba en el poder. Estas preguntas le ayudarán a centrarse en puntos importantes de la lectura que sigue. No es necesario responderlas ahora con toda precisión. Se trata de una guía, y será necesario volver a ellas tras finalizar la lectura de este texto.

1. ¿Cuáles fueron los factores de la expansión económica española en los años sesenta? *Los factores clave de la expansión económica fueron...*

2. ¿Qué problemas acompañaban a esta expansión y el gobierno no intentó solucionar? *Entre los principales problemas encubiertos por la expansión cabe destacar...*

3. ¿Qué consecuencias tuvo este despegue económico en la composición social de España? *Cabe pensar que las clases sociales estarían menos basadas en... y más en...*

4. ¿Qué consecuencias pudo tener la prosperidad económica en la transición a la democracia? *Es probable que los factores sociales / económicos jugaran un papel esencial pues...*

5. ¿Qué significa el concepto de "estado de bienestar"? *Tanto en el caso de España como en el de otros países, se puede definir este concepto como...*

6. ¿Hasta qué punto fue este despegue económico obra del gobierno franquista? *Probablemente representantes del Estado franquista hubieran razonado que... pero es necesario tener en cuenta que...*

7. ¿Qué consecuencias tuvo la mayor prosperidad económica en la clase media española? *Como resultado de la mayor prosperidad, las familias de la clase media vieron que podían...*

El crecimiento que la economía española ha experimentado en años recientes recuerda al gran despegue económico que el país vivió durante los años sesenta. Desde 1992 hasta los primeros años de este nuevo siglo se puede hablar de un despegue económico sin precedentes, durante el cual España ha sostenido uno de los mayores índices de crecimiento económico de la zona euro, por delante incluso de países como Alemania y Francia. Sin embargo, fue durante ese otro periodo de crecimiento económico en los años sesenta que las familias españolas comenzaron a ver un futuro financiero más optimista, después de años de privaciones y grandes dificultades económicas. Por lo tanto, el desarrollo propiciado por el turismo y la construcción trajeron consigo un optimismo a parejas que, al ver la mejoría de su situación y la estabilidad que el franquismo hizo posible, pudieron tener más hijos.

La actividad económica durante los cuarenta años de franquismo no permaneció igual y experimentó varios cambios, pasando desde una economía dirigida por el Estado, cerrada y proteccionista, a una economía más liberalizada, y con una gran dependencia del exterior. Para tener una idea de estos cambios, basta considerar algunas cifras. Por ejemplo, en la década de los cuarenta la población que trabajaba en el sector de agricultura y ganadería era de aproximadamente un 50%, y este porcentaje bajó a la mitad en 1970, con aproximadamente un 27,6%. Este proceso fue acompañado de un aumento de mano de obra en el sector de la construcción (1940: 4,5%; 1970: 12,1%) y del porcentaje de la población activa que trabajaba en la industria (1940: 17,1%; 1970: 24,5%), comercio (1940: 6,3%; 1970: 13,9%), y almacenaje, comunicaciones, transporte (1940: 10,5%; 1970: 12,1%). Las causas de este cambio en la actividad productiva se deben en parte al apoyo gubernamental de la actividad industrial y en parte también a un aumento de la demanda internacional de productos industriales. Así pues, hubo una creciente emigración del campo a la ciudad entre finales de los cincuenta y durante los años sesenta. También como consecuencia de este proceso de industrialización, el campo español perdió mano de obra, la cual se substituyó paulatinamente por una progresiva aunque incipiente mecanización. Parte de esta mano de obra, que al mudarse hacia las ciudades buscaba mejores oportunidades económicas y de educación, es absorbida por la industria, pero otra gran parte se vio obligada a emigrar a países del norte de Europa. El desarrollo del comercio, la construcción y otros sectores económicos llegan como consecuencia de este desarrollo industrial, pues hay que tener en cuenta que las personas que llegaban a las zonas urbanas necesitaban vivienda, comida, y transporte y varios sectores económicos debían responder a estas necesidades.

Las consecuencias para la economía española son importantes, a juzgar por las cifras que comparan 1960 y 1975. Desde 1960 a 1975 la renta nacional creció de forma continua, y casi se triplicó. También aumentó el producto interior bruto (PIB) y la renta per cápita, la cual pasó de 35.791 pesetas en 1960, a 83.238 en 1975 (en pesetas de 1970). Estos datos muestran que las soluciones establecidas por el llamado Plan de Estabilización del régimen franquista permitieron un crecimiento intenso y prolongado de la economía española. Los cambios observados desde finales de la década de los cincuenta muestran que España consiguió reducir el abismo económico que le había separado del resto de Europa e incorporarse al mundo del consumo. Pero es dudoso concluir que el desarrollo económico tuvo lugar exclusivamente como consecuencia de la planificación del gobierno franquista cuando en realidad había también un periodo expansionista en la economía mundial en su conjunto.

De hecho, no fue el gobierno franquista el que atrajo a los turistas ni obligó a la gente del campo a buscar más oportunidades en las ciudades. Parte de este crecimiento económico se explica por el crecimiento del sector industrial y del sector de servicios, especialmente en el área de turismo, así como por la tan necesaria mejora de la infraestructura de transporte y energía del país. Estos procesos fueron fuertemente influidos, como se ha señalado antes, por un incremento de la demanda, tanto internacional como nacional. Por ejemplo, durante los años sesenta es muy activo el sector de la construcción en las áreas de mayor demanda hotelera, es decir, en las costas, y en las ciudades que absorbieron el flujo de campesinos que llegaron a trabajar en el sector industrial. Como consecuencia del progreso en otros sectores, la actividad rural sufrió un cambio también intenso. La agricultura tradicional de subsistencia entró definitivamente en crisis como consecuencia de la aceleración del proceso migratorio desde el campo a las zonas industriales de España, y con el movimiento de emigrantes españoles a otros países del norte de Europa. Estos cambios hicieron posible el proceso de modernización del sector agrícola. Debido a la salida masiva de manos de obra hacia el sector industrial, se tuvo que sustituir al trabajador por la máquina, y dar al agricultor un salario un tanto más alto. Como consecuencia de ambos factores, se incrementaron también los índices de productividad, el rendimiento, la producción y la renta agraria. El trabajo en el campo se hizo un poco más eficiente, aunque sin llegar a los niveles de otros países europeos.

El despegue económico no sólo fue resultado de un incremento de la demanda. El desarrollo industrial se debió también, aunque en medida limitada, a las soluciones derivadas de los planes de desarrollo y de la política liberalizadora del gobierno desde finales de los años cincuenta. Por ejemplo, en 1962 se creó la Comisaría del Plan de Desarrollo, la cual tenía encomendada la tarea de realizar la programación efectiva de todo el sector público y divulgar la información necesaria para que los empresarios privados pudieran tomar decisiones coherentes con el resto de la economía nacional. La planificación del Estado constituía un factor complementario a la economía de mercado que, como se puede comprobar, no estaba enteramente liberalizada. Para hacernos una idea de en qué consistieron estos planes de desarrollo, basten como muestra los objetivos del primero de tales planes. En el primer Plan de Desarrollo (1964–1967) se definieron cuatro grandes prioridades: 1) establecer un número determinado de polos de promoción y desarrollo industrial en zonas de baja renta pero con posibilidades de crecimiento económico; 2) aplicar una política de estímulos y programas concertados con las corporaciones locales para fomentar las iniciativas locales; 3) potenciar la política de suministro de agua a regiones agrícolas que la necesitaran y concentrar las propiedades rurales para mejorar la eficacia de la producción agrícola; 4) y finalmente, favorecer institucionalmente los movimientos migratorios interiores hacia las regiones con mayor potencial de desarrollo.

Desde otras perspectivas se cuestiona si el despegue económico y la ecualización social en la España del tardo-franquismo se deben de forma tan fuerte a la intervención del Estado o si éste, por el contrario, se limitó a ser un mero espectador. El gobierno franquista en sus primeros años apenas se había preocupado por las desigualdades regionales, debido a otras preocupaciones más urgentes como eran las de restaurar los sistemas de producción de bienes y reparar la deteriorada infraestructura del país. Sin embargo, los planes de desarrollo que se redactaron desde finales de los años cincuenta y durante los sesenta tuvieron una meta más explícita de equilibrar la renta entre las distintas regiones mediante un impulso a la actividad industrial. Aunque estas intenciones no se tradujeron en planes serios de inversión en los primeros planes de desarrollo, ya en el tercer Plan de Desarrollo (1972–1975) se cambió de filosofía de intervención estatal para concebir el desarrollo regional como un objetivo a largo plazo. Así pues, se empezó a hablar de polos de desarrollo, o lugares prioritarios para recibir las inversiones públicas, de los cuales se beneficiaron muchas familias españolas que hasta ese momento apenas habían tenido otras perspectivas que las de vivir en áreas rurales y trabajar en el campo con escasas oportunidades de educación y progreso social. Para ello, el Estado decidió poner en funcionamiento una política de inversiones públicas. Sin embargo, los resultados de estas políticas intervencionistas del Estado fueron limitados. A 31 de diciembre de 1975, en los doce polos de desarrollo prioritario creados en toda España se habían invertido solo 135.000 millones de pesetas, se habían generado 80.000 empleos y se habían construido 1.005 empresas, de las que sólo 694 estaban aún en funcionamiento. En definitiva, se puede afirmar que la intervención del gobierno franquista en el desarrollo económico de los sesenta fue limitada.

Sí que parece cierto que el Plan de Estabilización de 1959 puso en funcionamiento una nueva estructura económica en España, pues se basaba en una política de disciplina financiera mediante presupuestos y políticas monetarias de tipo estabilizador, en la fijación de un tipo de cambio único para la peseta, en la liberalización y globalización del comercio exterior, y en el establecimiento de una economía mixta que combinaba tanto las ayudas estatales como la iniciativa privada. A este plan se sumaron otras medidas activadoras que animaron la expansión de la economía española. Pero a ello se oponían ciertas tendencias problemáticas que acompañaban al sistema. Por ejemplo, se menciona el crecimiento desigual de los distintos sectores de la economía por una cierta desatención a la agricultura, la falta de ampliación y modernización de los sistemas de comercialización de productos, una gran limitación a la creación de empleo ocultada por una todavía robusta emigración a otros países de Europa, una creciente dependencia de fuentes de energía de las que carecía España, una limitada reforma tecnológica, así como una persistente desigualdad regional.

Para entender el desarrollo industrial de los sesenta es necesario entonces considerar otros factores además de la intervención estatal. Algunos de ellos fueron el bajo coste del petróleo, los precios favorables de las materias primas y alimentos, la disponibilidad de capital y recursos financieros externos provenientes de remesas de emigrantes, el turismo y entradas netas de capital a través del comercio, así como la posibilidad inmediata de acceso a una tecnología exterior que había avanzado extraordinariamente y que había sido ignorada durante más de veinte años. La industria española hasta 1959 había dependido del exterior, en cuanto a las inversiones y suministro de materias primas, equipos y tecnología. Se consiguió mejorar sustancialmente la productividad del trabajo, pero ello exigió grandes inversiones de capital que crearon una gran dependencia de la financiación y la tecnología extranjera, lo que, a largo plazo, produjo problemas. Un ejemplo de ello era la compañía automovilística SEAT, una empresa estatal que fabricaba coches, pero cuyos diseños no se generaban en España, sino en Italia, en la empresa FIAT que era la que recibía *royalties* por la producción de los coches SEAT. La mayor parte del sector industrial era en parte público, es decir, pertenecía al Estado, y se planificaba y financiaba con dinero del Estado. Según lo que se acaba de afirmar, la economía española creció de forma muy acelerada en los años sesenta, pero este crecimiento no se estableció sobre bases sólidas, sino sobre una base de dependencia de capital exterior y de una política económica todavía proteccionista. Una vez que este apoyo institucional se acabara, como ocurrió a finales de los años setenta, se verían más claramente los problemas que subyacían a dicho crecimiento.

Este proceso de desarrollo fue especialmente importante en sectores como el de la industria química, la de metales, transformadores metálicos, y la construcción de vehículos de transporte. Esta época goza de mayor productividad gracias a nuevas tecnologías y equipo, mayor demanda de consumo y, como ya hemos visto en otro capítulo, una población mejor preparada para responder a las necesidades del mercado laboral. En parte por estas razones, el sector de servicios también tuvo un intenso crecimiento. Así, en 1964 representaba el 44,4% del PIB y en 1975, el 50,6%. En cuanto a la mano de obra empleada en el sector de servicios se pasó de un 29,9% en 1964 a un 38,3% de la población activa en 1975. Este crecimiento tuvo lugar en un principio empleando a un gran número de trabajadores, sin implantar ningún cambio de enfoque ni de sistemas que lo hicieran más eficiente. Esto fue el caso tanto en el comercio, como en las instituciones financieras y la administración del Estado. Por ejemplo, en el comercio en 1975, la mayor parte de este sector lo componían establecimientos de tipo tradicional de pequeñas dimensiones, en muchos casos negocios familiares, muchos de los cuales empleaban a un 40% de personal no remunerado que en su mayoría eran miembros de la familia. En efecto, la introducción de nuevas formas comerciales como el autoservicio, el crecimiento de la superficie de las tiendas y su ubicación fuera del centro de las ciudades, evidencia de cambios fundamentales de enfoque en el empleo, han ocurrido muy lentamente, y se han hecho patentes sólo en fechas recientes.

Fue, sin embargo, en el sector del turismo donde se apreció un crecimiento más espectacular durante los años sesenta, cuando el resto de Europa, con un mayor nivel de vida y renta disponible, descubrió el sol de la Península Ibérica y un país barato donde pasar las vacaciones. Este fenómeno puso en marcha todo un programa de urbanización y desarrollo, no siempre bien planificado ni meditado, de las zonas costeras del sur, de las del Mediterráneo, así como de las islas. Y así aparecieron hoteles y urbanizaciones de apartamentos y chalets que llenaron una estrecha franja costera en las zonas de sol asegurado. En 1960 el número de turistas que visitaron España era de 6.113.000; en 1975 se alcanzó la cifra de 30.123.000. Los ingresos por dinero de estos turistas pasaron de ser en 1960 de 297 millones de dólares a 3.188 millones de dólares en 1975. Ello implicó no sólo un incremento de la industria hotelera y de la construcción, sino también de las actividades dedicadas al entretenimiento de esta oleada de turistas, como por ejemplo excursiones, clubes nocturnos y deportes.

En cuanto al transporte y las comunicaciones, desde finales de los años cincuenta se produjeron profundos cambios que venían siendo necesarios desde hacía ya tiempo. En un informe de 1953 realizado por la ONU en el que se hacía repaso de la economía española se señalaba que el transporte, junto a la energía, constituían las principales causas del la falta de progreso de la economía de ese país. El desarrollo del sector del transporte y su infraestructura fueron a su vez factores del desarrollo del sector industrial. En los años sesenta se inició la electrificación de las vías férreas y a la adquisición de locomotoras eléctricas. Es también durante estos años que se inició la industria automovilística en España. Las empresas de autos y camiones, SEAT, Pegaso, y Barreiros entre otras, dependían de los diseños y la tecnología de otros países, pero aún así, contribuyeron por un lado a la expansión de un sector hasta entonces inexistente, y por otro a dotar al país de medios de transporte que contribuyeron al desarrollo de otros sectores industriales. Además de iniciarse la industria de automóviles y otros medios de transporte, se inició un programa de construcción y reparación de carreteras, con sus correspondientes puentes y túneles.

El desarrollo del área de transporte no se da sólo en su aspecto público de in-

El Seat 600 se convirtió en el símbolo del nuevo poder adquisitivo de la creciente clase media española.
© Alain M. Urrutia.

fraestructura y servicios sino también en el ámbito privado, con el acceso del español de
clase media al automóvil. Como consecuencia del despegue económico de los años
sesenta, el tímido aumento del nivel de vida de los españoles y el proceso de urbanización tuvieron como consecuencia el acceso de amplios sectores de la población a la
compra de su primer automóvil. El SEAT 600, un pequeño automóvil producido por
esta empresa estatal, se convirtió en el emblema de la nueva prosperidad que empezaban a conocer en esta época muchas familias de la clase media española. Permitió a las
familias españolas salir de excursión, hacer los picnics domingueros en el campo, incluso ir de vacaciones a la costa, o a ese pueblo desde el que habían emigrado a la ciudad. Este auto, del cual apenas si queda alguna reliquia en circulación, fue el símbolo

de que España ya estaba en marcha para incorporarse al grupo de naciones desarrolladas. Por otro lado, la modestia de este auto también representaba el hecho de que dicho desarrollo era todavía limitado.

Una de las consecuencias de los procesos de desarrollo anteriormente citados es que hubo una progresiva redistribución de la población española, la cual estuvo acompañada, al menos desde la perspectiva del gobierno franquista, por una cierta necesidad de equilibrar la prosperidad económica en las diversas regiones del país. Se ha mencionado ya el despoblamiento de las regiones eminentemente agrícolas a favor de los países europeos más desarrollados y de las regiones españolas más industrializadas o con mayores posibilidades turísticas. También en la distribución regional del PIB se produjeron cambios de cierta importancia, aunque menos intensos que los de población. La población había tendido a concentrarse en las regiones con una mayor infraestructura industrial, como Cataluña, País Vasco; zonas con una mayor demanda de funcionarios para la administración del Estado, como Madrid; y desde 1960, en zonas con una mayor demanda de mano de obra para el sector turístico, como en las islas Baleares y Canarias. Pero junto a este proceso estaba apareciendo en los años sesenta otro de concentración del PIB en estas mismas regiones. Ambos procesos estaban naturalmente relacionados entre sí. La industrialización previa en un caso, y la llegada de turismo en otro, habían sido las causas iniciales de atracción de una población que abandonó un campo donde no se ganaban salarios tan altos. Estos movimientos de población pusieron en marcha los efectos económicos derivados de la aparición de un potente sector de la construcción y de la creación de una industria destinada a satisfacer sus necesidades de consumo. Y con ello subió el PIB de dichas regiones.

Otros factores intervinieron en la redistribución de la población y el PIB de España durante los años sesenta y setenta. Además del abandono del campo también hay que señalar que hubo un abandono de las zonas de explotación minera. La reducción de las actividades mineras afectó profundamente a Asturias, y un poco menos a Castilla y León y Andalucía, que en 1973 se encontraron sin una de las bases históricas de su economía. En estas regiones abundaban las minas de carbón, pero éste fue sustituido por el petróleo como fuente de energía industrial. Por otro lado, las actividades del sector de industrias siderometalúrgicas – siderurgia de base, metalurgia, maquinaria y materiales eléctricos, construcción naval – se desarrollaron, sobre todo, en las regiones de Madrid, País Vasco, Navarra y Asturias. Por otro lado, está también el citado incremento de numero de turistas extranjeros, procedentes de varios países del norte de Europa, y fue, según se ha dicho, la causa fundamental del crecimiento que experimentaron las regiones Baleares y Canarias y algunas provincias de las regiones catalana, valenciana y andaluza, no tanto por los turistas mismos, sino por la población que se trasladó a estos centros para trabajar en los servicios.

Los fuertes movimientos migratorios que tuvieron lugar en este periodo son el factor explicativo más importante de la disminución de las disparidades regionales durante el periodo de 1960 a 1975. Antes de 1960 se observaba en gran medida una considerable desigualdad entre las distintas regiones de España en cuanto a su potencial productivo. Gracias al aumento de flujo de turistas, el descenso de la mano de obra en la minería y en el campo, junto con los movimientos de población hacia áreas costeras y zonas de desarrollo industrial, se puede hablar de una distribución un tanto más equilibrada de la renta y de la población. Una de las consecuencias de esta redistribución de la población y renta españolas fue una cierta disminución de las desigualdades sociales, lo que contribuyó en gran medida a la estabilidad política de un país que, incluso en medio de una transición a un nuevo sistema político, no se vio envuelto en revoluciones que hubieran puesto en peligro el sueño democrático.

Varias consecuencias derivan de este proceso de desarrollo económico y ecualización de las regiones de España, por muy limitado que pudiera ser. En particular, el proceso de despegue económico y modernización de la sociedad española asociado con él trajeron como consecuencia una desaparición del viejo sistema de clases y la aparición de la estratificación social típica de las sociedades de mercado libre. Hacia el año 1979, la clase media representaba el 55% de la población española, mientras que la clase baja constituía un 39,1%. Continuando con estas tendencias, durante los años de la transición democrática, se observan los siguientes procesos en la sociedad española: en primer lugar, un descenso del número de trabajadores manuales; en segundo lugar, un incremento de la "nueva clase media" formada por empleados de oficinas, técnicos, profesionales y vendedores; en tercer lugar, un descenso de las "viejas clases medias" (pequeños propietarios de agricultura e industria); y finalmente una escasa presencia de los empresarios con asalariados, gerentes y directivos.

Gracias al factor del mayor acceso a la educación, clave para un sistema más equitativo, se puede observar a partir de los años setenta en España una movilidad social sin precedentes. Si todavía en 1975 la sociedad española se caracterizaba por una desigualdad de oportunidades en la cual todo dependía de las conexiones familiares y de la herencia, la sociedad de la transición ve cómo desciende en importancia dicha herencia familiar. Este descenso en la importancia del origen social de la familia está conectado con una mayor movilidad en el trabajo, algo posible gracias a la disminución en

ocupaciones agrarias y el aumento de ocupaciones en el sector industrial y de servicios.
Esta mayor movilidad social también está conectada con una mejor distribución de la
renta o ingresos personales. En este país relativamente modernizado, relativamente más
industrializado y formado por una clase media más robusta, los nietos de la guerra
pudieron acceder a estudios universitarios que les abrieron carreras profesionales a las
que sus padres no habían podido aspirar. Como consecuencia, la clase media profesional y urbana también se hizo más robusta, factor estabilizador que también contribuyó
a la relativa facilidad con la que se produjo el cambio de régimen político.

Esto no quiere decir que se hubiera logrado una completa igualdad y estabilidad
social para cuando llegó el primer gobierno democrático. Si durante el despegue
económico del final del franquismo hubo un cierto incremento de la prosperidad familiar, esta prosperidad no se distribuyó igualmente por todo el país debido a la ausencia de mecanismos de igualdad social y protección. Se intentó, gracias al establecimiento
de la Seguridad Social, dar a las familias españolas una entrada en un sistema de bienestar público, algo que hasta entonces sólo tenían sus vecinos europeos. Este sistema de
la seguridad social brindaba servicios sanitarios y un sistema de pensiones a los trabajadores españoles. Se puede decir que el gasto público en pensiones y en el sistema sanitario alcanzó niveles relativamente altos durante el franquismo. Gracias a este mayor
nivel de prestaciones sociales por parte del Gobierno español, los hogares españoles
pudieron tener más dinero para dedicar a la compra de bienes de consumo, y no sólo a
la alimentación y la vivienda, como había sido el caso antes. Durante los diez últimos
años de la dictadura hubo un considerable aumento en la compra de bienes de consumo duraderos, como frigoríficos, lavadoras y en menor escala, automóviles. Tales bienes de consumo duradero fueron el indicador más fiable para entender el bienestar
económico. No obstante, el mayor aumento del consumo en los hogares españoles no
tuvo lugar hasta las décadas de los ochenta y noventa. En mucha mayor medida, la
situación económica del país en los sesenta y setenta se llegó a medir en cuanto a la
mayor proporción de la renta dedicada a la vivienda. Estos indicadores mostraban que
España estaba en pleno desarrollo, y con un cierto nivel de estabilidad social.

No se puede descontar, pues, el efecto que tuvieron los servicios sociales o el "estado del bienestar" en la situación de las familias españolas y como factor de mayor
igualdad social. Este incremento del dinero destinado a los sistemas de protección social tuvo un gran impacto en la situación económica de las familias de rentas más bajas.
Si en 1975 el gasto público en servicios sociales constituía un 24,6% del PIB, diez años
más tarde representaba ya un 42,6%. Este gasto público fue destinado especialmente a
pensiones, educación, salud pública o sanidad y prestaciones por desempleo. Así pues,

las familias de bajos ingresos ya no tenían que preocuparse tanto por los servicios sanitarios y las compensaciones durante la jubilación. En este sentido, el nivel de servicios que estas familias recibirían iba a ser el mismo que el de las de mayor renta.

Esta mayor prosperidad económica tuvo consecuencias en relación al fenómeno de las familias numerosas. Gracias a una nueva y más holgada situación económica que disfrutaron muchas parejas de clase media, se vio un incremento en el número de hijos por familia. La explosión demográfica que se vivió en España en los años sesenta venía propiciada por un lado por varias consignas lanzadas por el Estado y la Iglesia Católica desde los cincuenta, pero en mayor medida, las familias españolas no respondieron a estas consignas ni tuvieron más hijos antes de los años sesenta. En la época, no era raro el ejemplo de familias con una media de tres o cuatro hijos.

SACADO DEL TEXTO: TRANSICIONES DISCURSIVAS

1. Vuelva a leer por encima la primera sección del capítulo y busque oraciones que contengan las siguientes expresiones: *sin embargo, no obstante, por un lado... por otro (lado), de todos modos, en cuanto a, de hecho, en definitiva, por lo tanto, así pues.*

2. Haga una lista de estas oraciones y compare con un compañero para entender mejor el uso de cada una de las expresiones.

3. Clasifiquen las expresiones de la lista en estas categorías:

Contrastar ideas _____
_____
Organizar ideas _____
_____
Referirse a una nueva idea _____
_____
Concluir _____
_____
Introducir consecuencias _____
_____

REPASO DE LAS PREGUNTAS PARA EL ANÁLISIS

Discuta con un compañero como difieren ahora sus respuestas a las preguntas para el análisis con las que dio antes de iniciar la lectura. Comenten sus conclusiones a la clase.

Después, trabajando en parejas, escriban en tres tarjetas tres de las ideas más importantes que han aprendido en esta sección. Coloquen dichas tarjetas en la pizarra, y entre toda la clase, clasifiquen estas ideas en tres conceptos básicos que entre todos deben acordar.

Explosión demográfica

PREGUNTAS PARA EL ANÁLISIS

A continuación se presentarán algunas de las claves necesarias para comprender la explosión demográfica que tuvo lugar en España en los años sesenta y se presenta el concepto de la familia numerosa como un objetivo de la política nacional-católica de Franco. Las preguntas siguientes constituyen una guía para la lectura. Los inicios de respuesta pueden ayudar a practicar un estilo de habla consistente con el tono y estilo de este análisis, y presentan estructuras gramaticales, pero se puede usar fórmulas alternativas si se prefiere. Escriban las respuestas en una tarjeta y entréguenlas a su profesor. Se volverán a revisar después de leer este pasaje.

1. ¿En qué consiste el discurso pronatalista del gobierno franquista? *En el discurso pronatalista se recalcaba que se tuviera... y que las familias debían...*

2. ¿Cuál era el papel de ambos progenitores en este modelo franquista de familia? *Se esperaba que el padre fuera... y que la madre hiciera...*

3. ¿Por qué fracasó el discurso pronatalista de Franco? ¿Qué factor se pasó por alto, es decir, se ignoró? *La política demográfica franquista ignoró que...*

4. ¿Cuál fue la dinámica entre los hermanos que crecieron en familias numerosas? *Mientras que los hermanos mayores tenían... los otros hermanos... Y ambos se vieron obligados a...*

5. ¿Cuál es la tendencia actual de la tasa de natalidad en España? *En la actualidad en España se observa un descenso / aumento...*

En 1962, una de las películas más taquilleras fue *La gran familia*, dirigida por Pedro Masó. Esta comedia de tema navideño presenta a la familia de Carlos Alonso, un aparejador, o dibujante de planos de arquitectura, que vive con su esposa, con sus quince hijos y con el abuelo. Para poder llegar a final de mes y pagar todas las cuentas, Carlos debe practicar el "pluriempleo". Su esperanza para poder sacar adelante a la familia es ganar el Premio Nacional a la Natalidad. La popularidad de la película probablemente tuvo que ver con el hecho de que muchas familias españolas, sin llegar a las cifras extremas de los Alonso, se veían reflejadas en esta familia.

Se puede observar en la película una serie de características comunes a la familia franquista. La madre de la familia todavía es joven, aunque tiene ya quince hijos. Y es que las mujeres solían casarse entre los veinte y veinticuatro años mientras que los hombres lo hacían entre los veinticinco y veintinueve. El matrimonio se consideraba desde la perspectiva del nacional-catolicismo del régimen franquista una medida para la reproducción demográfica, pues se ve como prioritario poblar el país de buenos españoles, y para la reproducción social a través de una serie de funciones de transmisión de los valores patrióticos y católicos. El matrimonio está sometido al derecho canónico, es decir, al derecho de la Iglesia Católica, y no al del código civil. En todo caso, el código civil sigue los dictados del derecho canónico en cuestiones de matrimonio y familia. Esto significa que el matrimonio Alonso no podía divorciarse, ni buscar métodos anticonceptivos para poder controlar el número de hijos que tuvieran. La película nos presenta en clave de humor el caso extremo de una familia de quince hijos, donde la madre abnegada cuida de la familia y no trabaja fuera de casa, y el padre es la sola fuente de ingresos.

Así pues, el ideal de familia propiciado desde el poder es el de la familia numerosa porque este tipo de unidad es la perfecta propaganda del discurso pronatalista que se quiere transmitir. Desde el régimen franquista, como en muchos otros regímenes similares en la Europa de la primera mitad del siglo XX, se ve como un objetivo la propagación de sus ideales a través de una política de incentivos a la natalidad. Desde la retórica del poder se presenta a las familias con poca descendencia como familias que tienen hijos débiles y enfermizos, familias donde los roles de hombre y mujer aparecen subvertidos como consecuencia de una cierta degeneración moral. El contrapunto lo pone la familia numerosa, la cual presenta una imagen amable y bucólica, tal y como se puede apreciar en la película mencionada anteriormente. La familia numerosa fue objeto de una intensa propaganda y protección. La primera ley de régimen de subsidio familiar data del 18 de julio de 1938 y en ella se incluyen préstamos de nupcialidad y premios a familias numerosas. Estos premios se concedían cada 18 de julio. Esta fecha conllevaba una considerable carga simbólica, ya que era el aniversario de la sublevación militar franquista contra el gobierno de la Segunda República. Pero a pesar de los sucesivos intentos del franquismo temprano por elevar la tasa de fecundidad, se puede decir que esta política fue un fracaso ya que no consiguió superar la media de 2,5 hijos por mujer. Uno de los factores que faltaban era el de la prosperidad económica y, como se ha analizado en la sección anterior, esta prosperidad no llegó hasta bien entrada la década de los sesenta.

Según el ideario católico y pronatalista del gobierno de Franco, la familia es el fin vital de toda persona y por lo tanto se convierte en el medio principal para conseguir estatus para el hombre y de importancia vital para la mujer, ya que va a ser el único medio de asegurar su futuro. El reloj biológico del matrimonio está marcado por el ciclo reproductivo, va madurando según van creciendo los hijos y envejece a medida que se quedan solos los progenitores. Por contraste, ser soltera convertía a las mujeres en seres socialmente desarraigados, marginales, culpables de algún defecto físico o psíquico. Se pensaba que una soltera tenía mal carácter, era excesivamente beata, o insolente. Curiosamente, este estereotipo de la imagen de la soltera es muy negativo, pero desde el punto de vista jurídico una soltera tenía una serie de derechos que las mujeres casadas no conocerían jamás sino cuando llegaban a la viudedad, ya que en muchos casos a las solteras se les permitía tener propiedad a su nombre. La única vía socialmente aceptada para la soltería femenina era la reclusión, la nula proyección pública, la religión como la ayuda en las distintas labores de mantenimiento del templo, o el cuidado de los padres ya viejos.

Además de las funciones de reproducción, el modelo de familia franquista que prevalece hasta finales de los setenta requiere que sus miembros adopten también funciones de aculturación para propagar este ideario pronatalista. El padre, como cabeza de familia, es identificado con el jefe de estado, como un agente de poder y conquista sobre su familia y se corresponde con el honrado padre de familia de la pequeña burguesía que esforzadamente atiende a las necesidades materiales de la familia. Por otro lado, la madre es identificada con la tierra, con "la madre patria", tierra ancestral y protectora que ama al jefe de estado y apoya su discurso. Las mujeres forman a los niños e imponen las normas sociales que se canalizan en una dirección rigurosamente determinada: disciplina, esfuerzo y trabajo, valores todos ellos socioeconómicos. El siguiente discurso de Pilar Primo de Rivera, líder franquista y jefa de la Sección Femenina, expresa el papel de aculturación que se concede a las madres de familia:

> Enseñaremos a las mujeres el cuidado de los hijos, porque no tiene perdón que mueran por ignorancia tantos niños que son siervos de Dios y futuros soldados de España. Les enseñaremos también el arreglo de la casa y el gusto por las labores artesanas y por la música. Les infundiremos ese modo de ser que quería José Antonio para todos los españoles para que así ellas cuando tengan hijos, puedan formar a los pequeños en el amor de Dios y en esta manera de ser de la Falange.

Este discurso está divulgado por el organismo rector de la vida de las mujeres en el régimen franquista, y tiene como objetivo definir la conducta femenina dentro de los límites que establece el poder, destacando valores de sometimiento al cabeza de familia y de procreación como principal función de la mujer. Está orientado a producir un efecto directo y reproducir el esquema de poder dentro de la familia y desde allí a toda la sociedad.

Como se ha mencionado antes, el discurso pronatalista de Franco no tuvo el efecto deseado. Al menos no inicialmente, ya que al principio de la dictadura no se dieron las condiciones de prosperidad económica necesarias para una explosión demográfica. Las distintas políticas pronatalistas fracasaron principalmente porque intentaban imponer una lógica campesina de la producción sobre unos valores que cada vez se identificaban más con los urbanos. En una economía campesina los hijos contribuyen de una manera decisiva a la economía familiar pero en la ciudad es el recurso menos accesible ya que los niños entran en un proceso de contribución a la economía familiar más tardíamente que los niños campesinos. La mano de obra asalariada es la piedra angular de la economía familiar. Pero esta edad de trabajar se retarda entre los niños urbanos hasta los catorce o quince años, y por lo tanto, son concebidos más como una carga que como una ayuda a la economía familiar. Hay que tener en cuenta que aunque las familias campesinas tradicionalmente se identificaban con familias más numerosas, el proceso de mecanización y métodos para el aumento de la productividad introdujeron incluso en el campo español unos valores y conductas reproductivas de tipo urbano.

Esto no significa que el discurso pronatalista del régimen franquista no surtiera efecto. Hubo que esperar, no obstante, hasta la década de los sesenta para ver los frutos de dicho discurso y de las consignas católicas. Así pues, en la España de 1970, al finalizar la década en que nacieron los chiripitifláuticos, sobre un censo de nueve millones de hogares, tres millones de ellos tenían más de cinco miembros. Esto significa que un tercio de la población española vivía en una familia numerosa. Para hacernos una idea de esta explosión demográfica, la media de hijos por mujer durante la década de los sesenta fue de casi tres, mientras que en la actualidad es de 1,3. El desarrollo económico de los sesenta que se describe más arriba explica el que las familias tuvieran más hijos no sólo impulsadas por la política de natalidad del gobierno franquista y por las consignas católicas, sino por la nueva prosperidad económica. La de los años sesenta había sido una España en la que se premiaba la natalidad – literalmente. Había incluso un Premio Nacional a la Natalidad que daba cada año un premio en metálico a aquella familia que, de entre un grupo de nominadas, tuviera el mayor número de hijos. Este era un evento que se publicaba en todos los periódicos y del cual se informaba en los telediarios de TVE.

Por supuesto, la utilización de métodos anticonceptivos no existía. Además de no ser legales, su supuesta utilización llevaba implícitas todas las condenas posibles de la Iglesia. En un principio, la familia numerosa la formaban cuatro hijos por familia, y luego descendió a tres. Las familias numerosas tenían un documento de identificación que les servía para obtener descuentos en transportes, universidades y otra variedad de servicios. Por contraste, a los hijos únicos se les consideraba como bichos raros. Los compañeros de clase que no tenían hermanos eran considerados una especie de huérfano social, un paria del grupo de niños con dos o más hermanos.

Como dato anecdótico baste indicar también la envidia con la que se consideraba al hijo único que siempre podía estrenar ropa y libros, en contraste con los hijos de familias numerosas, en las que sólo el primogénito tenía el privilegio de llevar la ropa nueva y abrir por primera vez los libros nuevos al principio del curso. Durante muchos años, fue común heredar libros escolares de los hermanos mayores. Éstos tenían la responsabilidad de cuidarlos pues podían utilizarse hasta tres años. Los libros que podían pasar por las manos de todos los hermanos eran los diccionarios, gramáticas, así como las tablas de física y química. Por esta razón, había el ritual de principios del curso académico cuando se cubrían los libros nuevos con cubiertas de plástico para protegerlos y que duraran para varios hermanos. El consumismo que se vive ahora, la moda de usar y tirar, la fabricación de ropa a precios muy asequibles y que los jóvenes y adolescentes renuevan por sistema cada año es algo que no conocieron los miembros de la generación de la transición. Había una cierta mentalidad transmitida por unos padres que vivieron su infancia en una España que pasaba por uno de sus más oscuros momentos económicos, y donde el ahorro fue la base del desarrollo económico de las familias. Esta generación creció con frases como "apagar las luces", "no dejéis el grifo del agua correr", "cómetelo todo" y las cosas se renovaban cuando estaban realmente gastadas o rotas. A los suéteres se les ponían coderas, los zapatos se llevaban a arreglar al zapatero y se remendaban los calcetines. A veces, la ropa de los hermanos mayores era necesario alterarla para que les sentara bien a los pequeños, pero con frecuencia los hijos de esta generación recuerdan con qué vergüenza llevaban un abrigo o una chaqueta que les quedaban demasiado grandes.

Si el hecho de heredar o compartir fue parte de la dinámica de las familias numerosas, los problemas comenzaron con mayor intensidad en la adolescencia, con los cambios que empezaban a producirse en las formas de vida de estas nuevas generaciones. Estos cambios, como el interés por la música extranjera y formas de entretenimiento que diferían de las de la generación de sus padres, requerían un espacio privado. Pero esto no fue posible. En las casas de la época que no eran especialmente grandes los hermanos y hermanas compartían habitaciones, y normalmente había dos hijos por dormitorio. El problema vino con el desarrollo del niño, al convertirse en adolescente y requerir un espacio vital, que hasta ese momento había sido compartido en armonía pero que ya empezaba a considerarse un espacio propio. Como las habitaciones casi siempre eran compartidas, cada espacio dentro de la habitación se convertía en un reflejo de las personalidades de quienes las habitaban. Se delimitaban estos espacios mediante pósteres, libros, discos y tocadiscos, y todo tipo de objetos personales. Pero la convivencia en estos espacios compartidos y limitados no fue fácil durante la adolescencia y, aún más, durante el periodo de juventud hasta que cada uno de los hijos se casara.

La mayor parte de los hogares de la época están formados por el matrimonio y la descendencia con la presencia esporádica de algún padre o madre de los progenitores. Este fenómeno de los abuelos que se iban a vivir con la familia iría en aumento durante los años sesenta y setenta. Los hogares unipersonales eran escasos, y principalmente estaban formados por personas jóvenes que acababan de encontrar un trabajo en otra ciudad, o personas mayores que se habían quedado viudas. Por lo general, los jóvenes dejaban el hogar para casarse y pocas veces por motivos de trabajo. Los hogares encabezados por mujeres también eran muy escasos y en general eran consecuencia de la muerte temprana del marido. La normativa cultural establecía para la familia franquista que en el hogar estuviera presente un hombre. La inmensa mayoría de las veces la pobreza iba asociada a la viudedad de las mujeres pues había pocas oportunidades en empleo para las mujeres. En ocasiones, estas mujeres viudas que viven en hogares unipersonales se vieron obligadas a obtener inquilinos que alquilaban uno de los cuartos de la casa.

La cantidad de miembros del hogar disminuía a medida que los hijos se casaban y salían de casa. Una vez que los hijos habían abandonado el hogar no retornaban a no ser que fuera por circunstancias excepcionales como cuidar a un progenitor enfermo o por viudedad. Al pasar el tiempo, sin embargo, se producía otro fenómeno de movimiento del centro de hogar de la familia. Cuando uno de los progenitores enviudaba, a menudo se mudaba y se muda todavía a hogares encabezados por uno de sus hijos, y contribuye de este modo al cuidado de los niños. Estos abuelos y abuelas pasan a formar parte de la unidad familiar predominante en la España de finales del franquismo y de la transición a la democracia. Es por esta razón que muchas viviendas españolas cuentan con varias generaciones viviendo bajo un mismo techo.

La España de hoy ha cambiado mucho respecto al tema de la familia numerosa. Si en los años sesenta una familia numerosa era la que tenía cuatro o más hijos, ahora se consideran familias numerosas las que tienen tres o más hijos. En la actualidad hay 1,1 millones de familias numerosas en España, y reciben muchos incentivos y prestaciones,

Varias generaciones con frecuencia viven en un mismo hogar. © Alain M. Urrutia.

tanto del Gobierno como de empresas privadas. Debido a la reciente caída de la tasa de natalidad entre los españoles, el gobierno español se ha visto obligado a estudiar medidas de apoyo a la natalidad, e irónicamente podrían verse obligados a instituir de nuevo el Premio Nacional a la Natalidad tan popular durante el franquismo. Los descuentos que se ofrecen a las familias numerosas ahora se deben considerar como un incentivo para incrementar la tasa de natalidad de los españoles. Así pues, el concepto y la política gubernamental hacia la familia numerosa ha evolucionado en España junto con los cambios sociales y demográficos que se han observado en el país. Se puede afirmar que la generación de los nacidos entre 1960 y 1970, una de las más numerosas de la historia de España, es poco probable que produzca otra generación tan numerosa, a pesar de que ahora estas personas están disfrutando una mayor prosperidad económica de la que disfrutaron sus padres. A continuación, varios miembros de esta generación hablan sobre el tamaño de la familia típica de esa época.

> Somos la familia típica de la época. Cuatro chicas. Fuimos una familia numerosa de "primera categoría" durante la dictadura de Franco. Nos hicimos un carné que nos daba derecho a obtener descuentos en algunas cosas, como la matrícula de algunos centros educativos, pero en realidad, la ayuda no era tanta.
>
> Begoña, 1967, administradora de hospitales

> Somos cuatro hermanos. Creo que éramos una familia estándar. Franco ayudaba a las familias numerosas.
>
> Xoan, 1965, actor y director de escena

SACADO DEL TEXTO: VALORACIONES (REPASO)

- En la sección anterior se ha presentado el discurso pronatalista que propugnó el régimen franquista. Trabajando con un compañero en clase haga una lista de las consignas que defendían una alta tasa de natalidad entre los españoles. Puede usar oraciones sacadas directamente del texto u ofrecer su propia versión de estas ideas. Por ejemplo: *El papel primordial de la mujer es ser madre.*

- El segundo paso de esta actividad es valorar estas declaraciones de la lista anterior, usando expresiones como: *en mi opinión, me parece que, no me parece que, estoy en contra de, no tiene razón en que, dudo que, no dudo que, cabe preguntarse si, por lo que he leído.* Por ejemplo: *No me parece que el papel primordial de la mujer sea exclusivamente el de ser madre,* o, *Cabe preguntarse si el papel primordial de la mujer es ser madre.*

- Reflexionen juntos sobre el uso del subjuntivo o del indicativo expresando opiniones con las expresiones de la lista. ¿Es necesario el subjuntivo siempre que se expresa una opinión o valoración? ¿Con qué expresiones de la lista se debe usar? Presenten los ejemplos que han creado y sus conclusiones a la clase.

REPASO DE LAS PREGUNTAS PARA EL ANÁLISIS

Si escribió las respuestas en una tarjeta, el profesor se la devolverá ahora. Comente con un compañero cómo respondería ahora a estas preguntas y cómo sus respuestas serían diferentes de lo que escribió. Comenten con el grupo lo que han aprendido en esta sección.

Paro y crecimiento económico

PREGUNTAS PARA EL ANÁLISIS

La transición a la democracia en España no sólo significó un cambio en las instituciones de gobierno de este país, sino que también puso sobre la mesa una necesaria reforma en el sistema productivo y financiero del país, es decir, en el modo en que se hacía negocios y se producía dinero. El factor que provocó estos cambios fue una acentuada crisis económica en los años setenta. A continuación, la lectura examinará este proceso, junto con la nueva prosperidad económica que trajo consigo la integración en la Unión Europea. Se propone trabajar con las preguntas siguientes como guía de lectura, pero será necesario volver a ellas para comprobar la comprensión del texto.

1. ¿Por qué razones tuvo la crisis mundial efectos diferentes y especiales en la economía española de los años setenta? *Entre las razones para el fuerte efecto que tuvo la crisis de 1972 en España cabe destacar el hecho de que el sector industrial estuviera...*

2. ¿Cuáles fueron las razones de la insuficiente respuesta a esta crisis por parte del gobierno franquista y del primer gobierno de la transición? *En principio, el último gobierno franquista no supo..., mientras que en el caso del gobierno de la UCD, éste sólo pudo...*

3. ¿Cuál fue la respuesta del primer gobierno socialista a los problemas derivados de esta crisis? ¿Qué sistemas de bienestar estableció el Gobierno? *Recayó en el gobierno de Felipe González la responsabilidad de...*

4. ¿Qué es el paro? ¿Cómo afectó esta preocupación a los miembros de la generación de la transición? *El paro, que significa... hizo que la generación de los nacidos en los sesenta se preocupara por...*

5. ¿En qué se ha basado la nueva prosperidad económica de la que disfruta España en la actualidad? *Factores como... hacen que la economía española haya sido hasta recientemente una de las más robustas de la "zona euro".*

La prosperidad económica que España había experimentado en los sesenta llegó a su fin a principios de los setenta con una crisis de efectos mundiales. Esta situación de crisis tuvo como consecuencia dos fenómenos que marcaron la economía española durante la transición a la democracia: la inflación y el desempleo o paro. Estos dos temas han ocupado la atención de muchos de los gobiernos de la transición e incluso la ocupan en el momento presente, si bien por razones diferentes. La crisis económica estuvo presente desde la transición hasta gran parte del periodo de gobiernos socialistas durante los años ochenta. A principios de 1977 los datos de la economía española mostraban sin lugar a dudas que se encontraba en una situación de depresión, caracterizada por un estancamiento de la actividad productiva: el crecimiento del PIB en 1976 fue de apenas un 1,5%, y fue acompañado por un aumento del paro (más de 800.000 parados) y fuertes niveles de inflación (20%). No fue hasta el primer gobierno socialista de Felipe González cuando se hizo frente a la crisis gracias a la reconversión industrial y al saneamiento financiero del país. Inicialmente se contó con el apoyo de los sindicatos. Más tarde, cuando se empezaba a progresar, el Gobierno cedió en grado excesivo a las reivindicaciones sindicales, lo cual tuvo como consecuencia una nueva crisis. De esta última crisis se salió gracias a la adhesión de España a la Comunidad Europea en 1992. El factor que permitió mantener la estabilidad y el compromiso social que hicieron posible la transición pacífica a la democracia fue la fundación y financiación de un sistema de bienestar que actuó como factor equilibrante de la sociedad.

El fin de la prosperidad económica y el inicio de la crisis económica mundial desde 1972 produjeron una elevación del precio de los productos alimenticios y de las materias primas industriales, a lo que siguió la cuadruplicación de los precios del petróleo. La crisis y la fuerte dependencia exterior de la economía española se presentaron con toda crudeza en un momento en el que el régimen franquista se encontraba agonizando, y por lo tanto con escasa capacidad de reacción. Cuando Franco murió España veía los inicios de una crisis económica que marcaría la política y decisiones gubernamentales de varios de los gobiernos de la transición y que tuvo un marcado efecto en las expectativas profesionales y de empleo de la generación de los nacidos durante los sesenta. En España, ni la política económica ni las empresas respondieron con la flexibilidad necesaria a los nuevos parámetros económicos que siguieron a la subida del precio del petróleo y las materias primas, además de los cambios en la demanda mundial que surgieron en 1973 y 1974. Las razones fueron dobles: por una parte, la economía era proteccionista y se caracterizaba por el intervencionismo estatal. Por ello, el sistema económico nacional no estaba acostumbrado a responder a las fuerzas del mercado. Por otra parte, la crisis económica coincidió con el fin de un régimen político y la transición a otro muy diferente. Como el ajuste a los nuevos parámetros hubiera tenido un alto coste con respecto al desempleo, la debilidad política del Gobierno hacia estos cambios significó la no oposición a las demandas laborales que florecieron tras el largo periodo de silencio impuesto durante el franquismo.

Entre octubre de 1973 y enero de 1974, el precio del petróleo prácticamente se cuadruplicó por causa del embargo parcial de los suministros de petróleo por parte de los países miembros de la OPEP. Años después, entre 1979 y 1980, hubo una segunda subida, esta vez debida a la crisis de rehenes de Irán. El efecto en la economía española fue similar al de otros países: una caída de la producción industrial y aumento del desempleo, acompañados por un aumento de la inflación. Este fenómeno se conoce como "estanflación". La economía española, que dependía en gran medida del exterior tanto en materias primas como para la venta de sus productos, sufrió estos efectos con menos resortes de defensa. El régimen franquista, ya agonizante en esa época, apenas si pudo reaccionar. De hecho, empeoró más la situación al establecer una política de subvenciones y de reducciones fiscales para compensar el alza de los precios del petróleo. La forma en que España reaccionó a la crisis demuestra un intento paternalista por parte del gobierno de ocultar la cruda realidad económica de los ciudadanos. En el caso del primer gobierno de la transición, éste tenía otras prioridades, como la de construir una democracia. Sin embargo, no tuvo más remedio que reaccionar con una serie de medidas que se conocen como los Acuerdos de la Moncloa de 1977.

Además, la crisis mundial ya a finales de los años setenta tuvo en España un efecto diferente al del resto de los países de Europa. La peor situación de partida antes de la crisis, el tratamiento inicial del empobrecimiento exterior impuesto por la relación real de la balanza comercial, junto con los tímidos y tardíos programas de reestructuración de los varios sectores industriales que necesitaban un importante ajuste, constituyen factores que empeoraron la situación y que se vieron reflejados en los resultados de la economía española de parte de la década siguiente. Por ejemplo, la dramática subida del precio del petróleo no tuvo como consecuencia el natural aumento del precio de los productos derivados ni la adaptación de la industria a las nuevas condiciones del mercado. Hay que tener en cuenta que la industria española era particularmente sensible a la nueva situación económica porque consumía una gran cantidad de petróleo; éste había reemplazado al carbón en los años sesenta como principal fuente de energía en el creciente sector secundario. Además, los trabajadores no aceptaron las moderaciones de salario que debían haberse aplicado para afrontar la caída en la producción. Así pues, los primeros años de la democracia se vieron llenos de protestas y huelgas sectoriales protagonizadas por los recién legalizados sindicatos, y por trabajadores que se negaban a perder el nivel de compensación que habían tenido hasta ese momento. Por sectores, la industria fue especialmente afectada por la caída de la demanda mundial de acero e industria naviera, y se descubrió que España era menos competitiva que los nuevos países industrializados del sudeste asiático en el sector de la industria textil y del calzado.

Entre las consecuencias de esta situación de la industria se puede señalar un notable aumento en el déficit público durante la transición. El régimen franquista se había dedicado a mantener de modo artificial los precios interiores de los productos derivados del petróleo y a dar subsidios a las empresas para compensar sus pérdidas. Esto no pudo parar la dramática caída de los beneficios comerciales, como consecuencia del crecimiento de los salarios, mucho más elevado que el crecimiento del valor productivo del trabajo. Ya se ha mencionado que los trabajadores no estaban dispuestos a ver reducidos sus salarios para responder a esta nueva situación. Como consecuencia de la disminución de los beneficios empresariales y de unas expectativas menos optimistas para el futuro, se contrajo la inversión en nuevas empresas, lo cual tuvo un efecto adverso en la generación de empleo. El déficit público no se financió de un modo razonable ni conservador, sino que se apeló al Banco de España para sacar una mayor cantidad de dinero al mercado. Esto tuvo como consecuencia una fuerte tendencia inflacionista con la que España se inició en el proceso de cambio político.

Con la llegada de la democracia no cambiaron estos procesos con la rapidez que se hubiera deseado. En gran medida, el proceso de adaptación a la nueva situación económica y de resolución de las lacras que sufría desde el franquismo se vio ralentizado por unos sindicatos que ejercieron una gran presión sobre el gobierno y que a veces le dieron poca capacidad de maniobra. Durante los años ochenta hubo varias huelgas generales que paralizaron el país. Ante estas condiciones de inestabilidad en la productividad, se redujo también la confianza de los inversores extranjeros en la economía española. Entonces, con una falta de inversión por parte de los empresarios nacionales, una falta de confianza de los inversores extranjeros, y un gobierno que no estaba en condiciones de seguir inyectando dinero en la economía, apareció lo que se convirtió en una de las mayores preocupaciones del español medio: el paro o desempleo. Perder el puesto de trabajo era una pesadilla para muchos españoles que sabían que no podrían encontrar otro en mucho tiempo. También fue tema de preocupación para muchos chiripitifláuticos que se incorporaron al mercado laboral en los años ochenta, en pleno periodo de reconversión industrial y de reestructuración de la economía nacional. Todo esto tuvo consecuencias para las familias españolas, muchas de las cuales tenían una media de tres hijos. Por un lado, el paro se convirtió en uno de los grandes problemas de la sociedad española – en algún momento llegó a alcanzar el 20% de la población activa. Como consecuencia de esta situación de paro, los chicos de la generación de los chiripitifláuticos crecieron obsesionados por tener una "profesión con salidas", o una carrera profesional inmune a los caprichos de la economía. Doctores y abogados eran las profesiones consideradas "a prueba de paro". Por otro lado, durante la niñez de esta generación, y debido a las limitaciones de la economía familiar, se vio obligada a aprender a demorar la satisfacción del deseo, y a compartir con los hermanos.

En este contexto de crudeza de las condiciones económicas, el primer gobierno de la democracia inició conversaciones para lograr un consenso sobre una política de ajuste en materia económica. Se veía en la economía uno de los principales factores que podrían contribuir al éxito del proyecto democrático. Estas conversaciones tuvieron como resultado un documento conocido como los Acuerdos de la Moncloa de 1977. En él, los diferentes partidos se expresan de acuerdo en cuanto al diagnóstico de los factores que explicaban la crisis económica. También se declaraba que los costes derivados de la recuperación serían soportados equitativamente por los diferentes grupos sociales – trabajadores, empresarios, y Estado. Se adoptaban una serie de políticas monetarias destinadas a aminorar la inflación, reducir el paro y mejorar la balanza de pagos. Por ejemplo, se establecía que se asegurarían medidas para una prestación de un seguro de desempleo y un tratamiento prioritario para las medidas de creación de empleo. Se manifestaba el compromiso del gobierno para controlar el gasto público, la especulación de los precios de la propiedad y las relaciones laborales. Finalmente, otro de los elementos fundamentales de estos acuerdos fue la consolidación de las instituciones para un estado de bienestar, con una especial atención a medidas para la redistribución de la renta. Dentro de un marco de control, el gasto público se destinaba al seguro de desempleo, las pensiones, la seguridad social sanitaria y prestaciones farmacéuticas, así como la educación.

La reconocida necesidad de consolidar los servicios ofrecidos por un estado de bienestar se vio reflejada en una serie de leyes destinadas a proteger a aquellos sectores más desprotegidos de la población. Por ejemplo, en 1986 se aprobó la Ley General de Sanidad que gobernaba los servicios universales en el sistema sanitario de atención médica y hospitalaria y que permitía llegar a los niveles de "universalidad" establecidos en la Constitución de 1978. Este mayor compromiso con la ecualización de la sociedad española en cuanto al nivel de servicios que recibían sus ciudadanos independientemente de su renta fue una de las piezas angulares de la nueva democracia. El proceso de ecualización de la sociedad española no careció de tensiones, pues incluso hasta 1987 se produjeron huelgas y protestas entre los profesionales de la salud que se oponían a un sistema que regulaba su trabajo, e incluso entre los estudiantes y los profesores que se oponían a sucesivas versiones de las leyes de reforma educativa. En cuanto a las pensiones, el gasto público siguió creciendo con los primeros gobiernos socialistas, pero curiosamente por debajo de los niveles que se habían observado en los años sesenta. Otras leyes que también contribuyeron a consolidar este "estado de bienestar" fueron la Ley Básica de Empleo de 1980, la Ley de Protección por Desempleo de 1984, o la misma Ley de Reforma Agraria de 1983.

Por otro lado, la mayor parte de la tarea de la reestructuración de la economía nacional y la solución al problema del paro le correspondió al gobierno del PSOE (Partido Socialista Obrero Español), que inicialmente contaba con el apoyo de los sindicatos. El gobierno de los primeros años de la democracia, liderado por la UCD, tuvo como objetivo detener el desempleo, iniciar la reconversión industrial en los sectores del acero y de electrodomésticos, moderar los salarios e iniciar las conversaciones para la integración de España en la Comunidad Europea. Estos objetivos no se lograron debido a la difícil situación política y a la oposición sindical. Hay que reconocer que la meta principal de los primeros gobiernos encabezados por UCD fue la consolidación del sistema democrático. Los sucesivos gobiernos socialistas, en el poder entre 1982 y 1992, tuvieron que encargarse de todas las mencionadas reformas económicas. En este sentido, el primer gobierno de Felipe González contó con el apoyo de los sindicatos. En España, estos sindicatos estaban en un cierto modo unidos a los partidos políticos, especialmente los de izquierdas. Los dos sindicatos principales eran UGT (Unión General de Trabajadores, de carácter socialista) y CC.OO. (Comisiones Obreras, vinculado al partido comunista). Al llegar al poder el partido socialista, hubo un momento de euforia en ambos sindicatos, los cuales dieron al Gobierno carta blanca inicialmente para realizar varios cambios necesarios, como por ejemplo la flexibilización del mercado de trabajo.

El gobierno de Felipe González acometió estos cambios instaurando una política económica de mercado libre con el liderazgo de Miguel Boyer al frente del Ministerio de Economía. El gobierno socialista estaba preocupado por el débil crecimiento económico, por una inflación cercana al 17%, por un sector exterior desequilibrado, y por un incremento de déficit público. Así, desde 1982 hasta 1985, el gobierno inició una serie de saneamientos como la devaluación de la peseta, y aprobó un aumento de los precios de los carburantes. También se eliminó las intervenciones proteccionistas en el sector agrario, se inició la reconversión industrial y, en general, se acometió la liberalización de la economía que gobiernos del tardo-franquismo sólo habían realizado tímidamente. Durante esta época se perdieron medio millón de puestos de trabajo, en parte debido al proceso de reconversión industrial.

Este proceso de reconversión estuvo en la mente de mucha gente que lo veía como el culpable de las precarias condiciones de los puestos de trabajo en el periodo de la transición. Sin embargo, la reconversión industrial no significó necesariamente la eliminación de trabajos. Ello dependía de los sectores de los que se tratara. Por ejemplo, sí que se redujo el sector siderometalúrgico y el de construcción naval, pues en estos casos había caído la demanda de los productos españoles por sus precios poco competitivos. En el caso de los aceros especiales, se trató de reducir costos, y en el sector de los electrodomésticos, el objetivo fue mejorar la competitividad internacional. Una de las condiciones impuestas por los sindicatos en este proceso de reconversión fue la de la cobertura de los trabajadores con los fondos de promoción, junto con medidas de jubilación anticipada, todas ellas destinadas a proteger al trabajador. Para ayudar en este proceso, se contaba con los Fondos de Promoción de Empleo a los que contribuían los propios trabajadores y las empresas. Estos fondos se destinaban a programas para encontrar empleos a nuevos trabajadores y recolocar a quienes habían perdido su puesto de trabajo. Se intentaba, además, ayudar a la creación de pequeñas y medianas empresas con una serie de incentivos fiscales y de financiación a largo plazo.

Como consecuencia de estas medidas, entre 1986 y 1991 la economía española volvió a entrar en una etapa de crecimiento por la recuperación de la demanda interna y por el entorno internacional favorable. Volvió un crecimiento espectacular de la construcción, así como del sector de servicios. Y se inició el proceso de ingreso de España en la Comunidad Europea. Tras la incorporación a la misma en 1992, y tras una breve pero dramática crisis económica, España reanudó el proceso ascendente de su economía. Se repetía el despegue económico observado en los años sesenta.

La breve pero intensa crisis económica de 1992, provocada esta vez por procesos de carácter internacional, también tuvo como resultado en la contratación de nuevos trabajadores y en la pérdida de puestos de trabajo. Pero en 1992 la situación de la economía española era muy diferente que en 1982 o 1972. Para explicarlo muy brevemente, la economía española se había internacionalizado. La economía se ha visto más expuesta a la competencia exterior debido al corte de tarifas y a la desaparición de otras fronteras comerciales con la UE (Unión Europea), pero al mismo tiempo existían más oportunidades para las exportaciones españolas. Inicialmente, España también se benefició de la aportación de capital de la UE, lo que contribuyó a acortar la crisis de 1992. Sin embargo, las aportaciones de capital de la UE, que han contribuido significativamente al crecimiento económico español desde la incorporación a la Comunidad Económica Europea, como se la conocía en 1992, han comenzado a decrecer considerablemente en estos últimos años, debido a los efectos de la ampliación de la Unión. Por ejemplo, los fondos agrícolas de la UE (PAC) se reparten entre más países, entre los cuales se encuentran los países incorporados del este de Europa que tienen un sector agrícola significativo.

El futuro crecimiento de España no sólo estará supeditado a la capacidad de integrar su economía con la del resto de países miembros de la UE y de mantener su competitividad, sino también a su capacidad para navegar las nuevas aguas de la globalización. Esto ya lo están intentando muchas empresas españolas que, lejos de depender de inversiones extranjeras, son ellas ahora las que invierten en otros mercados emergentes, como el de Latinoamérica. Este es el caso, por ejemplo, de instituciones financieras como el Banco de Santander, o el Banco Bilbao Vizcaya Argentaria, o empresas de telecomunicaciones como Telefónica. Hasta bien recientemente, la economía española ha sido una de las economías de crecimiento más robusto de toda la "zona euro". Parte del espectacular crecimiento económico español de los últimos quince años se puede explicar por un aumento de la confianza de los consumidores y un aumento del consumo privado, aunque este crecimiento haya sido menor en los últimos años. A este crecimiento ha contribuido también una explosión en el sector de la vivienda de nueva construcción que, en base a una mayor confianza del consumidor, ha logrado vender una gran cantidad de apartamentos a parejas jóvenes e incluso a los inmigrantes más establecidos. La flexibilización del mercado laboral, junto con la llegada de inmigrantes que han contribuido a aumentar la productividad y competitividad tanto del sector industrial como de los sectores agrario y de servicios, ha tenido como resultado un crecimiento económico que colocaba a España en el quinto lugar en la EU, y en octavo lugar en el mundo. Mantener este nivel de crecimiento dependerá de cómo se resuelvan en España el aumento del precio de carburantes, los efectos de la crisis financiera internacional, y el alto precio del euro que dificulta las exportaciones. Tiene de su lado el hecho de que cuenta con el mercado de la zona euro para vender sus productos, y que puede aprovechar también unas ventajosas relaciones con el mercado Latinoamericano.

Pero el paro sigue siendo un problema para los españoles; en 2005 la tasa de desempleo fue del 8,5%, lo cual representa una mejora con respecto a niveles anteriores. Una encuesta realizada por el CIS (Centro de Investigaciones Sociológicas) en 2006 muestra que el paro, seguido de la inmigración, la inseguridad ciudadana y el terrorismo, es el principal problema desde la perspectiva de un 43,2% de los españoles encuestados.

En este marco de un espectacular crecimiento económico, cabría esperar una nueva explosión demográfica. Sin embargo, ésta no se ha producido. De hecho, en años recientes se llegó incluso al crecimiento cero de la población, con una de las tasas de natalidad más bajas de la UE. El crecimiento de la tasa de natalidad que se ha producido en los últimos cinco años estaba más relacionado con nacimientos de madres inmigrantes. Aun con los nacimientos de hijos de inmigrantes, la tendencia demográfica española estaba muy por debajo de niveles deseados. Esta tendencia sólo ha dado la vuelta en el último año, quizás como resultado de una serie de medidas gubernamentales que en el otoño de 2007 concluyeron con la de 2.500 euros por cada hijo nacido sea cual sea el nivel de ingresos de la familia. España necesita incrementar su tasa de natalidad y el aporte de la inmigración no es suficiente para recuperar los treinta años de descenso del número de nacimientos, el cual llegó a su tasa más baja en 1996, con una media de 1,6 hijos por mujer. Parte de las razones de esta situación se pueden encontrar en los enormes cambios que se han visto en el papel de la mujer en la sociedad española que han hecho que tenga que elegir entre tener una carrera y tener (menos) hijos más tarde, o repetir los modelos de la generación de sus madres.

SACADO DEL TEXTO: DESCRIPCIONES DE LO INDETERMINADO (REPASO)

En el pasaje que acaba de leer se hace referencia a una serie de reformas acometidas por los gobiernos de la transición, tanto con los Acuerdos de la Moncloa, como con las medidas del gobierno socialista de Felipe González.

- ¿Qué tipo de economía y de sociedad buscaban los gobiernos de la transición? Considere al menos cinco cosas que se buscaban, y compare sus respuestas con las del resto de la clase.

- Considere este ejemplo y siga el modelo para expresar los objetivos del gobierno: *El gobierno buscaba establecer una economía que tuviera industrias competitivas en el exterior. Buscaba soluciones que satisficieran a todos los participantes en la democracia.* Escriban estas oraciones en la pizarra.

- Trabajando en grupos, reflexionen juntos sobre si han usado más los verbos en subjuntivo, y sobre la razón de este uso. Piense en la alternativa: ¿Hubiera sido correcto describir estas medidas de reforma con verbos en indicativo? ¿Por qué sí o por qué no? ¿Se conocían exactamente cuáles eran las posibles medidas de reforma? ¿Se podían identificar con precisión? Presenten sus conclusiones a la clase.

REPASO DE LAS PREGUNTAS PARA EL ANÁLISIS

Se divide la clase en tantos grupos como preguntas para el análisis. Cada grupo es responsable de responder a una de las preguntas. En pósteres que se colocan en la pared por toda la clase, cada grupo escribe su respuesta. El resto de los grupos circulan de póster en póster, en sentido de las agujas del reloj, haciendo las correcciones que consideren necesarias. Al final, el grupo original presenta su respuesta a la clase.

Mujer, trabajo y familia

PREGUNTAS PARA EL ANÁLISIS

Antes de leer el siguiente pasaje sobre cómo han cambiado las expectativas para la mujer española desde el tardo-franquismo hasta la actualidad, considere estas preguntas a modo de guía. No es necesario que tenga una respuesta para ellas, pues se volverán a considerar tras completar la lectura de esta sección:

1. ¿Cuáles eran las consignas del nacional-catolicismo que sobre el rol de la mujer divulgó e implantó la Sección Femenina del franquismo? *La Sección Femenina exigía que las mujeres fueran...*

2. ¿Qué significó para las mujeres la Ley General de Educación de 1970? ¿Fueron los cambios tan rápidos? *La Ley de 1970 hizo posible que muchas españolas accedieran...*

3. ¿Ha cambiado la nueva legislación de la democracia la situación de las mujeres en la sociedad española? *La aprobación de legislación destinada a dotar de igualdad de derechos a las mujeres ha tenido como consecuencia que las mujeres puedan...*

4. Explique la relación entre la incorporación de la mujer al mundo laboral y el descenso de la tasa de natalidad en España. *El hecho de que la española media haya entrado en muchos ámbitos de trabajo antes reservados al hombre hace que ahora pueda...*

Las mujeres protagonizaron en España, desde los últimos años del franquismo hasta los años de la transición, uno de los cambios sociales de mayor importancia. No sólo estuvo el hecho de que se incorporaron al mundo laboral, sino que este trabajo dejó de ser en el área de servicio personal (servicio doméstico, particularmente), y pasó a ser en el área de servicios de administración, sanidad, educación y, como algo completamente nuevo, en la industria. También desde 1965 se produjeron cambios en los roles sexuales y fueron acompañados de reformas legislativas que trataron de paliar las desigualdades por razones de sexo. Uno de los cambios que tuvo una mayor repercusión fue la Ley General de Educación de 1970, que permitía la coeducación de niños y niñas. Esto tuvo como consecuencia el que las mujeres entraran en todos los niveles educativos al igual que los hombres, y que su preparación para el mundo laboral fuera mejor. Más tarde, la constitución hablaba ya en términos claros de la "igualdad entre los sexos". Y en 1980, el Estatuto de los Trabajadores establecía que estos no podían ser discriminados por razones de sexo. Finalmente, en 1981, las mujeres tenían los mismos derechos que los hombres en cuanto a la administración de su propiedad, así como el derecho al divorcio. Todos estos cambios tuvieron lugar en un periodo de apenas seis años. Una mujer con mayores posibilidades laborales y sin la necesidad de depender de su padre ni de su marido para poder administrar su dinero, podía demorar el matrimonio y, con ello, la edad para tener su primer hijo. Una de las consecuencias de estos cambios fue el descenso del número de familias numerosas. Crecer en una familia numerosa con tres o más hermanos fue la experiencia exclusiva de la generación de los chiripitifláuticos y no volvería a repetirse.

En la sociedad del franquismo, si se observa la distribución de la población activa / inactiva por sexos, la proporción de población femenina inactiva aumentó de una manera apreciable a medida que los distintos modos de producción económica fueron haciéndose más robustos. Esto ocurrió a pesar de que el nivel de educación de las mujeres aumentó sólo en la última parte del régimen. Por otro lado, esta mayor preparación formal no se correspondió inicialmente con la realización de una actividad económica remunerada en una carrera profesional al estilo de hoy. La mujer de clase media en la ciudad realizaba trabajo económico remunerado desde la adolescencia hasta que contraía matrimonio, y es a partir de ese momento cuando se dedicaba al cuidado del hogar y de los hijos y abandonaba su antigua ocupación, fuera en el campo que fuera. Se esperaba que abandonara cualquier ocupación en beneficio de su marido, encargado de mantener a la familia y contribuir a su sustento. Socialmente se consideraba que una mujer casada debía dedicarse al cuidado de los demás. Cualquier tipo de proyección en el exterior hubiera atentado contra el rol del hombre como jefe y sustento de familia. La única profesión aceptable que se podía indicar en el documento nacional de identidad de una mujer era la resumida en "sus labores" o S.L. en su abreviatura. Estas fueron dos letras que aparecieron como clasificación de la ocupación de muchas mujeres en España, especialmente entre las hijas de la Guerra Civil.

En esta serie de expectativas sobre el rol de la mujer en el franquismo tuvo una especial influencia el trabajo de la Sección Femenina, la organización franquista encargada de la formación y adoctrinamiento de las mujeres durante gran parte del régimen. Esta organización, de signo católico, se encargó de divulgar las consignas sobre el comportamiento femenino que adoptó el régimen, inspiradas por un ideario nacional-católico. Las consignas que se divulgaban trataban de todo tipo de temas de moral personal, los cuales combinaban un estricto acatamiento de las normas católicas de decoro con una atención a la higiene y al mantenimiento de un cuerpo sano y robusto gracias al ejercicio. Todo ello, sin la compañía de hombres, ya que la coeducación estuvo estrictamente prohibida. La Sección Femenina se dedicó a la formación del espíritu religioso de las españolas y a la exaltación de sus deberes familiares en un sistema educativo que, como se ha indicado en un capítulo anterior, estaba altamente ideologizado. La educación de las mujeres en esta época, inspirada en principios medievales, estaba supeditada a la meta de impregnar las formas educativas con un espíritu cristiano, y a enseñar a las niñas las labores que se consideraban propias de su género. Entre estas labores se incluía la del manejo del hogar y asignaturas como labores de punto, puericultura, lavado, planchado y economía doméstica. La niña tenía que mirar al hogar, mientras que el niño miraba al mundo. A pesar de todas estas metas educativas que se impuso el franquismo, no se pudo solucionar el problema de la baja escolarización de las mujeres, la alta tasa de analfabetismo, y una presencia casi nula de las mismas en la enseñanza profesional y universitaria.

Todo este sistema educativo, dirigido por la Iglesia y coordinado también por la Sección Femenina, respondía a una concepción de la mujer que giraba en torno al principio de la maternidad. Esto incluía también la educación física. En una de las consignas que aparecieron en las publicaciones de la Sección Femenina se podía leer: "La higiene, la gimnasia y el deporte hacen de cada una de nosotras esa mujer sana y limpia moralmente que el Estado quiere para madre de sus hombres del porvenir." Se recalcaba constantemente un modelo determinado de mujer: la mujer madre. Los estudios que emprendieron muchas mujeres dentro de la Sección Femenina iban destinados a mejorar la maternidad y la crianza de los niños. Pero la mujer no era ni dueña de su maternidad pues apenas tenía derecho a la propiedad y mucho menos a la patria potestad de los hijos, ni el derecho a decidir cuántos quería tener. Este dato no cambiaría hasta bien entrada la democracia, con una serie de reformas legales acometidas en 1981. En este contexto, el trabajo femenino se consideraba pernicioso para la familia y su descendencia.

El gran cambio en este sistema vendría propiciado por el propio régimen franquista que en 1970 decretó la Ley General de Educación. Esta reforma de 1970 abre la posibilidad de una escuela unificada y de acceso igual a todos, de acuerdo con méritos personales y no en función del sexo ni del origen social. Esta ley intenta responder, con un incremento en la educación femenina, a las necesidades del mercado de trabajo. En la práctica, no obstante, se mantiene la idea de que la función de la mujer casada está en su hogar. Esto hace poco rentable para las familias invertir en la educación femenina, pues se entiende que al final las mujeres terminarán trabajando en casa para el marido y los hijos.

Pero los cambios llegaron poco a poco, especialmente para la generación de la transición a la democracia. Por ejemplo, mientras que en 1960 había sólo 22.000 mujeres matriculadas en la universidad, en 1977 había ya 261.000. El aumento de la matriculación de mujeres en la universidad ha sido impresionante, pero su elección de estudios es todavía objeto de análisis. Las nacidas entre 1960 y 1970 se decidieron por aquellos estudios que daban acceso a carreras profesionales consideradas "femeninas" como por ejemplo Filosofía y Ciencias de la Educación, Filología, Geografía e Historia, a las que seguían en popularidad, Derecho y Medicina. Se observaba una presencia minoritaria de mujeres en las carreras técnicas, como Ingeniería y Arquitectura. Si bien no se puede hablar de discriminación en la universidad, esta disparidad en la distribución de estudios se podía deber a una discriminación interiorizada que se confirmaba una vez que las mujeres accedían al mercado laboral. En realidad, la posible discriminación que pudiera existir se debe a una marcada diferencia de roles que todavía existe en la sociedad española y que se perpetúa en el seno de la familia. Pero los datos de incorporación de la mujer a una multitud de sectores de producción revelan que esta educación la prepara de igual manera que a los hombres. La educación se ha convertido en el vehículo que ha permitido a la mujer incorporarse a la vida social en términos de igualdad. Esto ha tenido repercusiones en el modelo típico de la familia española.

Es difícil afirmar si las mujeres trabajan porque tienen menos hijos, o si tienen menos hijos porque trabajan. En el caso de España, se puede observar que ambos fenómenos se presentan juntos. En 1979, la tasa de participación de la mujer en el mundo laboral se estimaba en un 28% de la población activa. Durante los años siguientes, se produce un paulatino incremento, debido quizás a la necesidad de suplementar los ingresos familiares en una situación de penuria económica provocada por las crisis económicas descritas anteriormente. Esta mayor participación de la mujer en la población activa le convierte en sujeto de derechos que antes no tenía, y le confiere un poder de consumo del que también carecía. A este incremento de la tasa de actividad femenina, se une una caída considerable en los índices de fecundidad. Las mujeres españolas cursan ahora más años de estudios, se casan más tarde – supeditado como está el matrimonio en muchos casos a la compra de la vivienda –, y posponen el nacimiento de su primer hijo, decisión que se puede tomar gracias al uso de métodos anticonceptivos que se hicieron legales con la llegada de la democracia. Y lo cierto es que se ha experimentado un descenso considerable en la tasa de natalidad, hasta alcanzar su punto más bajo en 1996.

Estos procesos han venido acompañados de un cambio en la actitud de los españoles frente a las nuevas formas de vida de los jóvenes, la imagen del matrimonio como institución, la posición con respecto a la indisolubilidad del mismo, o las opiniones sobre cohabitación. Sin embargo, también apuntan los sociólogos que los valores que rigen las relaciones de pareja no han cambiado tanto en cuanto a la diferenciación de roles según el sexo, o determinadas actitudes ante la sexualidad.

Todas estas consideraciones nos dibujan un panorama de la situación de la mujer española muy diferente del que veía la generación de las hijas de la Guerra Civil. El cambio es considerable en cuanto a educación, imagen de la mujer como madre versus mujer como participante activa en la sociedad, y en cuanto al número de hijos que decide tener. A modo de ejemplo basten algunas respuestas de miembros de la generación de la transición a la pregunta sobre los cambios que han observado en el rol social y profesional de la mujer española en los últimos treinta años.

> Sí, [ha traído] muchísimos [cambios], empezando por la educación. Hoy hay muchas más mujeres con carrera universitaria que antes y como consecuencia el papel de la mujer en el mundo laboral ha mejorado. Ahora hay altos cargos, en instituciones y empresas, ocupados por mujeres: ejecutivas, ministras, arquitectas, ingenieras, doctoras, abogadas; antes ni siquiera existían los [nombres] femeninos de algunas de estas profesiones, ¡imagínate si ha cambiado!
>
> Mercedes, 1960, profesora de universidad

> En este aspecto soy en general pesimista ya que la mujer no se ha desprendido de su lastre cultural aunque haya incorporado planteamientos más "modernos". Sigue siendo ella la encargada y responsable principal de criar la prole.
>
> Begoña, 1967, administradora de hospital

> Evidentemente sí [he visto cambios en el papel social de la mujer], aunque todavía me sorprende cómo mucha gente de mi edad, tanto hombres como mujeres, tiende a reproducir modelos de familia y de conducta propios de hace cuarenta años: uniones matrimoniales "a la antigua usanza", reparto "tradicional" de papeles, etc.
>
> Joxemari, 1970, profesor de matemáticas

> Ahora las mujeres están donde deberían estar. Sus luchas y demandas ya no son consideradas como cosas de "feministas exaltadas", como era habitual en la época.
>
> Xoan, 1965, actor y director de escena

ACTIVIDADES DE PRELECTURA

La siguiente lectura es un artículo de opinión de la escritora y periodista catalana Empar Moliner, quien también nació durante la década de los sesenta. En él, explica su posición sobre el supuesto beneficio que representa para la mujer trabajar fuera de casa. Antes de leerlo con atención, mírelo por encima rápidamente e identifique el tono del mismo.

¿Qué tono tiene este artículo? ¿Académico y típico de las ciencias sociales? ¿Informal y coloquial? ¿Periodístico pero personal? Justifique su respuesta y compárela con la de otro compañero de clase.

Responda a estas preguntas antes de leer el texto y vuelva a examinarlas tras su lectura. ¿Cuántas ha acertado? Comente con la clase.

- ¿Qué significa "liberación femenina" para la autora?

- ¿Cómo han cambiado los papeles de las amas de casa de ahora con respecto a la generación de sus madres?

- ¿Qué es más importante para la autora, la liberación femenina, o la capacidad de elegir?

- ¿Cómo se puede aplicar esta concepción al hombre?

Liberación femenina

Empar Moliner

El País – 19/05/2008

Leo una noticia de la agencia Efe en la que explican que, según un estudio, "muchas mujeres prefieren quedarse en casa porque no ven la posibilidad de cumplir sus expectativas laborales".

El estudio es de la Fundación CIREM

(Centro de Iniciativas e Investigaciones Europeas en el Mediterráneo). La noticia indica: "La automarginación laboral de estas mujeres cuesta 1,000 millones de euros anuales y supone el 0,5% del PIB catalán de 2006." Esta cifra es el resultado de multiplicar el número de las mujeres que prefieren quedarse en casa (que son 32.000) por el salario medio de una directiva o profesional, que evalúan en 30.000 euros. Y me parece algo arbitraria. Es como si yo calculase el número de hijos que no tendré – por ejemplo, cinco – y calculase el dinero que dejarán de ingresar en la Seguridad Social. No es mentira, pero tampoco es del todo verdad. En el estudio revelan también que aunque las mujeres están mejor formadas que nunca, siguen teniendo una presencia muy baja en cargos directivos.

Creo, con perdón, que hay muchos hombres que preferirían quedarse también en casa por la misma razón, porque no les pagan de acuerdo con sus estudios o expectativas, y sin embargo no lo hacen porque quienes podemos elegir hacerlo – para lo bueno y para lo malo – somos las mujeres. Somos pocas las personas que podemos elegir el trabajo que queremos.

Yo soy una de estas personas. Me pagan por mis distintas labores – escribir aquí, por ejemplo – y estoy contentísima por ello. Pero creo que sería feliz no trabajando "fuera de casa". No me gusta limpiar y sí me gusta mi profesión – escribir –, pero seguramente preferiría ser ama de casa que ser cajera. Creo que sería más feliz haciendo la comida y limpiando que cobrando en un súper, sobre todo porque las amas de casa de hoy no son las de antes, mujeres con seis hijos, como mi madre, que no tenían ni una hora libre. Las amas de casa de hoy también van al gimnasio y a la peluquería. No es que crea que esto es la panacea de la felicidad, pero creo, con el corazón en la mano, que prefiero ser ama de casa – con las cosas pesadas que comporta, como fregar el suelo o las ventanas, y con las buenas, como poder leer un libro a media mañana – que ser empleada de según quién. Lo peor de ser ama de casa supongo que es no disponer de dinero propio, pero es que los hombres de hoy tampoco son los de antes. Quiero decir que si un hombre le niega el dinero a su señora ama de casa, también le controlaría los gastos si fuese pescadera.

Diría que nos han engañado. Entiendo lo de la liberación femenina y lo de tener un salario propio. Entiendo que hay que poder elegir. Y me duele que no haya más mujeres dirigiendo este periódico. Pero cuando me pregunto si quiero ser una de ellas me digo que no. Para mí la felicidad laboral es no mandar y que no te manden. No quiero ser jefa. No me va. Y a lo mejor a muchas mujeres les pasa lo mismo que a mí.

Un día no muy lejano nos habremos liberado. Trabajaremos fuera de casa y nuestros novios – con permiso de paternidad – cuidarán de la casa y de los niños. Y entonces haremos otra revolución porque comprenderemos que los que están bien son ellos.

SACADO DEL TEXTO: JERGA Y ESTILO

En esta última sección del capítulo han aparecido varios conceptos comprensibles principalmente en el contexto del tema de la nueva situación de la mujer. Para asegurarnos de su comprensión, conecte los conceptos en cuestión, que aparecen en la columna de la izquierda, con su explicación en la columna de la derecha. Compare después sus soluciones con las del resto de la clase.

criar la prole	no tener que pedir nada al marido para gastos propios ni de la casa
automarginación laboral	
cargos directivos	trabajar como cajera en una tienda de alimentación
ama de casa	ocupación en la que una persona se responsabiliza del manejo del hogar y la familia
disponer de dinero propio	
cobrar en un súper	ocuparse de que los hijos crezcan bien, de su alimentación, cuidados y bienestar
	ocupación en la que una persona se responsabiliza del manejo de una empresa o institución
	decisión propia de abandonar el ámbito del trabajo principalmente por desilusión ante las oportunidades

REPASO DE LAS PREGUNTAS PARA EL ANÁLISIS

Tras haber leído esta sección, se trata de repasar las respuestas que dio usted a las preguntas para el análisis. Trabajando en parejas, comparen primero las respuestas que darían ahora a esas preguntas. Preparen después un breve informe para el resto de la clase sobre dos ideas que hayan aprendido a través de esta sección y que les hayan sorprendido.

Ensayos

Para escribir los textos que se proponen a continuación es necesario investigar en internet, pues se trata de conocer un poco más sobre la prosperidad económica y demografía en España. Busque la información y combínela con las ideas que ya ha aprendido a través de las lecturas de este capítulo.

1. **Reformas en la política fiscal.** Uno de los primeros pasos que dieron los gobiernos de la transición fue el de la reforma fiscal, es decir, el cambio del sistema de impuestos, de modo que todos los españoles con más renta y recursos pagaran por los servicios que el Gobierno iba a ofrecer a todos. Investigue en internet y escriba un breve informe sobre esta reforma fiscal.

2. **Ley de divorcio.** En 1981 se aprobaba en España la Ley del Divorcio, algo que muchas parejas venían esperando desde años para regularizar su situación. Investigue este tema y escriba sobre la oposición que hubo a esta ley, las reformas que ha tenido, así como las consecuencias de la misma.

3. **Planificación familiar.** Escriba un informe sobre las prácticas de planificación familiar que se llevan a cabo entre la población española. Puede incluir también información sobre los embarazos en madres adolescentes, y el *madresolterismo*.

4. **Mujer y trabajo.** El Instituto de la Mujer en España es la institución gubernamental que se ocupa de estudiar la situación de la mujer en ese país e iniciar procesos legislativos que ayuden a paliar las desigualdades. Busque en la página web de este instituto o en otros sitios información sobre el acceso de la mujer a las distintas profesiones, así como los datos sobre puestos directivos. Escriba un informe sobre este tema.

5. **Violencia de género.** Uno de los temas más candentes de la actualidad española es la violencia de género que con frecuencia sufren las mujeres. Este es un tema que está recibiendo mucha atención por parte del Gobierno central y los gobiernos autonómicos. Investigue la situación y escriba un informe sobre el tema.

Debate: ¿Incentivos del Estado a la natalidad?

Dos equipos. En la última sección del capítulo se introduce la baja tasa de natalidad existente en España, junto con la intervención del Gobierno a través de ciertos incentivos. Para participar en este debate, será necesario investigar el tema en profundidad para comprender mejor la posición del Gobierno español y para poder comparar estas medidas con las existentes en otros países de Europa.

Equipo A. Defiende la postura de que el Gobierno debe intervenir para modificar la tendencia a la baja en la tasa de natalidad de las españolas. No se puede dejar todo el peso de los nacimientos en la población de inmigrantes, especialmente cuando el mismo gobierno quiere controlar la entrada de extranjeros en España.

Equipo B. Defiende la postura contraria, que se opone a la intervención gubernamental. Estas políticas pronatalistas tuvieron poco efecto durante el franquismo y es poco probable que las familias españolas se decidan a tener más hijos sólo en base a un limitado incentivo económico.

Cuéntame cómo pasó – Episodio 34: "Dos trompas y un destino"

Resumen del episodio: Es el otoño de 1969 y las mujeres de la familia Alcántara no están contentas. Ahora que Mercedes ha abierto una boutique de ropa que ella confecciona, Herminia, Inés, y la propia Mercedes trabajan doble. En la tienda, y en casa, haciendo todo el trabajo mientras los hombres de la familia descansan.

Llega la píldora anticonceptiva a España, pero prácticamente nadie tiene acceso a ella, pues los médicos se niegan a recetarla. Don Eugenio, el cura de la parroquia del barrio, está sensibilizado con estos temas y decide invitar a una ginecóloga a dar una charla en la parroquia sobre mujer y anticonceptivos. Esto puede ser un escándalo, pues don Eugenio lo hace sin informar al Obispado. A pesar de la oposición de los maridos y hombres del barrio, las mujeres llenan la iglesia durante la charla.

Antonio, por su parte, se siente nervioso el último día en el Ministerio, donde ha tomado una excedencia para poder trabajar como vendedor de los pisos que construye don Pablo. También tendrá que vérselas con la entrada de la mujer en el mundo laboral. El instructor de conducir es una mujer, y Antonio no lo acepta fácilmente.

Contexto: La píldora anticonceptiva había llegado a España en los sesenta, pero apenas nadie la usaba. Con frecuencia las españolas las conseguían en Francia. La Iglesia las condenaba, y los médicos rehusaban recetarlas. Investigue sobre este tema y presente un breve informe a la clase.

Reflexiones de Carlitos: En varias partes del episodio Carlitos reflexiona ya de adulto sobre los cambios experimentados por la sociedad española en cuanto a los roles sexuales. En este caso, se mezcla la ironía con la reflexión más seria. Haga un resumen de los comentarios de Carlitos y compárelo con el de un compañero. ¿Han entendido algo diferente? Pregunten al profesor si les quedan dudas.

PREGUNTAS PARA EL ANÁLISIS

1. Sobre el tema de la píldora anticonceptiva, resulta sorprendente la reacción de las mujeres más ancianas. Explique cuál es esta reacción.

2. Haga una lista de las quejas que tienen los hombres en este episodio con respecto al progreso de las mujeres.

3. Antonio pide una excedencia en el Ministerio donde trabaja como funcionario. Va a dedicarse a vender pisos. ¿Qué relación tiene este hecho con el de la nueva prosperidad económica de la familia?

4. ¿Por qué se niega Toni a completar el examen de Derecho Romano?

5. ¿Qué efecto tuvo la charla que organizó el cura don Eugenio con una ginecóloga en la parroquia del barrio? ¿Qué nos dice este acto sobre el papel de la Iglesia Católica en la vida del barrio?

Imagine el diálogo: Cuando una clienta se lleva puesto un vestido y un gorro que no le sientan bien, Mercedes se escandaliza, pero Nieves, su socia, comenta: "Sarna con gusto no pica." Es decir, si algo te gusta, aunque sea malo, no te molestará. Esta es una de las expresiones coloquiales que aparecen en el episodio. Vea otra vez el episodio y haga una lista con otras expresiones que usan los personajes.

En clase, con otro compañero, improvise un breve diálogo entre dos personajes de la serie, como una escena adicional. Antes de empezar, decidan quiénes van a ser y de qué van a hablar. Para hacerla más real, deben usar al menos cinco expresiones o dichos que hayan oído en el episodio.

La realidad de la práctica de la religión católica en la España de hoy. © Alain M. Urrutia.

CAPÍTULO 6   # La Iglesia

¿Qué nos dice la ilustración?

Antes de iniciar el trabajo en este capítulo, piense en lo que representa la ilustración de la página inicial. Comente con sus compañeros qué conexión tiene con el tema que se va a examinar sobre el papel que jugó la Iglesia Católica española durante el régimen franquista y en la transición a la democracia.

El poder de la imagen

Busque en internet, especialmente en youtube.com, segmentos audiovisuales de archivo usando como palabras clave "la Iglesia española", "Tarancón", "Franco bajo palio", o "protestas de la Iglesia española". Reflexione sobre lo que estas imágenes expresan acerca del papel que juega la Iglesia española ahora y en comparación con el que jugó durante el franquismo. Escriba sus conclusiones en cinco oraciones y preséntelas al resto de la clase.

¿Cuánto sabemos ya?

En esta lección analizaremos el papel que jugó la Iglesia Católica en la transición a la democracia en España, y su actual papel en la sociedad española. La primera parte de la lección examinará las razones por las que la Iglesia Católica ha ocupado una posición tan prominente en la sociedad española durante el último siglo. Es demasiado simplista ofrecer como explicación que España ha sido tradicionalmente un país predominantemente católico, y que se trata de una tradición de gran peso en la cultura y la política española. Los últimos cincuenta años de la historia del país brindan una narrativa diferente de la dinámica Iglesia, Estado y sociedad. También se analizarán algunos de los temas que actualmente crean fricciones entre Iglesia y Estado, principalmente los de educación y financiación, sin olvidar otros temas referentes a matrimonio y familia.

LISTA DE CONCEPTOS CLAVE

A continuación se enumeran algunos de los conceptos clave que aparecerán en las lecturas de este capítulo. Es posible que ya conozca el significado de algunos, aunque sea en un contexto más general, y no referido al caso de España.

Anticlericalismo	Ecumenismo	Obispos
Calendario canónico	Feligreses	Santa Sede
Clero	Monjas	Santoral
Concordato vaticano	Laicismo	Secularización
Curas comprometidos	Latín	Vigilancia de la moralidad pública

En casa: Busque el significado de estas palabras preferentemente en el diccionario de la Real Academia en www.rae.es, es decir, en un diccionario que sólo ofrezca definiciones en español. Escriba entonces un breve párrafo con una explicación sobre el significado que pueda tener cada uno de estos conceptos en el contexto del régimen franquista y de la transición a la democracia.

El objetivo de esta actividad es que usted se figure el significado y la importancia que este vocabulario tendrá en las lecturas que aparecen a continuación para marcar un mapa conceptual del capítulo. Si no comprendiera alguno de los conceptos que se presentan podrá pedir ayuda en clase.

En clase: Compare con un compañero el breve informe que ha escrito sobre los conceptos clave del capítulo. Comente con sus compañeros cuál es la importancia de estos conceptos en el contexto de la historia de España y juntos decidan dos ideas importantes sobre el papel de la Iglesia durante el franquismo y otras dos ideas sobre las que creen que gira el tema de la Iglesia Católica en la transición a la democracia. Presenten sus conclusiones a la clase.

Como actividad complementaria, se propone elaborar un mapa de conceptos. Con tarjetas en las que se escriban todos los términos de la lista y usando cinta adhesiva, entre toda la clase se elabora un esquema en la pizarra que represente cómo ven todos las relaciones entre estos conceptos.

Conocimientos previos

Probablemente tenga una cierta imagen sobre la presencia de la Iglesia Católica en España. Puede que haya visto alguna película o que haya leído alguna referencia al tema en las noticias o en libros de ficción. Este es el momento de expresar estos conceptos que con frecuencia se asocian con España como un país eminentemente católico. Comente con sus compañeros lo que usted ya conoce sobre la Iglesia Católica en España y comparen sus respuestas. ¿Hasta qué punto difieren sus suposiciones? Los inicios de respuestas que se ofrecen proponen formas consistentes con un modo de expresión no coloquial. Puede usar otras expresiones alternativas, pero fíjese en el formato que se propone para poder adaptarlas a su respuesta personal.

- ¿Cuáles son las ideas que usted asocia con la presencia del catolicismo en España. *Lo primero que asocio con el papel del catolicismo en España es...* ¿Hay elementos o conceptos que toda la clase comparta? ¿Cuáles son?

- ¿Qué efecto tiene, en su opinión, el catolicismo en la sociedad española actual? *Es probable que los españoles (no) sigan los preceptos del catolicismo en cuanto a...*

- ¿Qué sabe de la historia del catolicismo en España? ¿Cuál es su fuente de información? *Sé que el catolicismo en España representa... y lo sé por...*

- ¿Ha visto usted alguna película que refleje estos temas sobre la Iglesia Católica en España? *Aunque no se trataba de una película sobre la Iglesia Católica, recuerdo que en el filme... había ciertas escenas en las que se observaba...*

- Antes de estudiar estos temas, quizá usted, como mucha otra gente, piense en España como un país profundamente católico. ¿Cuál creen ustedes que es el origen de dicha imagen? *Me parece que la imagen de España como un país profundamente católico deriva de…*

Experiencia personal

La religión y las creencias religiosas particulares no juegan el mismo papel en todas las sociedades. En muchas sociedades oficialmente aconfesionales puede que se practique la religión con más intensidad precisamente porque los ciudadanos sienten que tienen una mayor libertad para explorar su experiencia religiosa. El hecho religioso y la posición que ocupa en el entramado social y político de un país representa un fenómeno de gran complejidad, y nuestras vivencias y percepciones personales con toda seguridad difieren de las de nuestros compañeros. En las actividades que siguen, se propone que ustedes reflexionen sobre el papel que las religiones o la religión, sea cual sea el credo, juegan en la sociedad de su país.

- ¿Son visibles los símbolos religiosos en las calles y espacios públicos de su país? ¿Dónde? *Me parece que los símbolos son muy visibles / No me parece que sean visibles porque…*

- ¿De qué tipo son estos símbolos? ¿De qué modo se exhiben? *En su mayor parte, se trata de símbolos…*

- ¿Qué factores considera usted a la hora de decidir si una sociedad es religiosa o secular? ¿Político-legales? ¿Culturales? Ponga ejemplos. *El principal indicador del grado de religiosidad de una sociedad se encuentra en…*

- ¿Qué tipo de presencia tiene el discurso religioso en la vida pública y política de su país? *Se pueden oír referencias a la religión en el discurso de…*

- ¿Cuál cree usted que es el nivel de práctica religiosa en su país? ¿Cómo cree que se compara con el caso de España? *En general, considero que la gente de mi país (no) es muy devota en su práctica de la religión… Opino que en relación a España, mi país…*

Concordato vaticano

PREGUNTAS PARA EL ANÁLISIS

En esta sección se examinará el papel de la Iglesia Católica durante el franquismo en virtud de un acuerdo firmado entre el gobierno de Franco y el Vaticano. Este acuerdo todavía está en vigor en la actualidad. Intente responder a estas preguntas teniendo en cuenta que volveremos a ellas al final de la sección.

1. ¿Cuál es el poder que tiene la Iglesia Católica en la actualidad y cómo contrasta con su situación durante el régimen franquista? *Parece que la Iglesia Católica carece ahora del poder que disfrutó durante el franquismo en cuanto a...*

2. ¿Fue la Iglesia Católica siempre un poder dominante durante el siglo XX? Justifique su respuesta. *El poder de la Iglesia Católica se vio cuestionado durante... cuando tuvieron lugar (ocurrieron)...*

3. ¿Qué papel jugó la Iglesia Católica en la justificación de la Guerra Civil y cómo apoyó al régimen franquista? *La Iglesia consideró la Guerra Civil como... y vio en el régimen franquista...*

4. ¿Cómo se sirvieron mutuamente Iglesia y régimen franquista? *El régimen franquista sirvió a la Iglesia para... y, a su vez, la Iglesia sirvió al régimen de Franco para...*

5. ¿Qué evolución se observó en la Iglesia Católica en los años sesenta? *En la década de los sesenta, comenzó dentro de la Iglesia Católica una evolución en el sentido de...*

Con frecuencia se identifica a España como una sociedad eminentemente católica, y esta imagen parece fundamentarse en una historia llena de reyes que defendieron el catolicismo y que dieron a instituciones como la Inquisición una serie de privilegios que de otro modo hubieran correspondido a los tribunales laicos. Esta imagen, no obstante, debe abrirse a un estudio más profundo que con toda seguridad nos obligará a revisar toda suposición inicial. Si hace cincuenta años se declaraba católico un 98% de los españoles, en 2002 sólo lo hacía un 82%, según el Centro de Investigaciones Sociológicas (CIS). Hay que tener en cuenta, además, que de este último porcentaje sólo un 19% asistía a la misa semanal. Y se considera que una mayoría de españoles diferencia claramente entre lo que considera sus creencias religiosas y el compromiso que dichas creencias le impondrían sobre temas tan polémicos como el aborto, los anticonceptivos, las relaciones prematrimoniales o la homosexualidad, entre otros. En cuestiones como el matrimonio gay, de reciente aprobación en el Código Civil en España, se puede decir que los planteamientos de la Iglesia resultan poco relevantes para la mayoría de los españoles.

Se habla incluso de crisis de la Iglesia Católica en España, de la cual se salvaría quizás gracias a la llegada de inmigrantes procedentes de países latinoamericanos que muestran un nivel más alto de frecuencia en sus prácticas religiosas. Esto no significa que los españoles no sigan siendo católicos hasta cierto punto. Ahora lo son de un modo diferente a como lo fueron sus padres, quienes crecieron bajo el régimen confesional de Franco. Lo que se observa, tanto desde círculos católicos como desde círculos laicos, es un interés en lo que el sociólogo Alberto Moncada llama "religión a la carta". Según este concepto de la práctica religiosa, se observa en la España de hoy una reacción a las posturas rígidas que vienen del Vaticano mediante un conveniente "menú" personal de lo que el individuo decide creer de entre los dogmas marcados por la Iglesia, sea el cielo o la existencia del infierno, la necesidad de ir a misa o la decisión de no hacerlo, bautizar a los hijos o casarse por el rito católico, sea tomar anticonceptivos o interrumpir sus embarazos. Estas consignas en cuanto a creencias y moral personal se dejan a la conciencia de cada persona que, considerándose todavía católico, opta por el dogma que mejor se ajusta a sus circunstancias individuales y las imposiciones de la sociedad moderna y la vida cotidiana. Por ejemplo, el tema de los anticonceptivos es algo que ni siquiera se abre a debate moral. Aunque la Iglesia siga insistiendo de vez en cuando, el español medio parece sentir que este no es un tema que a la Iglesia le toca decidir.

El mismo sentir sobre la Iglesia como una institución que representa de modo insuficiente la evolución de la sociedad española se observa entre los universitarios. En una encuesta realizada para la Fundación BBVA se les pedía a los jóvenes universitarios que dieran una nota del 0 al 10 a la Iglesia, y la nota media fue 2,9. La sociedad española en la que aparecen estas reacciones es ya una sociedad secularizada y laica, que no tolera la intromisión de la Iglesia en temas de moral personal y que cuestiona la pseudo-oficialidad del catolicismo en España. Y la Iglesia lo sabe. Conoce que ya no tiene una fuerte influencia, si bien todavía presta servicios de asistencia social a los necesitados, a los drogodependientes, junto con su importante papel en el campo de la educación en virtud de la existencia de un gran número de centros educativos dependientes de órdenes religiosas. Los mismos obispos lo reconocen, si bien atribuyen esta situación a la mediocridad y apatía de los cristianos, a los escándalos recientes de personas y grupos asociados con la Iglesia, o a la falta de valentía para pedir a los católicos un mayor compromiso. Se puede calificar esta situación de ruptura cultural.

Sin embargo, esta supuesta ruptura cultural entre Iglesia y ciudadanos no significa un abandono completo de los ritos eclesiásticos. Salvo para una minoría de católicos que consideran fundamental el bautizo, la confesión, la primera comunión o el matrimonio, el resto de los españoles opta por continuar con estos ritos más por costumbre o por presión familiar, y menos por razones de fe. Por ejemplo, a la hora de celebrar una boda, las parejas tienen ahora la opción de casarse por lo civil, algo que durante el franquismo no fue posible, como se verá más adelante. Tienen, además, la posibilidad de casarse en los salones de ceremonias de muchos edificios municipales. Sin embargo, la mayoría de las parejas opta por una boda en la iglesia, incluso aquellos que apenas van a misa. Como razón mencionan el romanticismo de las iglesias, el ir vestida de blanco para la novia, el olor a incienso y, por supuesto, el peso de la costumbre de la familia. Lo mismo ocurre con bautizos y el rito de la primera comunión que muchas familias justifican diciendo que prefieren dar a sus hijos el marco de una serie de creencias que ellos, ya como adultos, pueden elegir mantener o rechazar. En cuanto a los funerales, pocos españoles se limitan a ir al tanatorio y quedarse sin una misa de despedida de sus seres queridos. En estas ocasiones en que los españoles eligen acudir a una iglesia para participar en numerosos rituales, el pórtico de muchas iglesias se convierte en el punto de reunión de familias que no se veían en años. La presencia social de la Iglesia parece haberse reducido a la de maestro de ceremonias sociales, pero sin un gran impacto en la conducta y las decisiones personales.

La pérdida de poder social y político de la Iglesia Católica en España contrasta en gran medida con el papel que había tenido durante el régimen franquista. De hecho, este régimen no hizo sino continuar con una tradición que había comenzado siglos antes, y que había hecho posible una presencia de la Iglesia en la vida cotidiana de los españoles mucho mayor que la de otros países occidentales. El único periodo en que dicha presencia se limitó fue el de la Segunda República, entre 1931 y 1936, periodo durante el cual se declaró la libertad religiosa, o libertad de culto, y la separación entre Iglesia y Estado. En este breve periodo, se proclamó el Estado español como aconfesional. Estas iniciativas fueron revocadas con la victoria de Franco en 1939. El nuevo régimen de la dictadura restauró la hegemonía que había disfrutado la Iglesia Católica antes de la Segunda República, y se propuso proteger a los curas del anticlericalismo que les había hecho víctimas de ataques antes y durante la Guerra Civil. En efecto, parte de la retórica franquista para justificar la contienda civil se basó en gran medida en la necesidad de defender al clero español de los ataques y asesinatos de los que venía siendo víctima durante el tumultuoso periodo de la Segunda República.

La violencia anticlerical no sólo se limitó al periodo de la Segunda República, sino que se extendió a la zona republicana durante la Guerra Civil, en ataques a curas y religiosos que mostraron su apoyo a la sublevación de Franco. Las imágenes de esta violencia se divulgaron por todo el mundo, y tuvo como consecuencia una cierta simpatía hacia el clero español en círculos internacionales. Poco se conoció entonces de la participación de este mismo clero en las atrocidades cometidas en el bando nacional pues no denunciaron los disparos que oían en las ejecuciones en masa, ni se opusieron a que en los pueblos pequeños se llevaran a los republicanos a dar "el paseo", es decir, a ser ejecutados. Esta complicidad del clero español con el régimen franquista es algo por lo que después se le pasó factura, especialmente entre las generaciones que todavía recuerdan las historias de la guerra y que una vez muerto el régimen franquista, se negaron a seguir asistiendo a misa.

Por otro lado, aquellos lugares en que el golpe de 1936 no funcionó, fueron testigos de una brutalidad devastadora contra la Iglesia Católica y sus representantes. Se quemaban iglesias y mataban a clérigos. Murieron miles de ellos, entre clero de órdenes religiosas y clero regular, se destruyeron numerosas iglesias y santuarios, bien por incendio, saqueo o profanación. Y junto a los edificios, se destruyó también el enorme patrimonio artístico. Sin embargo, la posición de la Iglesia a favor del régimen franquista no vino propiciada exclusivamente como reacción a estos ataques. La posición de la Iglesia había sido claramente a favor del golpe militar en el cual vio una liberación de la tiranía del "laicismo-judío-masónico-soviético", y al cual justificó como una "cruzada religiosa". Franco se aprovechó de esta retórica de gesta heroica y la proclamó como un servicio a la patria, el orden y la religión.

Desde esta posición de víctima de un brutal anticlericalismo, la Iglesia Católica española apoyó, en su gran mayoría, incondicionalmente al bando nacional. Esto significó que negó su ayuda a familiares de presos o de desaparecidos que pedían su intercesión y clemencia. A veces, llegaron incluso a delatar y acusar a gente. Justificaron el desprecio por los derechos humanos y el cese de toda mediación como una batalla para terminar por completo con los "rojos" y con el absolutismo marxista. En esta "cruzada" por la defensa de una España católica enfrentada a los excesos del marxismo se ejecutó a más de 50.000 personas en los diez años posteriores a la guerra, mientras que durante la misma cayeron más de 100.000 republicanos. Pero la victoria no se vio acompañada inmediatamente de gestos de reconciliación y perdón. En su lugar, la Iglesia se dedicó a tramitar la beatificación de quienes cayeron por la cruzada de Franco y a olvidar a los caídos por el otro bando. Es sólo en años recientes que la Iglesia se ha implicado en un proceso de reconciliación, cuando comienzan a abrirse las fosas comunes en las que familiares de los caídos en la guerra buscan los restos de sus seres queridos, si bien no ha realizado todavía un acto público de contrición.

Tras la contienda, y establecida ya la dictadura, la Iglesia Católica no se vio obligada a buscar la reconciliación, pues contaba con considerables privilegios. El privilegio más importante fue el de ser la única religión oficial del Estado español. Aunque durante el franquismo hubo un cierto grado de libertad en el sentido de que se permitía otras formas de religión, esto sólo era posible con tal de que no se expresaran en público. Además de declararse la confesionalidad católica de España, se estableció un subsidio del Estado a la Iglesia: el Estado pagaría los sueldos del clero y contribuiría a la reconstrucción de iglesias y conventos destruidos durante la Guerra Civil. Además, el régimen de Franco promulgó un Código Civil que seguía la doctrina católica: prohibición del divorcio y del aborto.

La relación entre el Estado franquista y la Iglesia Católica fue una relación de mutua conveniencia. La Iglesia sirvió a Franco para conseguir la unificación idiomática y crear el orden social que buscaba. Además, la Iglesia legitimaba al régimen al afirmar sus virtudes cristianas. Por su parte, el Estado aceptaba todas las recomendaciones que le hizo la Iglesia para borrar la legislación liberal de la Segunda República. Además de terminar con el divorcio y con el matrimonio civil, terminaba también la coeducación en los niveles primario y secundario. La católica era entonces la única iglesia con derecho a cuidar del bienestar de las almas de los españoles. Otras iglesias estaban simplemente toleradas, pero estaba prohibido colocar señales de identificación en el exterior de sus centros. Así pues, un luterano en España podía o bien practicar en su casa, o bien ir a su templo siempre y cuando supiera su ubicación, porque en la puerta no existía una señal. En contraste, en las pequeñas comunidades de los pueblos y de los barrios, donde se vivía muy cerca de la parroquia, era muy difícil rechazar la práctica de la religión sin arriesgarse a sufrir un total ostracismo. Cuando menos, se esperaba que toda la gente fuera a misa una vez por semana. En el caso de las mujeres, se esperaba la participación en toda una serie de rituales de temporada, como las festividades en celebración de la Virgen María durante el mes de mayo. Esto era más importante en las comunidades pequeñas, donde había una mayor vigilancia de las actividades de los vecinos. En este sentido, se puede afirmar que los españoles practicaron como católicos durante el régimen franquista casi por obligación y por presión social. La Iglesia dominó durante muchos años la vida social y personal de los españoles, diciéndoles qué películas podían ver, qué libros estaba prohibido leer, y en qué actividades cívicas era deseable que participaran. Muchas de estas actividades combinaban los eventos patrióticos con las celebraciones del santoral o del calendario canónico.

Este idilio entre Franco y la Iglesia duró unos treinta años. A mediados de los años sesenta ya empezó una cierta agitación y deseo de cambio entre los hombres de la Iglesia. Hasta entonces, la Iglesia en su mayoría había apoyado al régimen. Pero ya en los sesenta estaban llegando a la Iglesia sacerdotes más jóvenes que, al no haber vivido la tragedia de la Guerra Civil, no tenían el mismo compromiso moral con el franquismo. Además, el Segundo Concilio Vaticano había declarado la Iglesia como defensora de la libertad religiosa en medio de la convivencia civil. España estaba muy lejos de cumplir este compromiso y los obispos españoles comenzaron a criticar al gobierno de su país. Por ejemplo, en 1969, los obispos españoles reunidos reclamaron la independencia de todo poder político y económico, aceptaron el pluralismo de los cristianos, y se comprometieron a defender la justicia social. Fue el entonces arzobispo Tarancón quien elevó su voz para recordar a los cristianos que el gobierno franquista estaba muy lejos de la justicia social y las libertades que la Iglesia consideraba esenciales. Contra él se manifestaron representantes de la derecha que pedían su cabeza. A este proceso de búsqueda de la independencia del Estado español por parte de la Iglesia se unía la creciente práctica de decir misa en las lenguas regionales, tanto en Cataluña como en el País Vasco. El clero de estas regiones sentía que tenía derecho a expresarse en el idioma que entendían sus feligreses.

No obstante, para entender la relación entre la Iglesia Católica y el Estado español no basta con decir que Franco era un hombre profundamente católico y que la Iglesia legitimó su régimen. El origen del papel tan importante que jugó la Iglesia Católica en el régimen franquista se halla en un acuerdo diplomático firmado entre el Estado español y el Vaticano en 1953, y que es conocido como el Concordato Vaticano. Hay que recordar que a principios de los años cincuenta, España apenas tenía relaciones diplomáticas con unos pocos países que reconocían el régimen franquista como legítimo. Y era legiti-

La coalición del régimen franquista, simbolizado por el ejército, con la Iglesia Católica, sentó las bases del nacional-catolicismo español. © Alain M. Urrutia.

midad internacional lo que le faltaba a España. En este sentido, el acuerdo firmado entre el Estado español y el Vaticano representó un tímido intento de reconocimiento internacional. Este acuerdo establecía la oficialidad y total independencia de la religión católica con respecto a los poderes políticos, restauraba los privilegios del clero y daba total libertad a la Iglesia para crear la literatura que creyera necesaria, sin censura alguna. El documento establecía a la Iglesia como un verdadero poder fáctico.

En efecto, el documento del Concordato Vaticano de 1953 garantiza la oficialidad de la religión católica mediante una serie de medidas como la financiación de los salarios del clero, del mantenimiento del patrimonio – edificios, monasterios, iglesias, universidades y seminarios – de la Iglesia, la restitución del patrimonio confiscado durante la Segunda República, y la inviolabilidad de los espacios de la Iglesia, en los cuales no podía entrar la policía en ejercicio de sus funciones. La Iglesia Católica, además, estaba exenta de impuestos no sólo sobre su patrimonio, sino también sobre cualquier ingreso que pudiera generar. Se garantizaba además la observancia de las festividades eclesiásticas, comprometiéndose el Estado a asegurarse de que los fieles pudieran celebrar fechas del calendario canónico. Y, sobre todo, está el Artículo XXVII, el cual establece: "El Estado español garantiza la enseñanza de la Religión Católica como materia ordinaria y obligatoria en todos los centros docentes, sean estatales o no estatales, de cualquier orden o grado.

"Serán dispensados de tales enseñanzas los hijos de no católicos cuando lo soliciten sus padres o quienes hagan sus veces."

Este acuerdo con el Vaticano no se derogó al finalizar el régimen franquista. Es más, fue ratificado durante la democracia. El 3 de enero de 1979, seis meses después de que entrara en vigor la Constitución de 1978, se ratificaba el Concordato de 1953 en una nueva versión mediante una serie de acuerdos sobre las relaciones entre Estado e Iglesia en el nuevo régimen. Esta vez, el gobierno español no se veía obligado a firmar un documento de índole diplomática para obtener reconocimiento internacional a la España franquista. La nueva versión del Concordato de 1979 reflejaba los principios del Concilio Vaticano II de tolerancia religiosa y defensa de la justicia por un lado, y por otro, la nueva España que era ya un estado de derecho.

El modelo de Estado que surgió de la Constitución de 1978 era aconfesional y proclamaba la libertad religiosa y de culto. Se declaraba también que ninguna religión tendría carácter estatal, pero no declaraba al Estado totalmente laico, en el sentido de que no se declaraba su indiferencia frente al hecho religioso, pues el Estado debía garantizar de algún modo esta libertad de creencias. En este sistema, el Estado es neutral con respecto a determinados dogmas, pero tiene el mandato de ayudar a las confesiones para que éstas lleven a cabo sus actividades. Esto se tradujo, en el Artículo 16 de la Constitución, en un principio de cooperación con la Iglesia Católica, así como con otras confesiones. Lo interesante es que se mencionaba explícitamente a la Iglesia Católica, sin especificar otras religiones. Por medio de este artículo se reconocía un hecho cultural y se le daba relevancia constitucional.

Así pues, no es extraño que se negociara un nuevo Concordato en 1979, consistente con los principios establecidos en el Artículo 16 de la Constitución. En dicho Concordato, se regulaban temas referentes al financiamiento de las actividades de la Iglesia, a la enseñanza de la clase de religión en las escuelas públicas, temas culturales como las festividades nacionales de carácter religioso, la asistencia de la Iglesia a las fuerzas armadas, y el servicio militar de clérigos y religiosos. También se garantiza en este documento la autonomía jurídica de las órdenes religiosas, la inviolabilidad de los lugares de culto que impedía a las fuerzas de orden público entrar en dichos lugares en el ejercicio de sus funciones, y la cooperación con fondos del Estado en las tareas de asistencia de la Iglesia en cárceles, hospitales, sanatorios, así como la existencia de tribunales eclesiásticos para decidir sobre casos de nulidad matrimonial con todo efecto desde el punto de vista civil. Así, por ejemplo, si una pareja decidía obtener la nulidad de su matrimonio en el tribunal canónico de la Rota y si dicha nulidad era concedida, esto significaba que automáticamente se reconocía también el divorcio civil. Esto tendría relevancia un par de años después, cuando en 1981 se aprobó la Ley del Divorcio en España. Además, la Iglesia no está obligada a pagar impuestos sobre la renta, el consumo, ni sobre la propiedad de los edificios que posee. Como consecuencia de esta situación, los españoles ahora pueden elegir en el formulario de la declaración de la renta (o declaración de impuestos) si desean que se destine parte de sus impuestos al financiamiento de la Iglesia. Pero elijan esta opción o no, el Estado español todavía financia gran parte de las actividades de la Iglesia Católica. La situación que acaba de describirse hace que desde ciertos grupos se cuestione si el Estado español es realmente laico o no.

El tema que más relevancia tiene por su persistencia en la serie de debates sobre la relación Iglesia y Estado es el de la educación. El Concordato obligaba al Estado español a garantizar que se impartiera la clase de religión católica en todos los centros públicos, con un demostrado respeto por los valores de la ética cristiana. Estas clases de religión católica debían tener la misma importancia que otras clases como la de matemáticas, e impartirse tanto en la educación primaria como en la secundaria. Además, el profesorado que impartiera dichas clases debía ser elegido por las autoridades académicas de cada centro de entre una lista propuestas por la diócesis católica, y los contenidos venían determinados por la jerarquía eclesiástica, así como los libros de texto y el material didáctico.

En teoría, los padres tienen la opción de inscribir a sus hijos en una asignatura alternativa, pero ésta no podía presentar discriminación alguna para quienes optaban por la clase de religión. Es decir, no se puede inscribir a los niños en clases adicionales de matemáticas o en una clase interesante sobre cualquier otro tema. En la práctica, quienes optan por no tomar clase de religión están obligados a tomar una asignatura que no haga sombra a esta clase, es decir, una asignatura en la que apenas se aprenda nada. En la sección que sigue se examinará el debate de la educación religiosa como uno de los temas que han marcado más profundamente las relaciones entre Estado e Iglesia durante la transición a la democracia. El debate continúa en la actualidad.

SACADO DEL TEXTO: INTRODUCCIÓN DE CONSECUENCIAS

Los varios artículos del Concordato de 1953 establecen una serie de privilegios para la Iglesia Católica y han tenido consecuencias importantes a la hora de hacer de ésta un poder fáctico en España.

1. Complete con un compañero estas oraciones, obtenidas del Concordato Vaticano de 1953, con ideas derivadas de lo discutido en la sección anterior.

   • En su artículo I, el Concordato de 1953 define la religión católica como la única en España y por consiguiente...

   • En el artículo II se define la autonomía de la Iglesia Católica y, por lo tanto, ésta...

   • En el artículo III se declara que la Santa Sede es un país y en consecuencia...

   • En el artículo V se especifica que se respetarán las festividades del calendario católico y, por ello...

   • En el artículo XIX se establece que la financiación de la Iglesia se hará mediante las arcas del Estado y por eso...

   • El artículo XX exime de impuestos a la Iglesia y por consiguiente...

2. Comente con el resto de la clase si en alguna de estas oraciones creen que fue necesario usar el subjuntivo. Se propone que el grupo llegue a una conclusión sobre el uso del subjuntivo o del indicativo al expresar consecuencias de una idea afirmada.

REPASO DE LAS PREGUNTAS PARA EL ANÁLISIS

Ahora es el momento de comparar las respuestas que daría a las preguntas para el análisis y las que dio antes de iniciar la lectura de esta sección. Comente con un compañero lo que ha aprendido y en qué aspectos estaba usted equivocado. Presente un breve informe en común al resto de la clase sobre las ideas que más les han sorprendido en esta sección.

Educación religiosa

PREGUNTAS PARA EL ANÁLISIS

Antes de adentrarse en esta sección, las preguntas siguientes se proponen a modo de guía para la lectura. En parejas escriban las respuestas en tarjetas y que se las entreguen al profesor. Se revisarán estas tarjetas después de leer el pasaje.

1. ¿Qué son los "centros concertados"? ¿Cuál fue su origen y qué ventajas y desventajas representan en el sistema educativo español? *Se pueden describir los "centros concertados" como escuelas o colegios privados que...*

2. ¿Cuáles son los principios en los que se basa la educación religiosa en la escuela pública española? ¿Qué documentos legales la apoyan? *Los principios en los que se apoya la existencia de clases de religión se hallan en... y establecen que...*

3. ¿Cuáles son los puntos de conflicto a determinar en relación a las clases de religión en las escuelas públicas? *Los sucesivos gobiernos democráticos han creado normas diferentes para resolver los temas de...*

4. ¿Cuáles son los argumentos a favor y en contra de las clases de religión? *Los partidarios de la educación religiosa razonan que... mientras que los defensores de un estado laico basan su crítica en...*

Los niños de la generación nacida entre 1960 y 1970 recibieron clases de religión en la escuela, fuera ésta pública o privada. El formato de estas clases variaba en función del centro en el que se estudiara y también en función del profesor que diera la clase. Podía tratarse de aburridas clases en las que era necesario memorizar el catecismo católico, o bien podían ser clases en las que los niños y jóvenes exploraban temas como el de la amistad, la justicia, la generosidad y otros temas de tipo ético. Luego, en cursos superiores, se estudiaban otras religiones, pero sin grandes prejuicios, y dejando mucho a la curiosidad de cada alumno. Con frecuencia, el peor recuerdo que se tiene es el de clases aburridas y dogmáticas, pero la generación de los chiripitifláuticos tuvo clases de religión que en su mayor parte introducían de modo muy suave las historias del Antiguo y el Nuevo Testamento. Se comprueba la importancia de los temas de ética en muchas de las clases de religión que recibieron los chiripitifláuticos en las siguientes declaraciones.

En el colegio, para ser una institución religiosa tengo que decir en su favor que eran bastante progresistas. Por supuesto que se estudiaba el catecismo, pero según avanzábamos en edad las clases eran más dialogantes y se trataba la religión de una forma más relacionada con su parte de generosidad con los otros, que de una forma rígida y de cumplimiento de normas.

Begoña, 1967, funcionaria del sistema sanitario

En mi caso se trataba de una educación no tanto estrictamente religiosa como en valores propios de lo que se ha venido en llamar "humanismo cristiano". Otra cosa es que, por desgracia, perdí en el camino mi fe trascendente. Aún así aprendí modos de conducta y de sociabilidad que he intentando tener presente y aplicar, en la medida de lo posible, a lo largo de mi vida.

Joxemari, 1970, profesor de matemáticas

Uno de los temas más problemáticos en la relación entre la Iglesia y el Estado en la España de la transición y la España democrática es el de la enseñanza de la religión en la escuela pública. Esta cuestión, que se origina a raíz de la firma del Concordato Vaticano en 1953 y se ratifica en 1979, todavía se somete a debate de forma periódica por grupos que proponen que el Estado español se haga enteramente laico. Sin embargo, la educación religiosa tiene en España dos aspectos diferentes. Por un lado, se trata de las clases de religión que se imparten tanto en los centros educativos pertenecientes a la Iglesia como en los centros públicos. Por otro lado, se traduce también en el estatus especial de "centro concertado" que tienen muchos centros educativos privados y en su mayoría pertenecientes a órdenes religiosas, los cuales reciben subsidios del gobierno para cubrir sus presupuestos.

Los conciertos educativos no son una práctica reciente. Este sistema se inició en los ochenta cuando el gobierno socialista del PSOE intentó garantizar el acceso a la educación hasta los dieciséis años, algo que no se podía lograr exclusivamente con los centros públicos existentes. La idea de "centros concertados" se basaba en el principio de la libertad de elección de centro para los padres. Así, los padres podían elegir el centro en que querían que estudiaran sus hijos, sin consideraciones económicas, pues el gobierno pagaba directamente un subsidio a dichos centros privados. La educación en estos centros, sin ser gratuita como en la escuela pública, es bastante económica y algo que la clase media puede permitirse.

De este modo, el Estado delega sus funciones educativas, a través de los conciertos que subvenciona, en centros privados, pero éstos están obligados a cumplir una serie de requisitos, como someterse al control del Estado y a la participación de los padres en los Consejos escolares. La concertación de centros educativos, muchos de ellos pertenecientes a órdenes religiosas, implica que el Estado reconoce por un lado la autonomía administrativa de dichos centros en el ejercicio de una función social, mientras que los centros mismos adaptan su misión inicial para adecuarse a los nuevos imperativos sociales. De todos modos, el Estado todavía retiene el control de ciertos aspectos como la estructuración del sistema educativo, el acceso y la promoción de los docentes, la formación necesaria de los mismos, y sus condiciones laborales. Desde algunos grupos se critica el que dicho control no sea suficiente y el que los centros concertados de índole religiosa todavía retengan decisiones sobre su política de admisiones por la discriminación que se posibilita. Se critica además el que la Iglesia siga teniendo un papel fundamental en el proceso educativo a través de este sistema de concertación y que esto haya impedido un auténtico impulso para potenciar la escuela pública.

Las clases de religión en las escuelas públicas y en los centros concertados son el punto de discrepancia más importante en el continuo debate sobre las relaciones Iglesia-Estado. Las bases jurídicas de esta medida se pueden encontrar en la Constitución española, que en su Artículo 27.3 establece que "los poderes públicos garantizan el derecho que asiste a los padres para que sus hijos reciban la formación religiosa y moral que esté de acuerdo con sus propias convicciones". Este artículo, junto con la Ley Orgánica de Libertad Religiosa de 1980, se ha interpretado hasta ahora como establecientes de la obligatoriedad para los centros educativos de ofrecer enseñanza de religión, y de la voluntariedad para los alumnos de dichas clases. Aunque la Constitución misma declara la neutralidad ideológica de los centros educativos públicos, se ve que esta neutralidad no está comprometida cuando los centros organizan una orientación religiosa, siempre y cuando ésta no sea obligatoria para los estudiantes y se imparta con respeto por los principios democráticos de convivencia y libertad. Así pues, esta decisión sobre la enseñanza de la religión, la cual tiene una historia que conecta con el régimen franquista, se justifica en la actualidad en base a ciertos derechos. Por un lado, el derecho de los padres a que sus hijos reciban una formación religiosa de acuerdo con sus creencias; por otro, el derecho que tienen también los padres a la autonomía frente al adoctrinamiento de sus hijos menores en centros docentes públicos; y, finalmente, el derecho de prestación de un servicio que exige la inclusión de la religión en los contenidos formativos de la escuela.

En sus aspectos prácticos, la asignatura de religión es impartida por profesores elegidos por el centro docente de entre una lista elaborada por las autoridades eclesiásticas, y con contenidos y materiales decididos también por las mismas autoridades. Varios documentos legales subsiguientes establecen además que la asignatura de religión sea equiparable a las otras disciplinas fundamentales del sistema educativo. Una de las fuentes de discrepancia sobre esta medida es la forma en que se aplica la ley en los diversos centros educativos y, en particular, tres asuntos. Primero, la alternativa a la clase de religión para los alumnos que opten por no recibirla. Segundo, el estatus de los profesores de esta asignatura y su pertenencia con pleno derecho a la facultad de cada centro educativo. Y finalmente, el valor de la asignatura de religión en el cómputo de la nota media para el expediente académico de los estudiantes, a efectos de obtener becas o acceder a la universidad.

Las decisiones sobre estos últimos puntos han sido tomadas por los sucesivos parlamentos de los varios gobiernos democráticos. Por ejemplo, la asignatura de religión se evalúa ahora de modo similar al resto de las asignaturas y cuenta como el resto en el cómputo de la nota media en la enseñanza primaria y la secundaria obligatoria. En el Bachillerato, no computa en la nota media para acceder a la universidad ni para obtener becas, pero se sigue evaluando del mismo modo que, por ejemplo, la asignatura de historia. La alternativa para aquellos alumnos que no quieran tomar religión no puede ser evaluable, ni puede tener contenidos que puedan ayudar a los alumnos con otras asignaturas fundamentales en su programa, lo cual iría en detrimento de los que estén estudiando la clase de religión. Esta alternativa puede tener como finalidad el conocimiento y apreciación de aspectos de la vida social y cultural, en sus manifestaciones literarias, plásticas y musicales. Es decir, se trata de una clase de cultura, pero no evaluable y, para muchos críticos, de dudoso valor. Esta asignatura es impartida por los profesores de las áreas de humanidades, y a veces tiene como contenido el conocimiento de las religiones desde un punto de vista totalmente neutral. Todos estos planes de estudios, sin embargo, se hallan constantemente en proceso de revisión dependiendo del partido político que tenga el poder.

Además, es necesario aclarar que toda la legislación sobre las clases de religión se aplica a las confesiones religiosas que hayan firmado un acuerdo de cooperación con el Estado español. Hasta la fecha presente, estas confesiones son la protestante, la judía y la musulmana, de modo que ahora los alumnos que pertenezcan a dichas religiones y cuyas familias así lo decidan, pueden asistir a clases de religión adecuadas a sus creencias. En el caso de la enseñanza de la religión evangélica, judía o islámica, simplemente se garantiza el derecho de los estudiantes a recibirla, pero no forma parte de los planes de estudios. Los centros de enseñanza sólo pueden facilitar las aulas, pero son las propias confesiones las que deben organizarlas y contratar a los profesores. El Estado se ocupa de pagar a dichas comunidades por los servicios docentes que arreglen.

Ante toda la confusión que este sistema genera, las reacciones encontradas continúan. Recientemente, el Consejo Escolar del Estado, un órgano que reúne a padres, administradores y profesores tanto de la enseñanza pública como la privada de todos los niveles, ha pedido al gobierno que saque la religión de las escuelas y que la deje fuera del horario escolar. Uno de los principales problemas que ve este órgano consultivo con dichas clases es el que todavía sean evaluables y que la nota cuente de alguna forma en el expediente escolar de los alumnos. En la misma línea, tampoco acepta que se establezca una alternativa para aquellos alumnos que no deseen cursar la materia religiosa; esto significa que quienes no quieren tomar la clase de religión no deberían ser obligados a tomar la asignatura alternativa. A esta petición ha respondido la Confederación Católica de Padres de Alumnos, trabajando junto con la Iglesia, con una campaña masiva para recoger firmas de gente que quiere que se mantenga la enseñanza de la religión en las clases.

Para entender mejor la importancia de este tema, vale la pena tener en cuenta varios datos sobre el estudio de la religión en las escuelas públicas y privadas. En el curso escolar de 2006–2007, un 77% del total de alumnos estaban recibiendo clases de formación religiosa y moral católica, según datos de la Conferencia Episcopal Española. Esta opción es el resultado de la decisión libre de los padres de los alumnos, tanto de la enseñanza primaria y secundaria obligatoria, como la del Bachillerato. No obstante, desde este órgano de los obispos católicos españoles, se considera que las condiciones de ofrecimiento de la clase de religión no son las óptimas para el ejercicio de una opción libre por dicha clase. Se cita, por ejemplo, el atractivo de las clases alternativas, ya sea porque se permite a los alumnos repasar y trabajar más en otras asignaturas fundamentales, o porque se les ofrecen cursos sobre cultura popular, con un indudable gancho. Como se puede comprobar, el tema de la educación religiosa en la escuela pública, algo que comenzó como consecuencia de la alianza entre el gobierno franquista y el Vaticano, no ha sido resuelto de un modo enteramente satisfactorio para todas las fuerzas sociales y políticas en España. Se podría decir que es uno de los temas pendientes de la transición.

SACADO DEL TEXTO: EXPRESIÓN DE OBJETIVOS

En la sección anterior se presentan dos posiciones sobre el tema de las clases de religión en la escuela pública. Una de las posturas es la de la Conferencia Episcopal Española (CEE) y la jerarquía de la Iglesia Católica, y la otra es la de grupos de defienden el laicismo de la sociedad española.

¿Cuáles son las intenciones de cada grupo? ¿Qué quieren lograr? Complete cada una de estas frases con cuatro ideas derivadas de lo que ha aprendido de esta sección, según el modelo, y compárelas con las de un compañero.

Modelo 1. La CEE desea mantener la clase de religión en la escuela pública con la intención de que los alumnos conozcan su herencia cultural.

La CEE cree que estas clases de religión sirven para que los alumnos entiendan *la herencia cultural de su país y para que* _____

_____

_____

Modelo 2. Los grupos pro-laicismo desean eliminar las clases de religión de la escuela de modo que sean las familias quienes den esta educación a sus hijos.

Los grupos pro-laicismo desean sacar la religión de las aulas con el objeto de que ningún alumno tenga *una ventaja sobre otros y con el objeto de que* _____

_____

_____

En parejas, reflexionen sobre los tipos de verbos que se usan con expresiones que introducen objetivos. ¿Es necesario el uso del subjuntivo? Formulen la regla que se aplica en este caso. ¿Conocen otras expresiones con el mismo significado? Presenten sus conclusiones a la clase.

REPASO DE LAS PREGUNTAS PARA EL ANÁLISIS

Recojan las tarjetas que habían entregado al profesor antes de la lectura de este pasaje, que se distribuyen al azar. Trabajando en parejas, pueden examinar las respuestas de otros grupos. ¿Cómo responderían ahora? Presenten a la clase las conclusiones sobre los malentendidos que había antes de la lectura, y sobre lo que han aprendido.

Papel de la Iglesia en la transición

PREGUNTAS PARA EL ANÁLISIS

El cambio de sistema político que tuvo lugar en España desde 1975 conllevó un cambio en multitud de actitudes y distribución de poderes. Uno de los principales poderes fácticos hasta ese momento había sido la Iglesia Católica y en ella estaban las miradas de los españoles que en los primeros años de la democracia buscaban una hoja de ruta para aprender a vivir en el nuevo sistema. Las cuestiones que se abrían ante la sociedad española no eran fáciles de responder: ¿Cómo se articularía desde ese momento la relación Iglesia-Estado? ¿Cuál sería la posición de la Iglesia ante la transición y la democracia? Para entender mejor el papel que la Iglesia jugó en este proceso de transición, se presentará primero una cronología de sus posiciones, para después hacer referencia más detallada a las manifestaciones de las autoridades eclesiásticas.

Antes de leer esta sección, examine con atención las preguntas para el análisis que se proponen. Trabajando en grupos de tres o cuatro personas, hagan una lista de los conceptos clave que podrían incluirse en esta sección, y que pueden deducirse de las preguntas que se plantean. Escriban sus conceptos en una sección de la pizarra o en un póster, y comparen la suya con las listas elaboradas por otros grupos.

1. ¿Qué postura tomó la Iglesia Católica con respecto al nuevo régimen tras la muerte de Franco? *La Iglesia Católica, a través de su jerarquía, se manifestó a favor / en contra de...*

2. ¿Qué vías usaba la Iglesia para comunicar su postura con respecto a los cambios que estaban ocurriendo durante la transición? Haga una lista de algunos de estos documentos. *Los pronunciamientos de la Iglesia por lo general se hacían a través de...*

3. ¿Era nueva la postura de la Iglesia de defensa de la democracia o se trataba sólo de una adaptación a un nuevo estatus quo? Razone su respuesta. *De acuerdo con los datos de los que dispongo, creo que la postura de la Iglesia derivaba de...*

4. ¿Quién era el cardenal Tarancón? ¿Por qué fue tan importante su homilía el 27 de noviembre de 1975? *El cardenal Tarancón representa...*

5. Se ha criticado la ambivalencia de la Iglesia Católica española en la transición a la democracia. ¿En qué consistía esta ambivalencia? *Según los críticos de la Iglesia, ésta fue ambivalente con respecto a...*

En los primeros momentos de la transición, especialmente entre la muerte de Franco y el nombramiento de Adolfo Suárez como Presidente del Gobierno en junio de 1976, la

Iglesia divulgó documentos y textos, muchos de ellos en forma de homilías de obispos. En ellos, la Iglesia tomaba posición sobre el nuevo proceso político. En este proceso, una de las homilías más importantes fue la que el Cardenal Tarancón dio con motivo de la coronación del Rey el 27 de noviembre en la Iglesia Parroquial de San Jerónimo el Real. Además de la homilía, la CEE publicó en diciembre de ese mismo año un documento titulado "La Iglesia ante el momento actual". En dicho documento, se defiende la democracia para España y se define una posición de neutralidad con respecto a partido alguno o ideología política alguna. De todos modos, en otro documento posterior, se define como no neutral con respecto a la posición de la enseñanza de religión en la escuela.

En los meses posteriores, y todavía durante esta fase inicial de la transición, la Iglesia sigue tomando posición a través de varios documentos y pronunciamientos. Así, el 9 de julio de 1976 la Comisión Episcopal de Acción Social (CEASO) publicó un documento titulado "Orientaciones cristianas sobre participación social y política", y el 25 del mismo mes, el cura Suquía pidió la amnistía para los presos políticos en la ofrenda nacional con motivo de la festividad del Apóstol Santiago, petición que la Iglesia repitió en varias ocasiones. Antes del referéndum sobre la reforma política de noviembre de 1976, la CEE pidió garantías y respeto para la expresión de todas las posturas en un documento titulado "El momento del país". El 7 de mayo de 1977, la CEE presentó su posición ante las elecciones generales en un documento titulado "El cristiano ante las elecciones". En todos estos documentos, la Iglesia se negó a manifestar su apoyo por ninguno de los partidos políticos, ni siquiera por los demócrata-cristianos.

Pronunciamientos posteriores de la Iglesia con motivo de otros hitos en el proceso de cambio político como las elecciones de 1977, el referéndum sobre la Constitución de diciembre de 1978, y las elecciones generales de 1979, reflejaban ciertos miedos de esta institución ante un potencial anticlericalismo y falta de libertad en la práctica de la religión y destacaban la defensa del matrimonio contra una posible ley del divorcio, junto con el futuro de las organizaciones eclesiales en la beneficencia, la sanidad y la enseñanza. En general, el Episcopado apoyó la Constitución, excepto una minoría recalcitrante que mostró su rechazo.

En el periodo que va desde principios de 1979 hasta las elecciones generales de 1982, se produjeron acontecimientos como un intento de golpe de estado en 1981, y varias elecciones autonómicas y municipales. Durante este periodo, también se firmó una serie de acuerdos entre Estado e Iglesia que provocaron debates en cuanto al tema de la educación por parte de los partidos de izquierda. Como respuesta al intento de golpe de estado de febrero de 1981, por ejemplo, la CEE publicó un comunicado de apoyo a la democracia, y unos días después, un texto más amplio titulado "Amenaza a la normalidad constitucional: llamada a la esperanza". Por otro lado, los obispos vascos reafirmaron con claridad su opción democrática en el documento "Salvar la libertad para salvar la paz" de abril de 1981, en el que criticaban la intromisión de las fuerzas armadas para solucionar problemas políticos. Dicho documento molestó al gobierno de Calvo-Sotelo, que presentó una protesta formal ante el Vaticano.

Durante este periodo de la transición, las inquietudes más importantes de la Iglesia se hallaban en cuestiones de matrimonio y familia, especialmente por la Ley del Divorcio de 1981, ley que se aprobó a pesar de la presión eclesial. Esta injerencia de la Iglesia en temas públicos provocó una intensa controversia, pero la Iglesia no ha cesado de pronunciarse sobre temas que le afectan y afectan a la moralidad cristiana. En este sentido, se puede decir que la Iglesia Católica española todavía se considera como uno de los poderes fácticos del país. Los temas centrales de todos los documentos que la Iglesia Católica ha divulgado a lo largo de la transición son: el rechazo de los partidos políticos confesionales, y la conveniencia de partidos de inspiración cristiana, las exigencias morales y los derechos y valores socio-religiosos que debe respetar y promover la Constitución, la ideología laicista del PSOE, y la legitimidad de la Iglesia para intervenir en asuntos públicos y criticar al poder político.

Entre las autoridades que han participado de modo más activo y vocal en este proceso de transición, se hallan varios cardenales y obispos españoles. Entre ellos destaca el papel que jugó el cardenal Vicente Enrique y Tarancón, presidente de la CEE durante los últimos años del franquismo y el comienzo de la transición política. Tarancón había sido nombrado obispo con el consentimiento del general Franco a mediados de los años cuarenta, pero desde muy pronto comenzó a manifestar críticas contra el régimen franquista en temas como el de la justicia social. Al final de la dictadura este cardenal fue un importante defensor de la democracia.

La crítica al régimen franquista había comenzado, tal y como se ha analizado anteriormente en este capítulo, durante los años sesenta. En ese entonces, el reto al que se enfrentaban los obispos españoles era presentar una alternativa viable al nacional-catolicismo que se había considerado como uno de los pilares de la dictadura, y que la Iglesia misma había contribuido a solidificar. Como se ha examinado antes, la Iglesia había ofrecido un discurso claramente pro-Franco y había formado una serie de prácticas religiosas que buscaban eliminar el libre examen de ideas y expresión de las mismas, junto con los fenómenos culturales específicos a través de la eliminación del uso de lenguas regionales en los rituales eclesiásticos. Claro está que la Iglesia misma se había beneficiado de su estatus de única confesión oficial mediante una serie de derechos y privilegios. Ésta era la clave del nacional-catolicismo.

Parte de este proceso de separación de la Iglesia con respecto al régimen franquista tuvo lugar gracias a las conclusiones derivadas del Concilio Vaticano II. Uno de los primeros pasos que se dio en esta dirección fue un proceso de autocrítica en una asamblea de obispos españoles que se celebró en 1971. En esta asamblea se emprendió una ruptura, al menos informal, con la dictadura. Las conclusiones aprobadas fueron evidencia del cambio por el que estaba pasando la Iglesia Católica española. Por ejemplo, la Iglesia se criticó a sí misma por no haber ayudado a la paz durante la Guerra Civil y en los primeros momentos de la dictadura. Se criticó también por contribuir al enfrentamiento entre hermanos, pero el documento en el cual se proponían estas autocríticas nunca llegó a hacerse oficial y, como se indicó anteriormente, todavía hoy no se ha pedido perdón de manera oficial por su colaboración con la dictadura.

Si bien esta asamblea sólo constituyó un tímido intento de demarcarse del régimen franquista, el proceso de cambio interno en la Iglesia había comenzado ya con una nueva generación de curas jóvenes que aceptaban las transformaciones que estaban ocurriendo en la sociedad española y que respondieron a ellas siguiendo los principios de justicia social, tolerancia y participación en una sociedad plural que derivaban del Segundo Concilio. Algunos de ellos participaban en las comunidades de vecinos que ya habían comenzado a aparecer en los barrios de muchas ciudades durante los últimos años del régimen y muchos de estos sacerdotes habían asimilado la retórica de la lucha de trabajadores, así como los nuevos aires liberadores de otros activistas católicos en Latinoamérica. Entre esta corriente de renovadores se encontraba también el cardenal Tarancón, aunque era de una generación anterior. Por ejemplo, y ya antes de la muerte de Franco, fue muy importante su actuación en el conflicto provocado por la homilía – acusada infundadamente de separatista – del obispo de Bilbao, monseñor Añoveros, en 1974. Aunque Tarancón nunca estuvo de acuerdo con las ideas que Añoveros expresó contra el régimen y a favor del nacionalismo vasco y del uso del euskera, defendió a este obispo y evitó que las autoridades eclesiásticas españolas lo enviaran a Roma para ser castigado. Se llegó a rumorear que había preparado el texto de la excomunión del general Franco para hacerla pública en el caso de que se hubiera consumado la expulsión del obispo de Bilbao.

Por otro lado, también se critica la ambivalencia con la que la Iglesia contribuyó al proceso de democratización de España y al debate constitucional. Los obispos pedían que la Constitución expresara un compromiso con la concepción cristiana del ser humano y de la sociedad. Aunque se aceptó que el nombre de Dios no apareciera en el texto constitucional de 1978 y que se declarara la aconfesionalidad del Estado español, se ejerció una enorme presión para la inclusión del Artículo 16, en el cual se mencionaba explícitamente a la Iglesia Católica: "Ninguna confesión tendrá carácter estatal. Los poderes públicos tendrán en cuenta las creencias religiosas de la sociedad española y mantendrán las consiguientes relaciones de colaboración con la Iglesia Católica y las demás confesiones religiosas." La segunda parte del texto de este artículo puede resultar contradictoria con el espíritu aconfesional de que se hacía gala en la primera parte del mismo. Pero esta sección se considera una concesión por parte de los grupos políticos en la asamblea constitucional para intentar congraciarse con la Iglesia Católica como poder fáctico que era y que debía participar de buen grado en el proceso de democratización.

También relevante desde un punto de vista político fue la actitud del cardenal Tarancón ante la creación de partidos democristianos. Aunque consideraba que era conveniente la existencia de partidos de inspiración cristiana que tuvieran como fundamento la defensa de los derechos humanos, no estaba de acuerdo con que hubiera partidos confesionales, quizás por la crítica de interferencia de la Iglesia que pudieran atraer y por la animosidad negativa que pudieran generar una vez más, como en la Segunda República, hacia la propia Iglesia. Esta aparente ambivalencia con respecto a las formaciones políticas como los democristianos, tuvo como resultado el que se valorara positivamente la intervención moderada de la Iglesia en el proceso político, al menos durante los momentos más conflictivos de la transición.

Especial atención merece la homilía que el entonces cardenal Tarancón ofreció en la misa de la Coronación del Rey Juan Carlos I. En ella, expresa sus deseos, y los de gran parte de la Iglesia española, de que el nuevo Jefe de Estado gobierne desde el consenso, y que sea un rey para todos los españoles. Tarancón agradece al Rey el hecho de que busque también la sanción papal de su nuevo cargo pues lo interpreta como una honesta búsqueda de un rey cristiano que pide la ayuda de Dios en sus actividades políticas en un momento de especial dificultad. Ve un futuro en el que se necesitará la ayuda de todos para que se siga por un camino de paz, de progreso y de libertad. La Iglesia, en las palabras de Tarancón, agradece al Rey el que cargue con la responsabilidad de gobernar el país y ponerse al servicio de la comunidad nacional. Como muestra de agradecimiento, la Iglesia le ofrece al Rey la guía del mensaje cristiano actualizado en el Concilio Vaticano II, y el poder de la oración, pero recalca que la fe cristiana no ofrece una determinada ideología política ni un determinado modelo de sociedad. La Iglesia no se inmiscuirá en las tareas del Gobierno ni dictará política económica, sino que es su responsabilidad la de promover los derechos humanos, fortalecer las libertades o promover las causas de la paz y la justicia, tales como una equitativa distribución de la riqueza. Éstas son, según Tarancón, grandes exigencias que la Iglesia pone sobre la responsabilidad del Gobierno, aunque no especifique cómo deben llevarse a la práctica. A cambio, la Iglesia pide que se le reconozca el derecho a predicar el Evangelio, aunque dicho mensaje sea crítico con la sociedad en la que se presenta. En esta homilía Tarancón intenta sentar las bases de la nueva relación entre la Iglesia y el poder, y lo hace mediante conceptos como el de libertad, incluso la libertad para criticar al gobierno, algo que en años sucesivos ha puesto en práctica cada vez que nuevas leyes se interpretaban como contrarias al espíritu cristiano.

Entre las peticiones que Tarancón hace en esta misa de Coronación, se pueden destacar las siguientes. Pide que el Rey lo sea de todos los españoles, incluso los que piensen de modo distinto. Que con sus actos demuestre su amor por los necesitados, los pobres, los ignorantes y quienes más lo necesitan. Que sepa ayudar a los españoles a usar su libertad para que ejerzan su iniciativa en orden al bien común. Le desea que muestre discreción a la hora de iniciar nuevas estructuras jurídico-políticas que permitan a los ciudadanos la libre participación en la vida nacional. Que el resultado de todos los cambios políticos que se propongan sea el de una sociedad justa en lo social y equilibrada en lo económico, en la cual se permita la colaboración de todos.

Tarancón, en este momento de gran importancia histórica, continúa con más deseos para el país y sus ciudadanos. Su mensaje no puede resultar más claro en su crítica al régimen anterior. Por ejemplo, pide que Dios dé luz para iluminar el camino a una España mejor. Que reine la verdad y que no haya hipocresía en las nuevas instituciones, que no haya discriminaciones ni se esclavice a nadie. Pide Tarancón que el imperio de la ley esté al servicio de todos, y que la paz que reine en España sea una paz que nace de la justicia y no del miedo, que sea una paz en la que todos puedan prosperar. En concreto, Tarancón pide al Rey: "Que sea Vuestro reino un reino de vida, que ningún modo de muerte y violencia lo sacuda, que ninguna firma de opresión esclavice a nadie, que todos conozcan y compartan la libre alegría de vivir."

SACADO DEL TEXTO: EXPRESIÓN DE PETICIONES

En la homilía que acabamos de leer el cardenal Tarancón hace una serie de peticiones en nombre para el Rey y para el país en un momento muy delicado en la historia de España. También expresa los deseos de muchos españoles.

1. Busque todas las oraciones en las que se expresen peticiones o deseos para el futuro de España.

2. Clasifique estas peticiones en tres categorías:

Peticiones para el Rey _____

_____

_____

_____

Peticiones para España _____

_____

_____

Deseos para España _____

_____

_____

_____

3. Fíjese en los verbos que especifican las peticiones y deseos del cardenal Tarancón. ¿Subjuntivo o indicativo? Reflexionen en parejas y presenten sus conclusiones a la clase.

REPASO DE LAS PREGUNTAS PARA EL ANÁLISIS

En grupos de tres personas, den respuesta a las preguntas que se proponían antes de la lectura de esta sección. Comparen sus conclusiones con las del resto de la clase. Finalmente, hagan juntos una valoración de lo que pudo significar la homilía de Tarancón a pocos días de la muerte de Franco, y en cuanto a la nueva posición de la Iglesia en el comienzo de la transición a la democracia.

Temas pendientes

PREGUNTAS PARA EL ANÁLISIS

Para responder con más precisión a estas preguntas es necesario leer toda la sección siguiente, incluso el artículo sobre el poder de los obispos españoles. Por el momento, revise las preguntas y con un compañero haga una lista de los temas que se van a tratar en este pasaje. En base a esta lista de conceptos, formulen dos preguntas adicionales a las que se proponen, las se responderán tras la lectura. Cada pareja escribe estas preguntas en una tarjeta y se las dan al profesor.

1. ¿Cuáles son los temas de conflicto actuales en la relación Estado-Iglesia Católica? *Todavía se sigue debatiendo y causan conflicto los temas de...*

2. ¿Preocupan estos temas de conflicto al español medio? Justifique su respuesta. *Es muy probable que al español medio (no) le preocupe el tema de...*

3. ¿Cómo se ha adaptado la Iglesia Católica a los gobiernos del PP y del PSOE respectivamente? *Mientras que con el PP en el poder la Iglesia ha gozado de..., con el PSOE en el gobierno...*

4. ¿Se puede considerar todavía a la Iglesia Católica española como uno de los poderes fácticos del país? *En mi opinión, la Iglesia Católica representa...*

Todos los temas analizados hasta el momento hacen pensar que la dinámica Estado–Iglesia Católica va a seguir jugando un papel importante en la política de España, a pesar del hecho de que el país es aconfesional según su constitución. Sin ir más lejos, esta dinámica entre el secularismo y la continuidad de ciertos lazos católicos se puede observar en la celebración de festividades del calendario católico. Por ejemplo, el 8 de diciembre se celebra la festividad de la Inmaculada Concepción, y se considera un día feriado, en el cual cierran todos los negocios y no se trabaja. Es difícil, sin embargo, imaginar a más de una minoría asistiendo a misa ese día. La mayoría de los españoles aprovecha que el 6 de diciembre se celebra el Día de la Constitución y se toman unas vacaciones antes del periodo navideño. La tradición de estas fiestas que puntúan el calendario vacacional de España sería difícil de suprimir en un espíritu de consistencia con la aconfesionalidad establecida por la constitución. Estas tradiciones están arraigadas en la cultura del país. Por otro lado, también es difícil imaginar la mención de Dios en los discursos de los gobernantes o de los políticos, y rara vez se hace referencia a las creencias de los mismos en las campañas electorales. Estos datos nos dibujan un país que, aunque todavía mantiene gran parte de su cultura católica a través de festividades y rituales, es eminentemente secular. Esta secularización hace que se hable de repensar el papel de la Iglesia como poder fáctico.

En la actualidad, el gobierno español financia gran parte de las actividades de la Iglesia Católica. Esto significa que parte del dinero de los impuestos que pagan los españoles se destina a financiar tanto las obras de beneficencia organizadas por la Iglesia, como parte de los sueldos del clero. Los contribuyentes españoles, a la hora de hacer su declaración de impuestos, tienen la opción de marcar en el formulario la donación de una parte de los impuestos nacionales a la Iglesia Católica. Entre 1996 y 2000, por ejemplo, aumentó el porcentaje de quienes pagan impuestos y que marcan la opción de donar una parte de los impuestos nacionales a la Iglesia Católica, la cual pasó del 33,36% al 39,66% en toda España.

Otros datos adicionales dan una idea de por dónde van las tendencias sociales en España en referencia a la prominencia de la Iglesia Católica. Por ejemplo, el número de parroquias se había mantenido estable, pasando de 22.932 a 22.964 entre 1996 y 2000. Las estadísticas del número de seminaristas reflejan los datos hasta el curso 2000–2001. En ese año, había 1.797, mientras que en 1996 eran 1.900. Esta tendencia a la baja con el número de seminaristas apunta a uno de los mayores problemas que encara la Iglesia Católica en España hoy en día: la pérdida de vocaciones. En España había a principios de este siglo 19.825 curas seculares, es decir, no pertenecientes a órdenes religiosas, de los que 10.378 estaban en activo y 8.134 se habían jubilado; los sacerdotes se retiran a los 75. Respecto a las obras de caridad de la Iglesia, destacan los 2.934 millones de euros que destinó la Iglesia para atender a enfermos de SIDA en el año 2000, o los más de 11.300 drogodependientes de los que cuidó entre 1999 y 2000. Además, la Iglesia en España dirigía, en el año 2000, 876 casas para ancianos y discapacitados, once más que en 1996.

Por un lado, tenemos a una población que en su mayor parte se considera católica pero que en cuestiones de moral personal apenas sigue las directivas que le llegan del Vaticano. Por otro, la Iglesia española es eminentemente conservadora. Los ocho años de gobierno del Partido Popular (1996–2004), un partido autodenominado democristiano, se vivieron como un periodo de complicidad entre el Gobierno y la Iglesia pues el gobierno favoreció los intereses de esta última. Cuando ganó el PSOE en 2004, la Iglesia debió adaptarse a un nuevo orden de cosas. En efecto, las relaciones con el gobierno socialista tienen un tono diferente. Por ejemplo, una de las primeras decisiones tomadas por el gobierno de José Luis Rodríguez Zapatero fue la de declarar no vigente la Ley de la Calidad de la Enseñanza que daba muchos privilegios a la Iglesia en cuanto al control de las clases de religión. Este gobierno también creó un considerable antagonismo en la Iglesia cuando inició procesos de revisión de la ley del divorcio y la del aborto. La tensión llegó al máximo cuando se aprobó la ley de matrimonios que legalizaba las uniones de parejas del mismo sexo, y que ha sido muy bien recibida por amplios sectores de la sociedad.

Además de la educación religiosa, uno de los temas pendientes más delicados entre Estado e Iglesia es el de la financiación, tema en el cual, se siente desde algunos grupos de opinión, la Iglesia recibe un tratamiento preferente. El Estado aporta cada año millones de euros en diferentes conceptos. De hecho, no existe otro país en el mundo donde haya una financiación tan generosa con cargo a los presupuestos del Estado y esto es algo que tendrá que terminarse en algún momento, de acuerdo con los principios establecidos en la Constitución. Deberán ser los fieles los que a través de diferentes mecanismos sostengan su iglesia. Actualmente esto está muy lejos de suceder, porque la generosidad de los donativos no alcanza para cubrir los gastos de la institución, pero este futuro se empieza a vislumbrar al menos desde el gobierno socialista.

Este cambio de política sobre las relaciones Iglesia–Estado ha provocado a la jerarquía católica y ha hecho que ésta intervenga en la política. Hasta de Roma han llegado las críticas. El mismo Juan Pablo II, antes de sus sucesivas convalecencias, tuvo fuerzas suficientes para censurar al gobierno socialista y afirmar que no se pueden arrancar las raíces cristianas de España. El Gobierno ha reaccionado intentando calmar los ánimos de la jerarquía católica, pero el tema ha sido también usado de modo político por el Partido Popular en su posición de partido de la oposición. Lo interesante de este conflicto, sin embargo, es que apenas influye en la vida cotidiana de millones de españoles católicos y no católicos, quienes no lo viven de modo problemático. Volviendo al tema de la enseñanza, por ejemplo, éste tampoco se vive como un problema incluso en las escuelas de carácter confesional. Los padres buscan un buen nivel en la enseñanza y se decantan por la enseñanza en colegios de órdenes religiosas. Estos centros educativos, al no querer quedarse sin alumnos, no presentan un ideario excesivamente estricto. La confesionalidad más estricta ha quedado reducida a los sectores más duros de la Iglesia.

Se ha mencionado ya la brecha que existe entre los preceptos de la Iglesia Católica española y las opciones sobre moralidad personal que realizan los católicos españoles. Es pues en los temas relacionados con la vida sexual de las personas donde la brecha se hace cada vez mayor. La jerarquía católica sigue presentando una serie de consignas rígidas sobre control de natalidad, protección contra el SIDA y otros temas, pero la sociedad española pide apertura, comprensión y respeto a todas las opciones. Desde ciertos grupos de interés, se critica que las autoridades de la Iglesia hayan perdido contacto con la realidad social. Se puede comprobar en el hecho de que las iglesias estarían vacías si no fuera por una renovada afluencia de los recién llegados inmigrantes. La Iglesia no admite las relaciones prematrimoniales, no tolera las relaciones sexuales si no son con el fin de la procreación, y por lo tanto condena la planificación familiar. La posibilidad del matrimonio homosexual, por ejemplo, causó una profunda división y provocó declaraciones en un fuerte tono por parte de miembros de la jerarquía católica. Dentro de la misma Iglesia Católica hay un colectivo de homosexuales que desean ver más tolerancia, no sólo en sus parroquias, sino también en la actitud oficial de la Iglesia. En cuanto al uso del preservativo, la Iglesia se opone a lo que ve como un método anticonceptivo, aunque se use para prevenir el contagio del SIDA. Contra el SIDA, la Iglesia prefiere la castidad. Como consecuencia de estas actitudes eclesiásticas, muchos españoles acaban desligándose de las posiciones de la jerarquía. Desde la Iglesia, estas posiciones se ven como un catolicismo "a la carta", es decir, a la medida de lo que los españoles de una sociedad secularizada están dispuestos a aceptar del dogma y normas del catolicismo. Aunque esta brecha entre la moral personal propugnada por la Iglesia Católica y la forma de entenderlas que se manifiestan en la sociedad española no sea diferente de lo que se observa en otras sociedades secularizadas, la diferencia es que en España estas posiciones son parte del discurso político y se usan con fines políticos. No hay que olvidar que, como consecuencia de una serie de acuerdos históricos, la Iglesia puede ser todavía un poder fáctico, tal y como se examina en el artículo que aparece a continuación.

ACTIVIDADES DE PRELECTURA

Antes de leer de cerca el artículo que aparece a continuación, lea por encima el texto, los títulos de sus secciones, y preste atención a su título. Las preguntas siguientes se proponen para que el grupo de la clase las comente.

1. Después de leer rápidamente el texto, ¿puede pensar en un título alternativo que exprese mejor el tono del artículo? Justifique su respuesta.

2. Describa el estilo y tono del artículo. ¿Qué postura cree usted que defiende el autor?

3. Haga una lista de aquellas expresiones que la hayan llamado la atención y compárelas con las que han encontrado otros compañeros.

El poder de los obispos españoles

Juan Bedoya

El País – Sociedad – 21/11/2005

La Iglesia Católica sigue siendo una potencia económica, cultural, educativa e incluso inmobiliaria.

El Gobierno y la Conferencia Episcopal han intercambiado en las últimas semanas informaciones contradictorias y severos reproches sobre la realidad española a propósito del conflicto de la reforma educativa y también a causa de la financiación que el Estado aporta cada año a las arcas de la Iglesia Católica, directamente o mediante subvenciones y conciertos económicos. Con ese dinero – más de 3.000 millones de euros, según el Ejecutivo – y el beneficio de sus muchos bienes o inversiones, incluso en Bolsa, los obispos financian una imponente red de servicios – culturales, educativos, hospitalarios, en guarderías, ONG u obras de caridad, entre otros muchos – atendidos por decenas de miles de personas.

¿Qué queda del nacional-catolicismo consagrado por el Concordato de 1953 entre España y el Estado vaticano? ¿Es todavía un "poder fáctico" la Iglesia Católica, como solía pensarse durante la larga dictadura franquista? Los enfrentamientos entre la jerarquía eclesiástica y el Gobierno socialista en las últimas semanas suenan a *ruido de sotanas*, como si la Iglesia Católica añorase los tiempos en que su poder de intervención sobre la vida y costumbres de los españoles era absoluto. La legislación vigente, de separación entre el Estado y las iglesias por mandato de la Constitución de 1978, no avala esas pretensiones episcopales, pero la realidad es tozuda año tras año, conflicto tras conflicto. La Iglesia Católica es en España una poderosísima potencia económica, cultural, educativa e, incluso, inmobiliaria, por delante, con creces, de cualquier otra organización, si exceptuamos, como es lógico, al Estado.

La fuerza del catolicismo español, medida en fieles, curas y monjas, obispos y otras jerarquías; en dinero, o en patrimonio inmobiliario; y en servicios educativos, sociales y de caridad, no tiene parangón porque se nutre de complicados y, a veces, inescrutables mecanismos de ingresos privados y de financiaciones y subvenciones públicas. Los obispos suelen decir que la dotación estatal no alcanza el 10% del presupuesto de la Iglesia Católica. Aluden sólo a la financiación directa fijada cada año en los Presupuestos Generales del Estado – 144 millones de euros en 2006 –, e ingresada por el Ministerio de Hacienda en una cuenta de la Conferencia Episcopal, que ésta destina al pago de sueldos de los obispos (120) y los sacerdotes incardinados en las diócesis (menos de 20.000). Hacienda recauda una parte de esos 144 millones a través del IRPF de los declarantes católicos, muy escasos sobre el total de declaraciones – apenas un 35%. Este sistema data de 1988 y debía ser transitorio mientras los obispos y el Gobierno encontraban en tres años un mecanismo de financiación definitivo. El llamativo fracaso de lo que entonces se llamó el *impuesto religioso* paralizó más tarde cualquier negociación, a la vista de lo que el historiador William J. Callahan llama "la tradicional tacañería del católico español".

Complicados mecanismos

Pero esa tacañería es muy relativa cuando se refiere al Estado, es decir, al conjunto de los españoles, sean religiosos o ateos, católicos, protestantes, judíos, musulmanes o budistas. Así, través de sus administraciones central, autonómica y municipal, el Estado aporta cada año otros 3.500 millones a la Iglesia Católica en sus numerosísimas manifestaciones, más las cifras de ahorro por el paraíso fiscal en que se desarrollan la práctica totalidad de las actividades eclesiales. Se trata de un dinero que sale de las arcas de varios ministerios – Educación, Cultura, Defensa, Sanidad, Trabajo y Asuntos Sociales – y de las consejerías equivalentes de los Gobiernos autonómicos.

Es en el campo de la asistencia social y de la caridad – donde Cáritas es el buque insignia, con una labor imponente en recursos humanos y económicos – y en el sector de la enseñanza donde las organizaciones católicas reciben más dinero del Estado. Por ejemplo, en sueldos para pagar a los aproximadamente 30.000 profesores de catolicismo – los datos del Estado y la Iglesia nunca coinciden –, de los que unos 15.000 imparten doctrina en los colegios públicos, o para pagar el sistema de conciertos con las congregaciones eclesiales. En estos conciertos se incluyen las subvenciones por módulo y

las nóminas de los docentes, además de una partida para administración de los centros. Total, 3.017 millones de euros, según dijo el Gobierno en vísperas de la manifestación contra la reforma educativa del día 11.

La actividad educativa de la Iglesia se resume en 45.240 aulas, 1.500.037 alumnos y 80.959 profesores en todos los niveles. Diferentes órdenes eclesiásticas son propietarias de siete universidades – la de Deusto, de los jesuitas; la de Navarra, del Opus; la de San Pablo-CEU, en Madrid, de la Asociación Católica de Propagandistas; las pontificias de Comillas y Salamanca; y las universidades católicas de Murcia y Ávila – y de 15 Facultades eclesiásticas, 41 centros teológicos, 11 colegios universitarios, 55 escuelas universitarias, y 72 institutos superiores.

Respecto a la actividad social y caritativa del catolicismo, fuertemente respaldada por sus fieles y por los presupuestos estatales, además de la gran diaconía Cáritas Española, sus 67 delegaciones diocesanas y otras 10 Cáritas autonómicas, destacan ONG como Manos Unidas, o entidades como las Hermanitas de los Ancianos Desamparados o las Hijas de la Caridad de San Vicente de Paúl, galardonadas este año con el Premio Príncipe de Asturias.

Fuentes de financiación

Otra fuente de financiación son los centros hospitalarios (107); los centros sociales como ambulatorios y dispensarios (128); casas de ancianos o discapacitados (876); orfanatos (937); guarderías (321); centros especiales de reeducación (365) y "otros centros de caridad y sociales" (717). El Estado paga también la nómina de los capellanes hospitalarios (510 a tiempo completo y 297 a tiempo parcial), los penitenciarios (130), más los sueldos de los capellanes castrenses, a cuyo frente está un arzobispo con grado de general de división.

Capítulo aparte, muy relevante, son las subvenciones o ayudas directas a la Iglesia para su ingente patrimonio artístico e inmobiliario: 280 museos, 103 catedrales o colegiatas con cabildo y casi mil monasterios. Para sostener ese patrimonio, las administraciones públicas han gastado en los últimos 20 años miles de millones. Fue el caso de la Comunidad y el Ayuntamiento madrileños, que, gobernados aún por los socialistas, financiaron gran parte de la finalización de la catedral de La Almudena.

En cambio, por todos los conceptos, las demás confesiones religiosas recibieron este año en España apenas tres millones de euros.

"El jardín de los domingos"

Los obispos sueñan con hacer santo al cardenal santanderino Ángel Herrera Oria. Hasta su muerte en 1968, a los 82 años, hizo una carrera precoz, ajetreada y multifacética. Antes de ordenarse sacerdote en 1941, a los 55 años, y de ser obispo de Málaga en 1947, fue abogado del Estado, fundador de la Asociación Católica de Propagandistas y frustrado diputado de la II República como candidato de Acción Popular, de cuya junta directiva era presidente. En 1936 marcha a Suiza a hacer la carrera eclesiástica, y no regresa hasta 1943. Brilló en el Concilio Vaticano II, en el sector más conservador.

Lo que los obispos añoran más de Herrera Oria es su empuje como hombre de la comunicación. Fue el fundador de periódicos nacionales y provinciales – *El Debate*, en primer lugar –, de una escuela de periodismo, de una

agencia de noticias, de varias emisoras... El dictador Franco tenía a Herrera por el contrincante más serio en el pulso que libró de continuo con el sector católico de su régimen nacional-católico. No paró hasta desviarlo al obispado de Málaga, aunque no pudo impedir que el odiado (para los franquistas) Pablo VI le hiciera cardenal en 1965, a los 75 años.

Gran parte de la copiosa herencia de este cardenal en medios de comunicación – el diario *Ya*, antiguo *El Debate*, la agencia Logos, toda la cadena de prensa regional – la despilfarró la Conferencia Episcopal en los primeros años de la transición, suprimiendo todos esos medios o vendiéndolos al peor postor. La Iglesia quedó reducida así a lo que uno de sus mejores expertos, el obispo José Sánchez, de Sigüenza-Guadalajara, llama "el jardín de los domingos": medio millar de hojas parroquiales y revistas sin apenas difusión fuera del círculo estrictamente católico.

Los obispos llevan años intentando remediar el desastre. Para ello, han fortalecido como cadena, con el nombre de Cope, sus radios Populares, sumando ya 163 emisoras; están poniendo en marcha una ya copiosa cadena de televisión con el nombre de Popular TV, y varias congregaciones religiosas, los jesuitas y el Opus Dei a la cabeza, están transformando sus muchas revistas en medios atractivos para todos los públicos.

El primero en hacerlo, con presencia ya en 20.000 quioscos, ha sido el pasado mes *Reinado Social*, fundada hace 87 años por los Sagrados Corazones y que cuenta de salida con 43.000 suscriptores. Ahora sale a los quioscos con nuevo nombre – *21RS* –, diseño moderno y unos temas que para sí quisieran muchas revistas de información general.

SACADO DEL TEXTO: DESARROLLO DE LÉXICO

En el artículo anterior aparece una serie de expresiones que vale la pena examinar y aprender a usar dado que pueden aplicarse a otros contexto de habla. Ésta es la lista: *no tiene parangón, nómina, ruido de sotanas, impuesto religioso, tradicional tacañería del católico español, paraíso fiscal, sale de las arcas de los ministerios.*

1. Lea el artículo otra vez y busque estas expresiones en su contexto. Intente deducir el significado de las mismas y si no conoce alguna palabra busque el significado en www.rae.es.

2. Inserte cada una de estas expresiones en la oración que corresponda.

   • Los españoles que así lo indiquen en su declaración de la renta dedican parte de sus ingresos a lo que ha venido a llamarse el _____ _____.

   • Esta situación de privilegios históricamente justificados _____ _____ en otras sociedades occidentales.

   • Leyes como las del divorcio, el aborto o la reforma educativa provocan el consabido _____ que nunca llega a producir una gran movilización social.

   • No sólo el presupuesto para _____ de los curas, sino también gran parte del presupuesto de educación _____ _____.

   • En virtud del Concordato Vaticano ratificado en 1979, la Iglesia Católica española disfruta de un _____.

   • Si se observan las colectas de los domingos en las iglesias es fácil entender la _____.

REPASO DE LAS PREGUNTAS PARA EL ANÁLISIS

Prepare un breve informe escrito con su respuesta a las preguntas para el análisis. Compárelo con el de un compañero de clase y corríjanse los errores que encuentren. El profesor les entregará también una nueva lista con algunas preguntas adicionales que la clase preparó antes de la lectura de este pasaje y que ahora se proponen para el comentario en común.

Ensayos

Para escribir los textos que se proponen a continuación es necesario investigar en internet para conocer más en profundidad los temas de actualidad sobre la práctica de la religión en España. Busque la información y combínela con las ideas que ya ha aprendido a través de las lecturas de este capítulo.

1. **Crisis de vocaciones.** Uno de los problemas a los que se enfrenta la Iglesia Católica en España es la falta de gente que quiera entrar en los seminarios para convertirse en curas o integrarse en las órdenes religiosas. Se denomina este fenómeno como "crisis de vocaciones". Las causas son varias. Investigue en internet y escriba un breve informe sobre esta situación.

2. **Otras religiones en España.** La constitución de 1978 establece que España no tiene una religión oficial, así como la libertad de culto. Con la llegada de inmigrantes y la apertura y mayor tolerancia de la sociedad española hay ahora en España una presencia de otras religiones con sus lugares de culto y un número considerable de fieles. Escriba un informe sobre el tema.

3. **Organizaciones de defensa de la Iglesia Católica y del laicismo.** Con la llegada de internet y las posibilidades de organización e información que abre, también han surgido nuevas organizaciones destinadas a velar por los intereses de la Iglesia Católica en España, y también, al contrario, por el laicismo del sistema político y educativo español. Investigue cuáles son dichas organizaciones con presencia en internet y los mensajes que se ocupan de divulgar en defensa de sus intereses.

4. **Opus Dei.** El filme *El código Da Vinci* introdujo esta orden seglar católica al público general, si bien lo hizo de una forma que se podría calificar como sensacionalista. Se trata de una orden de origen español, formada a principios del siglo XX. Investigue la historia y actualidad de la orden y escriba un informe sobre el tema.

5. **¿Es España un país católico?** Ésta fue una de las preguntas que se proponían al principio del capítulo. Después de leerlo, es posible que tenga una respuesta un tanto

diferente y posiblemente más compleja. Escriba un ensayo en el que dé su respuesta personal a esta pregunta, teniendo en cuanto todo lo que ha aprendido.

Debate: ¿Clases de religión en la escuela pública?

Dos equipos. El tema de las clases de religión en la escuela pública sigue siendo uno de los más polémicos en las relaciones Iglesia Católica–Estado. Este tema se presenta en la segunda sección de este capítulo y se menciona varias veces en otras secciones. Se podría decir que todavía está abierto a debate. Este será el tema del debate, para lo cual deberán investigar en internet los razonamientos en defensa de las dos posturas.

Equipo A. Defiende la postura de que las clases de religión tienen su lugar natural en la escuela, especialmente en la primaria, en la secundaria obligatoria y en el Bachillerato. Las clases de religión reflejan el hecho de que España no puede entenderse sin su cultura católica y están de algún modo justificadas mediante principios establecidos en la Constitución española.

Equipo B. Defiende la postura contraria, la de que las clases de religión deben sacarse de la escuela pública y llevarse a la esfera de la familia, de sus templos, mezquitas y parroquias. Esta postura se opone también a la enseñanza de la religión de todo centro de enseñaza que reciba dinero del Gobierno, incluidos los centros concertados.

Cuéntame cómo pasó – Episodio 27: "Nuevos horizontes"

Resumen del episodio: Es la primavera de 1969 y España vive un periodo de expansión en la construcción y crecimiento económico. Don Pablo, el jefe de Antonio en su trabajo en la imprenta, quiere aprovechar este *boom* de la construcción y crea una empresa en la que Antonio será su hombre de confianza. Uno de sus proyectos sería construir un bloque de apartamentos – o como los llaman en el episodio, pisos – en el descampado donde juegan Carlitos y sus amigos. Este espacio, lleno de ruinas, es donde los niños juegan con total libertad. El plan de construcción en este espacio moviliza a muchos en el barrio, incluido don Eugenio, el cura.

Por otro lado, Mike, el novio inglés de Inés, está pasando varios días en casa de la familia. Intenta ganarse la vida cantando en la calle, pero esto es algo que avergüenza a la familia, y le piden que busque otra ocupación más aceptable. Franco no ha muerto todavía, y la Iglesia Católica tiene una gran influencia en la sociedad española de esta época. Sin embargo, soplan ya vientos de cambio.

Contexto: En el episodio se ve a los niños jugar varios juegos en el descampado. Investigue en la web qué juegos populares se jugaban en esta época.

Reflexiones de Carlitos: En varias partes del episodio es posible oír la voz de Carlitos ya adulto, que reflexiona sobre los cambios vividos por la sociedad española. Este Carlitos adulto piensa en lo mucho que ha cambiado España, y en cómo fue su infancia, especialmente en lo referente a los espacios de juego. Escuche los fragmentos del episodio en los que Carlitos reflexiona y escriba un resumen con las ideas más importantes. Compare su resumen con el de un compañero. ¿Han entendido algo diferente? Pregunten al profesor si les quedan dudas. ¿En qué áreas ha cambiado la sociedad española en estos cuarenta años?

PREGUNTAS PARA EL ANÁLISIS

1. ¿Por qué el proyecto de construcción en el barrio moviliza a algunas personas a actuar, incluidos los jóvenes y el cura?

2. Don Pablo, el jefe de Antonio, dice: "Vamos a llenar España de hormigón." ¿Qué significa esto?

3. ¿Qué representa el descampado o espacios similares para la generación de los chiripitifláuticos?

4. ¿Qué conflicto generacional crea la presencia de Mike? ¿Por qué no quiere la familia que cante en la calle?

5. ¿Qué posición defiende el cura en el bar sobre Mike? ¿Es su actitud típica de los curas de esta época?

6. ¿Cuáles de los temas de este episodio tienen relación con lo discutido en este capítulo? ¿Se puede ver en estos temas ya un cambio en la sociedad española anterior al periodo de la transición?

Imagine el diálogo: Varios personajes en el episodio dicen "nos vamos a forrar". Esto significa que se van a hacer ricos, con estos nuevos planes de empresa. Sin embargo, el desarrollo sin control no es algo que varios sectores de la sociedad española veían bien. Toni representa esta posición; critica el desarrollo que se apoya en la corrupción.

Para preparar este diálogo es necesario hacer varias actividades:

1. Vuelva a ver el episodio y haga una lista de expresiones idiomáticas o coloquialismos que pueda identificar. Compare su lista con la de sus compañeros de clase y creen una lista común.

2. Con un compañero, haga una lista de las dos razones por las que Toni quiere parar el proyecto de construcción, y dos razones por las que Antonio, su padre, quiere que se construya este bloque de pisos.

3. Con estas razones, improvisen delante de la clase un diálogo en el que Toni y su padre tienen una pelea sobre la protesta y el activismo de Toni en referencia a este proyecto. Usen al menos tres de las expresiones de la lista creada por la clase.

Pocos varones españoles se libraron de la "mili", del servicio militar obligatorio. © Alain M. Urrutia.

CAPÍTULO 7

El ejército

Contenido
Funciones durante el franquismo
Transición y golpe de estado
Cambios en la institución
El servicio militar

Forma
Expresión de duda versus información
Especulaciones (repaso)
Secuencias temporales
Jerga y estilo

¿Qué nos dice la ilustración?

Antes de iniciar el trabajo en este capítulo, piense en lo que representa la ilustración de la página inicial. Comente con sus compañeros qué conexión tiene con la información que se va a examinar sobre el ejército y su relación con la sociedad española.

El poder de la imagen

Busque en internet, especialmente en youtube.com, segmentos audiovisuales de archivo usando como palabras clave "la mili española", "Tejero en el Congreso", "23F", o "ejército español". Reflexione sobre lo que estas imágenes expresan acerca del papel que juega el ejército ahora y en su comparación con el que jugó durante el franquismo y en los primeros años de la transición. Escriba sus conclusiones en cinco oraciones y preséntelas al resto de la clase.

265

¿Cuánto sabemos ya?

En este capítulo se examinará el papel que jugó el ejército en la transición a la democracia en España, las dificultades que tuvo para asumir los numerosos cambios políticos, y el papel que tiene ahora en la sociedad española. También se explicará en qué consistía el servicio militar que muchos hombres se vieron obligados a cumplir durante su juventud. La experiencia de la "mili" fue un rito de paso para muchos hombres, algo que varios miembros de la generación de los nacidos entre 1960 y 1970 vivieron con gran ansiedad, y a lo que muchos de ellos respondieron con un movimiento de objeción de conciencia.

LISTA DE CONCEPTOS CLAVE

A continuación se enumeran algunos de los conceptos clave que aparecerán en las lecturas de este capítulo. Es posible que ya conozca el significado de algunos, aunque sea en un contexto más general, y no referido al caso de España.

Alto mando militar	Guardia Civil	Objeción de conciencia
Bando (de una guerra)	Insumiso	Pronunciamiento
Deponer las armas	Intentona	Reclutamiento forzoso
Desertor	Inútil / útil para el servicio	Servicio militar obligatorio
Estamento militar	Levantamiento	Servicio militar sustitutorio
Golpe de estado	"Mili"	Sublevados
Golpista		

En casa: Busque el significado de estas palabras preferentemente en el diccionario de la Real Academia en www.rae.es, o en cualquier otro diccionario que sólo ofrezca definiciones en español. Si no puede encontrar el significado de alguno de los conceptos que se presentan, puede pedir ayuda en clase. Identifique varias categorías en las que se pueden clasificar y escriba un breve informe explicando cómo se agrupan los diferentes términos enumerados en dichas categorías. Por ejemplo: *Los conceptos de "mili", "servicio militar obligatorio" y "servicio militar sustitutorio" se clasifican en una categoría como "obligaciones para con el ejército español".*

En clase: Compare con otros dos compañeros las categorías que ha identificado, y decidan entre los dos una presentación común que van a hacer para la clase. Cada grupo puede usar una serie de tarjetas que tienen escritos los términos de este capítulo, y las organizará en la pizarra bajo las categorías que hayan acordado. Toda la clase podrá observar diferentes versiones del mapa de conceptos para el capítulo, mientras cada grupo presenta su clasificación y la colocación de cada una de las tarjetas con los conceptos. El objetivo de esta actividad es que cada grupo negocie una interpretación que deje a todos satisfechos sobre los temas que se van a tratar y las relaciones que existen entre ellos.

Conocimientos previos

Franco era un militar, y fue su sublevación dentro del ejército la que inició la Guerra Civil española. Después de esta confrontación nacional, el régimen franquista se apoyó en el trabajo de los militares, lógicamente los militares del bando vencedor. Por esta razón, es fácil asociar la historia reciente de España con la idea de un importante papel del ejército. La primera tarea antes de iniciar la lectura del capítulo es examinar conocimientos y suposiciones previos con respecto a la presencia militar en la sociedad española. Para iniciar la discusión de lo que cada uno entiende sobre la relación entre el ejército y el Gobierno de España, se puede usar como punto de partida *El laberinto de Pan*, un filme de reciente estreno y que es posible que una parte de la clase haya visto ya.

Comente con la clase lo que usted conoce sobre el papel del ejército en la sociedad española. Responda a estas preguntas siguiendo las pautas que se proponen a modo de guía.

- ¿Cuáles son las primeras ideas que usted asocia con la presencia del ejército en España? *La primera idea que destacaría es...*

- ¿Hay elementos o conceptos que toda la clase comparta? ¿Cuáles son? *Casi todos coincidimos en que... / Mientras que algunos de nosotros pensamos que... otros son de la opinión de que...*

- ¿Cuál es la fuente de estas preconcepciones? ¿Algún libro que hayan leído? ¿Alguna asociación de ideas con regímenes políticos similares? ¿Alguna película que hayan visto? *Estas ideas provienen de haber leído / visto...*

- ¿Qué papel cree usted que juega el ejército en la sociedad española actual? ¿Y en el sistema político? *Es probable que el ejército ahora tenga un papel de...*

- ¿Cuál puede ser la actitud más extendida de los españoles con respecto al ejército? Justifique su respuesta. *Puede que los españoles vean al ejército como...*

Experiencia personal

En la mayoría de las democracias occidentales se entiende que el ejército se encuentra siempre al servicio de las autoridades civiles y depende de ellas. Los soldados deben lealtad a sus líderes y una conciencia de servicio a la sociedad, de modo que es poco probable que decidieran tomar el poder en sus manos. Esta concepción es con frecuencia la que explica una actitud de respeto y honor que la sociedad civil dedica a los militares.

- ¿Qué conceptos asocia usted con el ejército? Escriban entre todos una lista y observen cuántas ideas comparten. *Con respecto al ejército, los primeros conceptos que vienen a la mente son...*

- ¿Qué tipo de presencia tiene el elemento militar en la vida pública y política de su país? *Principalmente, el ejército se ocupa de...*

- ¿Qué imagen pública tiene el ejército en su país? *Me parece que el ejército goza de una imagen pública de...*

- ¿Consideraría usted unirse al ejército bajo alguna circunstancia? *Me incorporaría al ejército si tuviera / estuviera...*

- ¿Qué opina sobre un servicio militar obligatorio, como el que existe en algunos países? *Si hubiera un servicio militar obligatorio en mi país, la opinión pública sería...*

Funciones durante el franquismo

PREGUNTAS PARA EL ANÁLISIS

Antes de iniciar la lectura de esta sección se proponen varias preguntas que guiarán la comprensión. Intente responderlas y comentar sus respuestas con las de sus compañeros. Tras leer la sección se compararán dichas respuestas con la información obtenida. En cuanto al formato de la respuesta, puede seguir la pauta que se ofrece o tomar un camino diferente.

1. ¿Cuál era el estatus social y económico del ejército durante el régimen franquista? *El ejército franquista disfrutó un estatus social que lo colocaba...*

2. ¿Cuál era la mentalidad predominante del militar español durante el franquismo? *El militar profesional típico se caracterizaba por...*

3. ¿Qué funciones tenía el ejército en esa época? *Los militares desempeñaban funciones de...*

4. ¿Qué significa hablar del aislamiento del ejército con respecto a la sociedad española? *El militar español del franquismo vivía aislado de la sociedad ya que...*

5. ¿Qué consecuencias pudo tener este aislamiento? *Este aislamiento acarreó consecuencias como...*

Desde muchos puntos de vista, el periodo de la transición a la democracia se puede caracterizar por su antimilitarismo. Por un lado, sectores importantes de la población no aceptaban la presencia de bases militares estadounidenses en España. Por otro, el servicio militar obligatorio o "mili" era algo que causaba gran ansiedad entre los jóvenes que se veían forzados a cumplirla. Las reacciones negativas ante las fuerzas armadas durante la transición provienen en cierto modo del papel que el ejército había jugado en el régimen franquista. Los jóvenes nacidos durante los años sesenta sentían un gran recelo por las fuerzas armadas, a las que consideraban como un factor de involución. Y no les faltaba razón, si se tiene en cuenta el intento de golpe de estado perpetrado el 23 de febrero de

1981. Aunque falló, esta intentona recordó a los españoles que todavía se debía prestar atención al ejército, pues posiblemente sectores importantes de esta institución no habían asimilado los cambios traídos por la democracia tan bien como el resto de la población. La razón de ello se encuentra en la relación entre el ejército y el franquismo.

Franco, un hombre no de grandes capacidades intelectuales ni educación, pero extremadamente astuto, usó a los militares como una fuerza política, dándoles todo tipo de ventajas. El dictador era un militar y se entendía bien con los miembros de las fuerzas armadas, mejor que muchos de los líderes políticos que idearon la toma del poder. Curiosamente, aunque no fue él quien preparó la rebelión militar que inició la Guerra Civil, pocos meses después de la misma Franco fue nombrado ya oficialmente Jefe de Estado. Esto también significa que una vez terminada la guerra, la clase militar no se retiró a sus cuarteles, sino que tuvo importantes papeles en la España de la posguerra, borrando con frecuencia la línea entre la sociedad civil y la militar. Varios gobiernos sucesivos fueron formados por militares de alto rango, como por ejemplo generales que pasaron a ocupar puestos en la sociedad civil. Estos militares fueron los gestores de las políticas franquistas. Franco podía comunicarse con ellos porque su propia formación tuvo lugar en la Guerra del Norte de África. La esencia del régimen franquista fue el control absoluto del Estado, la justicia, la política y la represión, mediante el estamento militar, al menos en los primeros años de la dictadura; este hecho dio un enorme poder al ejército.

La Guerra Civil española se inició cuando una facción del ejército español se sublevó para tomar el poder y restaurar una estabilidad social que dichos militares consideraban comprometida por el gobierno de la Segunda República. Esta sublevación provocó la respuesta de la otra parte del ejército, que veía como su obligación defender al Gobierno legítimo creado tras unas elecciones democráticas. La respuesta por parte del ejército de la República, que no quiso rendirse ante los nacionales, tuvo como resultado una contienda civil que se prolongó durante tres años. Así pues, en 1939, al final de la Guerra Civil, había claramente un ejército vencedor (los nacionales) y otro vencido (los republicanos). Junto al primero, hay un aura de gloria, mientras que los segundos sólo encontraron vergüenza y en muchos casos la pérdida de su puesto de trabajo. Además de haber perdido su empleo, los miembros del ejército republicano perdieron su derecho a una pensión y se vieron obligados a ganarse la vida con grandes dificultades. Quienes no fueron encarcelados, tuvieron que encontrar otro tipo de trabajo. Sin embargo, encontrar un empleo fuera del ejército resultó también difícil para los militares republicanos, dado el estigma asociado durante el régimen franquista con todo lo relacionado con la Segunda República, y dado también el alto grado de escrutinio al que se sometían para muchos otros empleos. Algunos de estos militares republicanos incluso se vieron obligados a exiliarse de España.

El ejército ganador, en lugar de regresar a sus cuarteles y a la vida estrictamente militar, pasó a ocupar puestos en la administración del Estado y en la gestión de empresas. No sólo tuvo una gran presencia en el Gobierno, a través de varios ministerios que representaban a cada una de las secciones del ejército, mar, tierra y aire; esta presencia en el Gobierno daba al ejército un considerable poder y acceso al caudillo. Además, como se ha indicado en la introducción, los militares también recibieron puestos de trabajo que tradicionalmente estaban destinados a la población civil. Así pues, hubo ministros, gobernadores civiles en las provincias que eran antiguos militares. Después, otros pasaron a ser jefes de empresas estatales y privadas, además de líderes de agrupaciones empresariales y asociaciones cívicas. Desde una cierta perspectiva, se puede calificar esta situación como de ocupación militar que daba a los militares una posición de prominencia política y social. Esta posición privilegiada se extendía al campo de la ley. Los militares con frecuencia estaban por encima de la ley pues cualquier tipo de ofensa que pudieran cometer era llevada ante un Tribunal Militar, y no ante uno civil, y dicho Tribunal Militar muchas veces no castigaba delitos cometidos por miembros del ejército con el mismo vigor y celo jurídico.

La ironía es que aunque el bando militar victorioso tenía una enorme presencia en la vida civil española, sus sueldos no reflejaban su situación socialmente privilegiada. Los salarios de los militares durante el franquismo, y hasta hace relativamente poco tiempo, eran tan bajos que algunos militares tuvieron que buscar un empleo adicional para mantener a sus familias, recurriendo así al pluriempleo, como muchos otros españoles. Esta escasez de recursos también se extendía a la dotación de armamento. Con un gobierno inicialmente empobrecido, la penuria económica también afectaba al ejército, que no tenía los medios necesarios para hacer bien su trabajo.

El Gobierno franquista intentó crear unas mejores condiciones para los miembros del nuevo ejército mediante la creación de economatos en los que las familias militares podían realizar sus compras a precios especiales. También se intentó contribuir a la economía familiar del militar con viviendas de bajo costo en las "casas militares". Por consiguiente, las familias militares vivían en sus propios barrios y compraban en tiendas separadas de las del resto de la sociedad española. Esta forma de ayuda o compensación a la familia militar para salir de los apuros económicos también contribuyó a separar al estamento militar de la sociedad a la que, en teoría, le correspondía servir. El militar español tuvo problemas para entender la sociedad española, especialmente tras la muerte de Franco, cuando el sistema político empezó a cambiar de modo dramático.

Un militar español en la reserva, que vivió los años de la transición, describe el ejército del tardo-franquismo de la siguiente manera.

Su mentalidad debía estar condicionada por los incidentes y circunstancia vividos en torno a la contienda, seguidos luego por la Segunda Guerra Mundial; por lógica, no podía ser tan abierta como la de los hombres que fueron llegando después y, mucho menos, como la de los que dejé en los años finales del pasado siglo, educados en un ambiente de paz interna y externa, además de estar mejor relacionados con personal de diferentes ejércitos. Así que el ambiente que se respiraba al comienzo de los años setenta era el propio de un ejército replegado sobre sí mismo, austero y disciplinado, que trataba de suplir con este último valor castrense la falta de medios técnicos. Poco a poco se fue mejorando en este último aspecto gracias a los tratados militares con EE.UU., circunstancia que también debió influir en la mentalidad de algunos elementos de la cúpula militar después de veinte años de relación con individuos del ejército americano, que se inició después de 1953, si mal no recuerdo.

Lo anterior no quiere decir que la mayoría de los altos generales no siguieran todavía imbuidos del espíritu que se había respirado a lo largo de tantos años y, de hecho, en los tiempos inmediatos a la muerte de Franco hubo algunos elementos que manifestaron su discrepancia con los cambios de la democracia y dimitieron de sus cargos, o se les apartó de los mismos. Estos hombres tenían sus adeptos, pero también sus detractores, entre la oficialidad más joven.

Manuel, militar español en la reserva

Algo similar a lo que se observa con respecto al ejército ocurrió con la Guardia Civil, que también pasó a tener un importante papel en el mantenimiento del régimen franquista por su doble carácter de cuerpo de policía y cuerpo militar. Este cuerpo de fuerzas del orden también vio desde sus cuarteles cómo con la llegada de la democracia terminaba la serie de privilegios de los que había disfrutado durante el régimen franquista. La Guardia Civil, popularmente llamada Benemérita, es un grupo policial de carácter militar. Su función, según la Constitución de 1978, es la de proteger el libre ejercicio de los derechos y libertades de los españoles y la de garantizar la seguridad ciudadana. Como cuerpo de seguridad del Estado depende del Ministerio del Interior, y como cuerpo militar depende del Ministerio de Defensa, especialmente en tiempos de guerra. Tras el fin de la Guerra Civil y bajo el mando de Franco, la Guardia Civil se dedicó a vigilar y controlar las actividades clandestinas que se desarrollaban en las zonas rurales españolas. A cargo de la Guardia Civil estaba no sólo el campo y las actividades que tienen lugar allí, sino también la protección del tráfico en carretera y la de las fronteras. En el ejercicio de estas funciones, por ejemplo, este cuerpo policial y militar ayudó a eliminar la organización de grupos guerrilleros conocidos como *maquis* que se iniciaron tras la Guerra Civil.

Como en el caso del ejército, la Guardia Civil disfrutó de privilegios y reconocimiento que no se tradujeron en un sueldo suficiente para mantener a una familia numerosa. En consecuencia, también se les ayudó a compensar estas penurias mediante viviendas de bajo costo, ubicadas en el mismo cuartel, y economatos como los del ejército. Estas condiciones aislaron a este cuerpo del resto de la sociedad española, algo que pudo tener consecuencias durante la transición. Quizá fuera este aislamiento del estamento militar y policial uno de los factores que contribuyeron al intento de golpe de estado que vivió España el 23 de febrero de 1981, cinco años después de iniciarse la transición a la democracia. Este fue uno de los varios intentos de regresar al régimen anterior que tuvieron lugar durante finales de los setenta y principios de los ochenta y que fueron protagonizados tanto por algunas divisiones del ejército como por miembros de la Guardia Civil.

SACADO DEL TEXTO: EXPRESIÓN DE DUDA VERSUS INFORMACIÓN

Después de leer esta sección, es posible que algunas ideas hayan quedado claras, pero es posible también que no se esté tan seguro de otras. Vamos a organizar estas ideas en dos columnas, que la clase junta trazará en la pizarra.

Columna "creo" / "me parece": Escriba junto con un compañero las ideas que conoce, es decir, cuya información presenta como un hecho. Cuando ambos estén satisfechos, escríbanlas en la pizarra, en la columna correspondiente.

Columna "no creo" / "no me parece": Escriba con un compañero las ideas de las que no está tan seguro, cuyo contenido presenta como una suposición. Cuando tengan dos o tres ideas, escríbanlas en la segunda columna.

1. Toda la clase decide ahora si se debe usar el subjuntivo en las oraciones de alguna de las dos columnas. ¿Son todas las oraciones correctas?

2. ¿Qué consecuencias tienen las dos ideas diferentes en cuanto a los tipos de verbos que se usan en estas oraciones? Pónganse de acuerdo sobre la regla que se aplica en este caso para el uso del subjuntivo.

3. Toda la clase intenta resolver las dudas que todavía quedan sobre las ideas de esta sección, tal y como se expresan en la columna correspondiente.

REPASO DE LAS PREGUNTAS PARA EL ANÁLISIS

Ahora es el momento de comparar sus respuestas iniciales a las preguntas para el análisis y concretar lo que ha aprendido. Comente con un compañero cómo respondería a las preguntas para el análisis tras la lectura del pasaje. Decidan entre los dos las tres ideas más relevantes que han aprendido y compárenlas con las del resto de la clase.

Transición y golpe de estado

PREGUNTAS PARA EL ANÁLISIS

Aunque usted no sepa nada sobre el papel del ejército en la transición ni del intento de golpe de estado que protagonizó, es posible que conozca otros casos similares y pueda extrapolar para intentar responder a las preguntas para el análisis. En parejas, escriban sus respuestas en una tarjeta y entréguenla al profesor. Al final de esta sección se verá si sus suposiciones eran correctas.

1. ¿Quiénes participaron en el intento de golpe de estado del 23 de febrero de 1981? *Los principales planificadores y conspiradores en el golpe del 23F fueron...*

2. ¿Cuáles eran los factores que contribuyeron a la intentona de golpe de estado de 1981 por una facción del ejército para solucionar la "inestabilidad" de la sociedad española? *Entre los factores del 23F se puede contar el hecho de que...*

3. ¿Qué plan tenían los militares sublevados? ¿Conocían las fuerzas políticas democráticas este plan? *Los sublevados esperaban que el Rey hiciera / aceptara... Es probable que las fuerzas políticas de la reciente democracia (no) supieran... porque...*

4. ¿Qué lecciones aprendieron los españoles tras la intentona de golpe de estado? *Los españoles tuvieron que darse cuenta de que...*

5. Se da la ironía de que los participantes en este golpe contra la democracia se beneficiaron de los principios de la misma. Explique dónde se encuentra la ironía. ¿Qué les hubiera pasado a los participantes en un pronunciamiento si lo hubieran intentado durante el régimen franquista? *Si el pronunciamiento militar hubiera tenido lugar durante el franquismo, los participantes hubieran / habrían... Y esto resulta irónico porque...*

6. En su opinión, ¿cómo debería haber actuado el Gobierno democrático español con respecto a los golpistas? *Desde mi punto de vista, el Gobierno democrático debería haber...*

Según indican los expertos, la transición a la democracia se realizó sin tener en cuenta al ejército, un ejército que era disciplinado, compacto, pero que estaba aislado de la sociedad civil o, en palabras de un antiguo militar, "replegado sobre si mismo". Algunos grupos dentro del mismo pudieron sentir que todos los cambios que se estaban produciendo con la recién nacida democracia ponían en riesgo la posición de prominencia social y política de la que hasta entonces habían disfrutado. Sin embargo, debe considerarse en su defensa que también fue en su mayor parte este ejército el que el 23 de febrero de 1981 obedeció al Rey para salir en defensa de la democracia y acabar con la insurrección de unos grupos aislados.

Aunque había entre los parlamentarios del partido Unión de Centro Democrático (UCD), un antiguo general, Gutiérrez Mellado, se puede decir que la reforma del ejército no se encontraba entre las prioridades de los gobiernos de la UCD y el intento de golpe militar del 23 de febrero de 1981, conocido como el 23F, les pilló por sorpresa. Este acontecimiento recordó a los españoles dos cosas que corrían el peligro de olvidar. La primera era que la democracia estaba todavía por consolidarse; todavía quedaba mucho trabajo por hacer. La segunda era que dicho trabajo consistía, en parte, en una profunda reforma de la cultura militar dominante en el ejército español. El área de tensión más importante entre el ejército y el Gobierno tuvo lugar con la legalización del Partido Comunista de España (PCE), según el historiador Álvaro Soto comenta en su libro *Transición y cambio en España*. La extrema derecha aprovechó la legalización del PCE para destacar la ilegitimidad de tal decisión con la esperanza de que llegaría a indignar a los militares y empujarles a realizar una intervención militar:

El punto de inflexión de la actitud de ciertos mandos del ejército contra el proceso de transición se produjo a raíz de la legalización del PCE el 9 de abril de 1977. Los primeros movimientos tuvieron lugar en Madrid. Jaime Milans del Bosch, Jefe de la División Acorazada Brunete (DAB), solicitó al capitán general de la I Región Militar la convocatoria de una reunión urgente en el edificio de la Capitanía General de todos los mandos de la Región. La misma tuvo lugar el 12 de abril y fue presidida por Milans del Bosch [...]. De la información de dicha reunión destacan tres conclusiones: 1. el deterioro de la imagen del Gobierno en el seno del ejército; 2. la desconfianza de los coroneles y tenientes coroneles hacia ciertos sectores del generalato; y 3. el creciente liderazgo de Milans del Bosch entre los sectores más proclives a la intervención. (p. 162)

De hecho, tras la celebración de las primeras elecciones democráticas de 1977, varios altos mandos del ejército mantuvieron repetidas reuniones y transmitieron sus reacciones al Rey a través de informes. En uno de ellos se pide al Rey que apoye una posible suplantación que hubiera puesto al mando del país a un gobierno militar, en sustitución del civil. Es necesario tener en cuenta que algunos de los altos mandos militares tenían acceso al Rey pues tenían buenas relaciones con él. Éste era el caso del general Alfonso Armada. A lo largo de finales de los setenta se planea desde varios cuerpos militares la intervención para tomar las riendas del país que, según los responsables de las intentonas, iba por mal camino. Este era un momento especialmente difícil para el ejército, pues no sólo observaba cambios en los que no participaba, sino que además se encontraba también bajo el ataque del grupo terrorista vasco ETA que por aquel entonces empezaba a asesinar a militares. Se habló en algunos momentos de un "golpe blando" que salvara la monarquía y que arreglara una situación política que desde el estamento militar se veía como caótica. La idea que parecía tener más apoyo, y que circuló como rumor entre varios grupos políticos, era la de mantener la monarquía y poner a un militar al frente de un gobierno de coalición de varios partidos, al menos mientras durara la inestabilidad política del país. El historiador Álvaro Soto no cree que el golpe del 23F fuera un hecho aislado, sino la culminación de diversos planes golpistas que se realizaron durante los primeros años de la transición:

En realidad, la "amenaza" de una intervención militar siempre estuvo presente durante toda la transición, debido a la fidelidad a Franco que había mantenido el Ejército durante la dictadura, y a la ideología reaccionaria de la mayor parte de los generales, jefes y oficiales en activo. Franco había conseguido una fuerte disciplina en torno a su persona y a su proyecto político, disciplina que heredó en parte el rey, el cual trató desde el primer momento de tener unas buenas y fluidas relaciones con el Ejército, sabedor de la importancia del mismo y del peligro que para la Monarquía podía suponer una intervención militar. (p. 166)

En efecto, el CESID, o agencia de inteligencia de defensa, había identificado ya en 1980 varios planes de golpes, los cuales confluirían en el de 1981. Los distintos partidos políticos – incluidos los nacionalistas – estaban siendo bombardeados por los rumores y por documentos como el preparado por el CESID en noviembre de 1980 que, bajo el título "Panorámica de las operaciones en marcha", identificaba las varias intervenciones militares que se venían gestando. Algunas de ellas confluyeron o fueron planificadas para realizarse de forma simultánea al golpe de 23F, y causaron la confusión que contribuyó en parte a su fracaso. La variedad de estos planes y su complejidad hablan del descontento y frustración que vivía el ejército y que hacía que sintiera que tenía que hacer algo para restablecer el orden en el país.

- *Operación Galaxia*, nombre derivado de la cafetería en la que se encontraban los conspiradores. Antecedente clave del 23F. Se hablaba de secuestrar al Gobierno durante la reunión del Consejo de Ministros y de obligar al Rey a aceptar un Gabinete de Salvación nacional. El teniente coronel Tejero de la Guardia Civil y el capitán Sáenz de Ynestrillas de la Policía Armada son acusados de rebelión y detenidos en Alcalá de Henares hasta diciembre de 1979. El plan se reveló gracias a la información del comandante Andrés Casinello, agregado a la Guardia Civil.

- *Operación Diana* u operación de contragolpe al proyectado por Alfonso Armada. El teniente general José Gabeiras, Jefe del Estado Mayor, ordenó a las siete y media de la tarde del 23F, y de forma simultánea al golpe de Armada y Milans del Bosch, el comienzo de la Operación Diana. Sin embargo, no todos los responsables lo interpretaron de manera similar. De hecho, el capitán Merlo, del Regimiento de Caballería Villaviciosa 14, ocupó la radio y la televisión públicas. Este batallón abandonó la operación a las nueve de la noche.

- *Operación De Gaulle*. El objetivo de esta operación era la formación de un gobierno de coalición o de salvación nacional siguiendo el modelo De Gaulle en Francia, con la aceptación y la participación de todas las fuerzas políticas democráticas. Tanto el presidente como los ministros del nuevo gobierno de salvación nacional estaban ya designados. Armada sería el Presidente del Gobierno; Felipe González, del PSOE, el Vicepresidente Político; Manuel Fraga de AP, Ministro de Defensa; Ramón Tamames, Ministro de Economía; y Luis María Ansón (entonces presidente de la agencia EFE) Ministro de Información.

- *Operación Ariete*. Esta operación fue pensada para responder a una posible situación de emergencia durante el golpe, se puso en marcha la tarde del 23F, y situó en estado de alerta a las distintas regiones por medio de sus gobernadores civiles. Estos convocaron a sus respectivas Juntas de Seguridad por orden del Ministerio del Interior. El objetivo de esta operación era restablecer la situación en Valencia, uno de los focos del golpe del 23F y donde tenía el control Milans del Bosch, si éste no retiraba los carros de combate de la División Motorizada Maestrazgo tras un posible fracaso de dicho golpe.

- *Operación Míster*. El servicio de agentes del CESID se inventó la Operación Míster, según la cual sus agentes contraespiaban a la CIA, a la que habían descubierto vigilando las comunicaciones del Rey. Esta operación permitía al servicio de inteligencia pedir coches y medios sin generar sospechas.

- *Operación Jaula*. Fue el inicio de la intentona golpista. El 23F por la tarde el teniente Suárez Alonso, del Servicio de Información de la Guardia Civil, cerró las principales calles de acceso al Congreso en Madrid con una maniobra casi invisible. Veinte guardias civiles de paisano a bordo de cinco coches camuflados crearon un cordón de seguridad con la excusa de que vigilaban una red de comercios de coches de importación ilegales, en los aparcamientos de la zona. El objetivo de esta operación era facilitar la entrada de Tejero y sus guardias en el edificio de las Cortes donde se desarrollaba una sesión parlamentaria.

De los varios planes de golpe de estado que se habían planificado en años anteriores, el que siguió adelante fue el de Alfonso Armada y Jaime Milans del Bosch, tenientes generales que tenían la idea de mantener la monarquía y restaurar el orden. Mu-

El Coronel de la Guardia Civil Antonio Tejero entró en el hemiciclo de las Cortes en el intento de golpe de estado de 1981. © Alain M. Urrutia.

chos españoles mayores de treinta y cinco años recuerdan bien esta intentona de golpe militar. En particular, la generación de los nacidos entre 1960 y 1970, obsesionados como estaban con la televisión, vieron en directo todos los hechos a medida que se desarrollaban. La tarde del 23F muchos jóvenes estaban viendo la televisión probablemente mientras hacían los deberes de las clases de ese lunes para el día siguiente. En la primera cadena de TVE hacía varios días se estaba retransmitiendo un debate celebrado en las Cortes. En esta sesión parlamentaria se encontraban presentes todos los diputados de la cámara baja, así como los miembros del gobierno, y la agenda de dicha sesión estaba dedicada a la investidura del nuevo Presidente del Gobierno. Tras la moción de censura y dimisión de Adolfo Suárez, el primer Presidente del Gobierno de la democracia, se iba a proceder a votar la candidatura de Leopoldo Calvo Sotelo para ocupar ese mismo cargo. Todo este proceso era nuevo para muchos españoles, que nunca habían vivido la posibilidad de cuestionar al partido en el poder, o simplemente un cambio de relevo en el gobierno, y esto explica que mucha gente también estuviera viendo la televisión. La idea de los golpistas era secuestrar a los miembros del gobierno y a todo el legislativo y forzar el nombramiento de un nuevo Presidente del Gobierno, el militar Alfonso Armada.

De repente, la sesión se interrumpió al entrar en el Palacio del Congreso un grupo de guardias civiles a cargo de Antonio Tejero, pero las cámaras de TVE siguieron rodando durante unos minutos. Al menos, así lo hicieron hasta que se les prohibió proseguir con la filmación. Al ver entrar a los guardias civiles que disparaban al techo del Parlamento y siguiendo las órdenes que oían, muchos diputados se echaron al suelo y se ocultaron debajo de sus mesas. Sólo algunos políticos como el comunista Santiago Carrillo, el presidente Adolfo Suárez, y el parlamentario Gutiérrez Mellado, antiguo general del ejército, se mantuvieron sentados en sus asientos y con una actitud de calma aparente. Al mismo tiempo que varios guardias civiles ocupaban el Palacio del Congreso y RTVE, otros cuerpos del ejército ocupaban la ciudad mediterránea de Valencia y declaraban el "estado de excepción". Milans del Bosch, asumiendo las funciones de gobernador civil de Valencia, pedía a los ciudadanos de esta provincia que no salieran a las calles y se quedaran en casa, en espera de unas nuevas órdenes cívicas. Estaba prohibido caminar en grupos de más de tres personas, así como circular en vehículos que no fueran de transporte colectivo. El toque de queda era de nueve de la noche a siete de la mañana.

El país no podía creer lo que estaba pasando, y los que eran suficientemente mayores para haber oído historias de la Guerra Civil sintieron pánico al imaginar lo que podría ocurrir si el ejército iniciara un nuevo conflicto armado. Hay que tener en cuenta que, como había ocurrido en el comienzo de la Guerra Civil, no todo el ejército secundaba este golpe ni los planes del teniente general Armada. Esta intentona podría representar un retroceso hacia la edad más oscura de la historia reciente de España. Las libertades ganadas con el compromiso político de todos, podían desaparecer en manos de un grupo que se sentía incómodo e indignado por la "inestabilidad" que sufría el país. Mucha gente reaccionó con un miedo muy natural. Escritores, políticos, periodistas y profesores que se creían posibles víctimas de un nuevo régimen totalitario, se ocultaran como pudieron. Algunos de ellos incluso salieron de España la noche del 23F; en barcas, o incluso cruzando la frontera con Francia por los montes. Por la misma razón, se intentó destruir u ocultar muchos archivos con datos de militantes de diversos partidos políticos así como de las uniones de trabajadores.

La noche del 23F, en contra de lo que habían planeado los sublevados, el Rey defendió la democracia. Era parte del plan que el Rey, ante la respuesta de este grupo de militares y guardias civiles, abandonaría el proyecto de la democracia, restablecería el orden que se había perdido con la muerte del generalísimo, y mantendría el orden junto con un gobierno de coalición encabezado por un militar. Sin embargo, el Rey no actuó según lo que esperaban los militares del levantamiento, sino que apareció en la televisión con uniforme militar y pidió el apoyo del ejército para defender la democracia. También pidió a los sublevados que depusieran las armas. Diecisiete horas después de la entrada de los guardias civiles en el hemiciclo del Congreso de los Diputados, la operación terminaba y los golpistas deponían las armas. A continuación aparece el texto del discurso del Rey la noche del 23 de febrero de 1981, dictado desde su residencia en el Palacio de la Zarzuela, tal y como lo recoge el historiador Álvaro Soto:

> Les hago saber que he cursado a los Capitanes Generales de las Regiones Militares, Zonas Marítimas y Regiones Aéreas la orden siguiente: "Ante la situación creada por los sucesos desarrollados en el Palacio del Congreso y para evitar cualquier posible confusión, confirmo que he ordenado a las Autoridades Civiles y a la Junta de Jefes de Estado Mayor que tomen las medidas necesarias para mantener el orden constitucional dentro de la legalidad vigente. Cualquier medida de carácter militar que en su caso hubiera de tomarse deberá contar con la aprobación de la Junta de Estado Mayor."
>
> La Corona, símbolo de la permanencia y unidad de la Patria, no puede tolerar en forma alguna acciones o actitudes de personas que pretenden interrumpir por la fuerza el proceso democrático que la Constitución, votada por el pueblo español, determinó en su día a través de referéndum. (p. 169)

Con la perspectiva ganada a través de los años, se ha reflexionado en repetidas ocasiones sobre lo que significó la intentona del 23F. Según algunos, sirvió de lección, como una "vacuna contra las tentaciones antidemocráticas", por si algunos españoles hubieran sentido la más mínima nostalgia por el franquismo que acababan de dejar atrás. Así pues, el Congreso condenaba el 23F en su vigésimo aniversario a través de una declaración in-stitucional. Se veía en dicho intento, desde la perspectiva de veinte años transcurridos, un intento de imponer propósitos totalitarios, y aseguraba, en términos de indudable fuerza, que "no existe objetivo político que pueda reclamarse en democracia mediante daños, coacciones, amenazas, chantajes o asesinatos". También el CESID, que de varias formas estuvo vinculado con el 23F, se desvinculaba del golpe en su vigésimo aniversario, declarando que con los hechos ya completamente investigados y castigados por las ins-tituciones del Estado de Derecho, no merecía más especulaciones. Para políticos como Manuel Fraga, que vivieron el golpe en persona, esta intentona no se vio secundada por la mayoría del pueblo español, a pesar de las tentaciones antidemocráticas que pudieran tener unos pocos. En su opinión, ni siquiera las fuerzas armadas secundaban esta "solu-ción" para el país. Según el Ministro de Defensa en 2001, Federico Trillo, ya no existe en el ejército español sentimiento alguno vinculado con las ideas que dieron lugar a la in-tentona, algo que califica como el último intento de un grupo muy pequeño de militares que no representaban a la mayoría de las fuerzas armadas. Este acontecimiento histórico ha sido incluso objeto de la producción de una miniserie de televisión por parte de RTVE para la conmemoración de su aniversario en 2009.

La cuestión que surge en este momento es si el castigo recibido por los participantes en la intentona de golpe del 23F fue el justo por lo que hubiera podido significar el éxito de dicho golpe para una nación que tenía una democracia todavía en sus inicios. Hay quienes en este sentido hablan del precio barato que pagaron los responsables del 23F. De los tres militares condenados a treinta años de cárcel, el que más tiempo estuvo preso fue el teniente coronel Antonio Tejero, que permaneció quince años en prisión, mientras que el teniente general Jaime Milans del Bosch cumplió diez años y falleció en 1997 ya libre. El general de división Alfonso Armada, por su parte, sólo cumplió siete años de cárcel. Muchos de los coroneles, capitanes y tenientes que fueron condenados a un año de cárcel por su participación en los eventos descritos no tuvieron que cumplir dicha condena, la cual ya representaba una considerable "rebaja" legal. Por otro lado, también se exculpó a los guardias civiles que intervinieron en el golpe, junto con los civiles que lo apoyaron, algunos ultraderechistas entre ellos. En el caso de los guardias civiles, su ex-culpación se justificaba mediante el hecho de que un guardia civil debe una obediencia ciega a las órdenes que se le dan, pero otros juristas interpretan que el guardia civil tiene también la responsabilidad de juzgar y valorar si las órdenes que se le dan son contrarias a la ley. Otros lo justifican diciendo que los guardias civiles participantes en el levan-tamiento tenían un conocimiento muy limitado de la operación que se iba a realizar. Con-tra esta idea se razona que es imposible pensar que dichos guardias no supieran que estaban participando en una rebelión militar, un delito que debía castigarse con la máxima dureza. Quizás se pueda interpretar esta indulgencia como una muestra más de la tolerancia que la sociedad española deseaba tener por los elementos más oscuros que todavía la conectaban con un pasado violento al cual no se debía pasar factura todavía. Estos hechos llevan a algunos a la reflexión sobre la grandeza de la democracia y del Estado de Derecho que protegen incluso a quienes intentan terminar con ellos. Lo irónico de esta experiencia es que fueron precisamente los derechos derivados de la Constitución que pretendían violar los sublevados, los que realmente les eximieron de un castigo mucho más tremendo, la pena de muerte. Si hubieran vivido bajo su añorado franquismo, una rebelión militar se hubiera castigado con la pena capital.

No se puede trivializar esta intentona de golpe, a pesar de su brevedad y de la indulgencia de los castigos penales a los participantes. No se trata sólo de una lección para la sociedad civil y para un gobierno que debía haber trabajado de cerca con el ejército. Un golpe como el planeado para el 23F podría haber resultado en una brutal matanza o incluso desatar una nueva guerra civil. Los militares y guardias civiles que planearon el golpe y participaron en el mismo demostraron muy poco respeto por las instituciones de un Estado de Derecho y sus acciones podrían haber resultado en una involución política de devastadoras consecuencias.

SACADO DEL TEXTO: ESPECULACIONES (REPASO)

Ahora con la distancia del tiempo, es fácil especular sobre *lo que hubiera pasado si el golpe militar de 1981 hubiera triunfado*. En clase, juntos, ustedes juegan a formar cadenas de especulaciones. Primero trabajan en parejas para generar ideas, y después construyen la cadena. El objetivo de esta actividad es construir la cadena más larga posible. Por ejemplo, se comienza con la idea "Si el 23F hubiera triunfado, el Rey habría tenido más poder que ahora; si el Rey hubiera tenido más poder que ahora, ...". Estos son los cuatro enlaces iniciales de las respectivas cadenas que se proponen:

1. Si hubiera triunfado el 23F, ...

2. Si los militares golpistas hubieran recibido mayores condenas en la cárcel, ...

3. Si el Rey no hubiera dado el discurso por televisión la noche del 23F, ...

4. Si no hubiera ocurrido un intento de golpe de estado, ...

El profesor les entregará las tarjetas que habían creado en parejas antes de iniciar la lectura de este pasaje. Examinen estas respuestas iniciales y discutan en parejas cómo las responderían ahora. Presenten sus conclusiones a la clase.

Cambios en la institución

PREGUNTAS PARA EL ANÁLISIS

Considere las siguientes preguntas sobre los cambios que sufrió el ejército español durante el proceso de transición a la democracia, y comente sus posibles respuestas con un compañero. Entre los dos, decidan tres conceptos relevantes que se van a discutir en este pasaje. Comparen sus respuestas con las del resto de la clase y elaboren una lista de conceptos en la pizarra.

1. ¿Cómo se puede describir al militar español de la actualidad? *El militar español típico siente que... y ve como su cometido las tareas de...*

2. ¿Por qué fueron difíciles los cambios en el ejército español durante la transición? *Dada la cultura institucional del ejército franquista, éste se opuso a los cambios porque...*

3. ¿Qué reformas realizó el Gobierno español en el ejército tras los eventos del 23F? *Entre las reformas más importantes cabe destacar...*

4. ¿Cuándo entró España a la OTAN (Organización del Tratado del Atlántico Norte) y en qué circunstancias lo hizo? *España se adhirió a la OTAN en... tras un proceso durante el cual...*

5. ¿Cómo eran los sentimientos de la sociedad española con respecto a la OTAN y el gasto militar? *Durante los años ochenta, en la sociedad española abundaban los sentimientos a favor de / en contra de...*

Uno de los factores mencionados en relación con la intentona del 23F fue que las nuevas instituciones políticas y líderes españoles de la naciente democracia habían descuidado al ejército en sus planes reformistas. El ejército mantenía la misma cultura interna que había tenido durante el régimen franquista. Se trataba de una cultura de honor, disciplina y de participación en la vida civil. Se ha mencionado ya cómo el ejército franquista había pasado a ocupar puestos en la sociedad civil, como por ejemplo en la dirección de empresas y organizaciones. Con la llegada de la democracia, los militares tuvieron que aceptar cambios en la sociedad española en los que apenas tuvieron participación, y esta aceptación fue difícil para parte de los altos mandos militares.

La clave para entender la necesidad de redefinir el papel del ejército español con respecto a la sociedad a la que en teoría debía servir se encontraba en la historia reciente de España. Este país, en sentido estricto, no había tenido una "sociedad civil", es decir, un régimen en el cual los ciudadanos participaran libremente en la elaboración de leyes, con separación de poderes, y basado en el consenso. Parte de la misión del ejército se había definido hasta los años de la transición como el mantenimiento del orden interior. Como consecuencia, a lo largo de la historia de España, los militares habían intervenido varias veces en la vida política, suplantando la voluntad de los ciudadanos expresada en elecciones libres, y gobernando durante ciertos periodos de la historia del país. Se puede decir que el ejército se consideraba, al menos al principio de la transición, responsable de las circunstancias políticas del país. Además, mientras la sociedad española había estado cambiando con las modificaciones establecidas por el Estado al final del franquismo y con los cambios connaturales a la implantación de la democracia, el ejército había experimentado pocos cambios y prácticamente no se había modernizado, ni en su misión institucional, ni en su capacidad operativa. Por un lado, tenía poca capacidad de operaciones, con armamento y equipo escasos y anticuados. Por otro, si la intervención exterior no estaba al alcance de este ejército poco operativo, su cultura propiciaba más bien una intervención interna.

Además, tras la Guerra Civil, el ejército había sido una institución de gran lealtad hacia Franco, con una ideología nacionalista y militarista, y con gran énfasis en la disciplina. La reforma de este grupo iba a ser una de las grandes pruebas de la nueva democracia. De hecho, los primeros gobiernos de la UCD de Adolfo Suárez y Leopoldo Calvo Sotelo sólo se habían acercado de un modo tímido a las reformas con cambios en los símbolos representativos del ejército, en la reforma de la cúpula militar, y en la fórmula de la jura de los cargos militares la cual incluiría una declaración de fidelidad a la Constitución. Otra de las primeras reformas que se hizo en el ejército fue la de unificar a los tres ministerios militares de Tierra, Mar y Aire en uno solo, el Ministerio de Defensa y nombrar en 1979 a un ministro de defensa que era un civil, Agustín Rodríguez Sahagún, cuando tradicionalmente los ministros de las diferentes áreas del ejército habían sido militares. Aún así, durante estos primeros años de la democracia se veía al ejército con una cierta autonomía del resto del Estado mientras dicho ejército se había defendido ante una potencial serie de reformas. Por ejemplo, los militares insistieron en que no se cuestionara la amnistía militar que se habían ganado con la transición a la democracia y todavía se mantuvieron los Tribunales de Honor, al menos hasta la llegada de los socialistas al gobierno.

Pero no sería hasta la llegada del partido socialista al poder que se intentó modernizar de verdad a esta institución, y esto ocurrió después de ver lo que podía pasar – un pronunciamiento – si el ejército no pasaba por las reformas necesarias. El proceso no fue fácil y duró hasta bien entrada la democracia como demuestra el hecho de que se tardara mucho en retirar las fotos de Franco y la bandera española preconstitucional años después de la aprobación de la Constitución. Hubo resistencia al cambio en otras áreas. Por ejemplo, los militares presionaron para mantener algunas leyes preconstitucionales. Muestra de ello es que aunque la Constitución establecía el derecho a la objeción de conciencia, ésta no se consideraba un derecho fundamental, es decir, algo a defender en toda situación. El negarse a hacer el servicio militar podía tener como consecuencia la cárcel para los objetores de conciencia. Los militares también presionaron para que se mantuviera la pena de muerte, lo cual se hizo, pero sólo en caso de guerra.

El PSOE presionó para que el ejército aceptara todos los componentes y derechos contemplados en la Constitución. En particular, el Artículo 8 de la Constitución española establecía que la misión de las fuerzas armadas es "garantizar la soberanía e independencia de España, defender su integridad territorial y el ordenamiento constitucional". Esto significaba que no se asignaba al ejército la defensa del orden interno. Para dar una mayor concreción a estos cambios de orientación en el ejército, se aprobó en las Cortes en 1984 una Ley Orgánica cuya primera parte establece quién tiene autoridad por encima del ejército. El ejército no tiene ya la autonomía de la que había gozado hasta entonces, sino que está sujeto a un poder civil. Las reacciones no se hicieron esperar. Aunque había para entonces en el ejército suficientes hombres con un talante democrático, hubo otros que no pudieron aceptar los nuevos aires de cambio, y dimitieron o se jubilaron anticipadamente. En este proceso de reforma, el Gobierno socialista también tuvo que atreverse a cesar o despedir a los militares que adoptaron posiciones públicas de poca lealtad a la democracia. Poco a poco, se desmontaron otras intentonas de golpe de estado por algunos militares, y el ejército comenzó un proceso de auténtica reforma en su cultura institucional.

Sin embargo, uno de los aspectos de continuidad que todavía se mantuvo con respecto al régimen anterior fue el del servicio militar obligatorio. En este sentido, el ejército español no era completamente profesional. La mayor parte de sus cuadros de mando había salido de academias militares y eran militares de carrera. Pero el grueso de las tropas y oficiales menores lo constituían soldados que estaban realizando su servicio militar obligatorio, además de aquellos que habían decidido quedarse en el ejército tras cumplir dicho servicio. Este hecho marcaba en gran medida el nivel de dedicación de unas tropas y oficialidad menor que no se habían incorporado al ejército de forma voluntaria, y fue algo que sólo se remedió en este nuevo siglo.

Tras esta serie de reformas tan necesarias, el ejército español de la actualidad es una institución radicalmente diferente. En primer lugar, se trata de unas fuerzas armadas totalmente profesionales y voluntarias. Un estudio sobre el perfil profesional de los alumnos de las academias militares en España realizado en 2004 muestra como aspectos positivos de dicho cuerpo de profesionales los siguientes aspectos: el militar español de la actualidad es un militar demócrata que no disfruta de lo impositivo, más solidario que autoritario; por otro lado, se trata de un militar con talante europeísta y que no cree que España deba depender defensivamente de los Estados Unidos. Este militar cree, en particular, que una de las funciones más importantes del ejército es la de operaciones de paz en zonas de conflicto, y de ayuda en áreas de catástrofes. Se consideran, sin gran conflicto al respecto, como funcionarios públicos al servicio de un estado democrático; en este sentido, no tienen ningún problema con la subordinación del ejército a una autoridad civil. A diferencia de las generaciones anteriores de militares, los de la actualidad no viven una vida separada de la de otros jóvenes ni del resto de la sociedad, y comparten con ellos toda una serie de valores cívicos. Se trata también de un grupo de personas tan secularizado como el conjunto de la sociedad española: 20% agnóstico o indiferente, 60% católico no practicante o no muy practicante y 15% católico practicante o muy buen católico. En cuanto al nivel social y procedencia de dicho colectivo de nuevos militares, mientras que en 1964 un 70% eran hijos de militares, hoy este grupo es sólo un 42%. Los futuros oficiales y suboficiales provienen de familias de clase trabajadora en un 63%, un 24% de una tradición militar, y un 13% de familias de clase media alta.

Para resumir los cambios sufridos por esta institución y su participación en el proceso de transición a la democracia, basten las últimas declaraciones de Manuel, un militar en la reserva que vivió todos los acontecimientos descritos en este capítulo.

Por lo que a los rituales y forma de comunicación se refiere, [...] el ejército – como la Iglesia y otras instituciones de rancia tradición – tiene mucha inercia en estos aspectos. No se cambian de la noche a la mañana las costumbre internas y, cuando algo se adopta, suele tener continuidad en el tiempo y los cambios políticos le afectan poco. No obstante, debo reconocer que con la llegada de la democracia aparecieron nuevas Ordenanzas para el ejército y todo se fue suavizando. Los servicios se fueron haciendo más "llevaderos" y aquella asociación entre la religión y la milicia, muy presente con anterioridad a la democracia, fue desapareciendo. En este sentido, la asistencia a misa pasó de obligatoria a voluntaria y llegó un momento que en los actos más señeros – juras de bandera, actos patronales, etc. – la misa precedía con carácter voluntario al acto propiamente militar. El acto en honor a los caídos – siempre a todos los caídos y nunca se mencionó si eran de uno u otro bando – incluso ganó en emotividad cuando al himno propio de este acto se le puso letra: *La muerte no es final*.

Y no quiero terminar sin hablar de la tropa y cómo afectaron aquellos cambios a ellos y al ejército. En primer lugar se pasó de tener hombres de 22 años a niños de 18 y esto se notaba bastante en los ejercicios y maniobras porque la respuesta de un ser humano no es la misma a los 18 que a los 22 años. De todos modos, al ser la "mili" obligatoria y llegar de todos los niveles sociales, algunos tenía un nivel cultural bajo, pero esta deficiencia quedaba suplida por otros con un nivel bastante alto. Luego, al abrirse la mano por aquello de la libertad de conciencia, estos últimos fueron escaseando y antes de llegar la tropa profesional al ejército ya se notaba un efecto muy parecido al que me encontré en el ejército americano en el año 77, después de suprimir el servicio obligatorio en ese país: el nivel cultural de sus integrantes en los escalones inferiores había descendido bastante.

Manuel, militar retirado en la reserva

Otro de los grandes cambios que vivió el ejército español y que contribuyó al cambio de cultura institucional que se ha mencionado fue la incorporación de España a la OTAN, es decir, la Organización del Tratado del Atlántico Norte. Esta incorporación contribuyó a la modernización de la capacidad operativa del ejército español y abrió las puertas también a una cultura militar diferente de la española. Los primeros pasos para el ingreso se dieron cuando Arias Navarro, primer Presidente del Gobierno tras la muerte de Franco, anunció ante las Cortes el 28 de enero de 1976 que se estaban considerando las alternativas posibles con respecto a la OTAN.

El primer gobierno de Adolfo Suárez dio un impulso adicional al plan con la firma de un tratado bilateral hispano-estadounidense en septiembre de 1976. Dicho tratado establecía la creación de una comisión especial para coordinar la cooperación entre España y los Estados Unidos sobre temas de seguridad en el Atlántico Norte. Es con la firma de este acuerdo que los Estados Unidos y otros países miembros de la OTAN comenzaron a manifestar un interés en la adhesión de España. El proceso de incorporación de España, no obstante, tuvo que pasar por muchos obstáculos, en parte debidos a la opinión pública sobre la OTAN y la presencia de bases militares estadounidenses en territorio español. En parte, esta actitud también estaba alimentada por la propia postura ambivalente de Adolfo Suárez que estaba más interesado en temas de política interior, y que consideraba necesario primero un debate nacional sobre dicha decisión, dada la situación interna del país.

En marzo de 1978 se produjo un punto de inflexión en el camino de España hacia las puertas de la OTAN, cuando en un discurso sobre política exterior en el Senado, el ministro de Asuntos Exteriores Marcelino Oreja declaró el rechazo del gobierno a cualquier tipo de neutralidad política, exponiendo argumentos a favor y en contra de la adhesión a la Alianza, y planteando la conveniencia de un debate nacional como fórmula adecuada para la adhesión. La política internacional de España requería sustituir la relación bilateral que España mantenía con Estados Unidos por otra multilateral con las grandes democracias occidentales. Y el único modo de acceder a ello era a través del ingreso en la Alianza, algo que podía contribuir a acelerar las negociaciones para el ingreso en la Comunidad Económica Europea. Así pues, la adhesión de España a la OTAN no era sólo una consideración de tipo militar, sino de política exterior y seguridad.

El nuevo gobierno de UCD, presidido por Calvo Sotelo, adoptó una postura claramente a favor de la adhesión a la OTAN. Así, en su discurso de investidura del 18 de febrero de 1981 aparece por primera vez formulado formalmente como objetivo del gobierno la adhesión de España a la Alianza, y se propone iniciar las consultas con los grupos parlamentarios para conseguir una mayoría, escoger el momento oportuno para ello y definir las condiciones de la adhesión. Para mayo de 1981 la decisión de entrar en la OTAN ya había sido tomada. El 4 y 5 de ese mes el Consejo de Ministros de la Alianza había examinado de manera favorable el ingreso de España. Se iniciaba así un proceso exclusivamente parlamentario y ejecutivo que resultó en la entrada de España en la OTAN antes de finalizar el año 1981.

Esta medida de incorporación sin previo referéndum fue algo que no sentó muy bien a gran parte de la generación de la transición, la de los nacidos en los años sesenta.

Muchos de ellos estaban en la universidad o en la escuela secundaria, y tenían ya un interés en temas militares y de política exterior. En particular, era muy fuerte el sentimiento antiamericano y anti-bases militares. El tema de la OTAN se convirtió en el centro de ambas posiciones. A ello se unía el hecho de que los varones tendrían que cumplir el servicio militar obligatorio y su oposición a la entrada en la OTAN se veía como parte de un sentimiento general antimilitarista que predominaba en esa época, como se discutirá en la última sección de este capítulo. La decisión de incorporarse España a la OTAN provocó una fuerte campaña y varias protestas bajo el lema "OTAN, de entrada no", o manifestaciones como la del 15 de noviembre de 1981 bajo el lema "Por la paz y el desarme". Argumentaban contra la adhesión que convertiría a España en un objetivo para el Pacto de Varsovia, con el posible peligro de un ataque nuclear. La entrada de España en la OTAN podría tener como resultado la proliferación armamentística que en esa época alcanzaba uno de sus momentos más álgidos. Además, se consideraba que la OTAN no defendería los intereses militares de España con respecto a las plazas africanas de Ceuta y Melilla, ni Gibraltar frente a Gran Bretaña. Esta integración en la organización militar también significaba dar más prominencia al ejército, al que se veía con recelo, como un vestigio del franquismo y posible obstáculo al desarrollo de la democracia. Las otras razones en contra eran el incremento del gasto militar que podía causar, y la incertidumbre de que garantizara la entrada en la Comunidad Económica Europea y la estabilidad de la democracia española.

El PSOE tenía esta misma posición contraria a la OTAN y basó su campaña de 1982 en la promesa de celebrar un referéndum sobre la permanencia de España en dicha organización. Su posición sobre relaciones exteriores era claramente neutralista, anti-estadounidense y anti-OTAN. Sin embargo, al llegar al poder, el gobierno socialista decidió que sacar a España de la OTAN tendría consecuencias más adversas que la permanencia en la organización. Así pues, la solución que se ofreció al pueblo español fue la de un referéndum en el cual el partido del gobierno ahora defendía el voto positivo. En abril de 1985, y bajo presiones externas e internas, González fijó el mes de marzo de 1986 como fecha probable para la celebración del referéndum, pero no indicó si el resultado tendría peso de decisión o si sería simplemente consultivo. La posición del partido del gobierno era ahora a favor de la permanencia en la OTAN, de modo que inició una intensa campaña para convencer a los votantes. El razonamiento del gobierno se basaba en los siguientes puntos: el gobierno estaba cumpliendo el compromiso electoral del referéndum; las consecuencias serían negativas para el gobierno si hubiera un resultado negativo; las consecuencias negativas de la salida de la Alianza a nivel internacional serían el aislamiento del mundo occidental, el retraso tecnológico, los riesgos impredecibles de una actitud contraria a los bloques militares, o el desprestigio internacional. Las condiciones que el gobierno prometía que se impondrían eran: 1) No incorporación a la estructura militar integrada; 2) Prohibición de instalar, almacenar o introducir armamento nuclear en territorio español; y 3) Reducción progresiva de la presencia militar norteamericana en España. Así pues, el 12 de marzo de 1986 se celebró el referéndum sobre la permanencia de España en la OTAN con una participación de cerca del 60%. Quizá la participación hubiera sido mayor, pero algunos de los partidos políticos pedían como respuesta la abstención. El resultado fue favorable para el gobierno, y con un 52% de los votos a favor se aprobó la participación de España en la organización. Este hecho tuvo como consecuencia la citada modernización del ejército español, y posiblemente significó el inicio de un cambio de actitud de los españoles hacia un ejército que, participante en operaciones junto con otros ejércitos de países democráticos, comenzaba a desligarse poco a poco de su pasado franquista.

SACADO DEL TEXTO: SECUENCIAS TEMPORALES

Muchos de los cambios que se han señalado en la cultura militar o castrense en España derivaban no sólo de la incorporación de España a la OTAN, sino también de medidas legales que se establecieron con los primeros gobiernos del PSOE, y en particular, la Ley Orgánica de enero de 1984. Esta ley, especialmente en su Artículo 8, establece quién realmente tiene el poder en España, el Presidente del Gobierno, por si hubiera quedado alguna duda en la Constitución de 1978.

En esta Ley Orgánica se presenta implícitamente qué ocurrirá cuando haya una situación determinada. Es decir, establece la cadena de mando desde el Rey hasta los militares, pasando por el gobierno. Para comprender mejor esta cadena de mando, se proponen dos columnas con secuencias de acciones en situaciones que podrían ocurrir en el futuro. Conecte las expresiones que correspondan. Pero antes, algunas definiciones:

La Junta de Jefes del Estado Mayor es el órgano de asesoramiento y consulta militar del Presidente del Gobierno y del Ministro de Defensa.

La Junta de Defensa Nacional es el órgano superior asesor y consultivo del gobierno en temas de defensa nacional.

El Jefe del Estado Mayor de la Defensa, por lo general un teniente general o almirante en situación de actividad, es el principal colaborador del Ministro de Defensa.

Será el Presidente del Gobierno quien la declare	Se presentará un informe al Ministro de Defensa
Cuando la Junta de Jefes del Estado Mayor quiera convocar una reunión	Cuando el país se vea involucrado en una guerra
Éste deberá ser un teniente general, es decir, un militar	Se dirigirá a la Junta de Defensa Nacional
Consultará con la Junta de Jefes del Estado Mayor	Deberá notificarlo al Ministro de Defensa
Cuando se necesite adquirir recursos para la máxima eficacia operativa	Cuando el Presidente del Gobierno proponga a un candidato para Jefe del Estado Mayor
Cuando el Gobierno necesite información sobre defensa nacional	Cuando el Ministro de Defensa necesite asesoramiento sobre estrategia general

Se propone ahora que toda la clase reflexione sobre el uso del subjuntivo en las oraciones que acaban de formar. ¿Qué regla puede derivarse de ello? Pónganse de acuerdo sobre la formulación de esta regla para el uso del subjuntivo.

REPASO DE LAS PREGUNTAS PARA EL ANÁLISIS

Junto con otro compañero, responda a las preguntas para el análisis que se proponían antes de iniciar la lectura de este pasaje anterior y reflexionen juntos sobre lo que han aprendido. Preparen sus conclusiones para presentar a la clase.

El servicio militar

PREGUNTAS PARA EL ANÁLISIS

Como guía de varios de los temas más importantes de la siguiente sección se proponen estas preguntas para que las consideren en parejas y comparen sus repuestas con las del resto de la clase. Se repasarán las respuestas tras la lectura.

1. ¿Qué opciones tenían los chiripitifláuticos varones con respecto al servicio militar obligatorio? *Los chiripitifláuticos podían optar por...*

2. ¿Cuáles eran las actitudes más generalizadas con respecto a dicho servicio militar y cómo se justificaban? *El servicio militar obligatorio provocaba reacciones que iban desde... hasta...*

3. Durante los ochenta, muchos de los chiripitifláuticos oían de sus padres los aspectos positivos de cumplir el servicio militar. ¿Cuáles eran? *Los chiripitifláuticos estaban hartos de oír que...*

4. ¿En qué consistía la objeción de conciencia? ¿Cómo evolucionó el movimiento en defensa de la misma? *La postura de objeción de conciencia conllevaba la negativa a...*

5. ¿Cómo se diferenciaba la insumisión de la objeción de conciencia? ¿En qué postura ideológica se podría clasificar? *A diferencia de la objeción de conciencia, la insumisión consistía en...*

Algunos de los cambios más recientes que ha visto el ejército español han sido la incorporación de la mujer al mismo y la eliminación del servicio militar obligatorio. En 1988, la convocatoria de puestos para el ingreso a las fuerzas armadas para una carrera militar fue abierta por primera vez a las mujeres en todos los cuerpos y escalas. A finales de 1995 había ya 276 mujeres militares de carrera, con empleos que iban desde el rango de sargento a capitán, además de otras 47 que estaban estudiando en academias militares. En cuanto al servicio militar o la "mili", que hasta 1991 había tenido una duración de doce meses, pasó a durar a partir de este año nueve meses. Pero la ley de 1991 que redujo la duración del servicio militar tenía como objetivo la futura profesionalización de las fuerzas armadas y, como consecuencia, la eliminación del servicio militar. Este fue un cambio que no disfrutó la generación de los nacidos entre 1960 y 1970. Ellos tuvieron que hacer la mili o buscar formas de evitarla, y esta experiencia marcó a muchos chicos de esta generación, como muestra el autor Ignacio Elguero en su libro *Los niños de los chiripitifláuticos*:

> El hecho de tener que pasar por la mili se nos vendía, ya desde muy jóvenes, como una especie de ritual de iniciación viril. Recuerdo aquellas frases ya hechas de "ya verás cuando vayas a la mili cómo te hacen un hombre" o "ya te espabilarán en la mili". Pero es que muchos de nosotros no teníamos ninguna gana de que nadie nos espabilara, nos hiciera hombres, nos enseñara

lo que era la vida o nos proporcionara batallitas que contar con los amigos. Porque eso sí, los que no hemos hecho la mili nos hemos tragado la de todos nuestros allegados. Lo peor era cuando se juntaban varios de ellos con la mili calentita. [...] Hay tantas milis como personas que la hicieron, unos lo pasaron peor que otros, algunos incluso la recuerdan como una experiencia enriquecedora, pero para casi todos no dejó de ser más que una pérdida de tiempo en el mejor de los casos.

Y es que, además del período de inactividad en tus estudios, o el retraso en la incorporación al mundo laboral, estaba el alejamiento de tu lugar de residencia; algo que llevaban, casi tan mal como nosotros, las novias y las madres. Porque hasta la Ley del 91, con la que ya permanecías en tu región militar, a uno de Barcelona le podía tocar como destino Melilla, al de Cádiz marcharse a La Coruña o al de Bilbao coger el petate camino de Jaén. (p. 278–9)

El servicio militar fue uno de los "monstruos" a los que tuvo que enfrentarse la generación de los chiripitifláuticos, y en particular los hombres de esta generación. Como dice más arriba Ignacio Elguero, la variedad de reacciones que los españoles de esta generación tienen con respecto al ejército deriva en gran parte de su experiencia con respecto al servicio militar, el cual fue obligatorio hasta el 31 de diciembre de 2001. Frente a la mili, al llegar a los dieciocho años los hombres tenían varias opciones: ir sin esperar y sin protestar con su "quinta" (el grupo de edad al que correspondía), irse voluntario, hacer las milicias universitarias, o hacerse objetor de conciencia y cumplir el servicio social sustitutorio. Optar por cualquiera de estas alternativas no era fácil, pues en todos casos suponía dedicar al menos un año o más a hacer algo que a nadie gustaba.

En los años ochenta, ya con la democracia en marcha, el servicio militar obligatorio parecía anacrónico a muchos españoles. Muchos hombres españoles sentían que se les robaba un año de su vida, por el cual no se recibía salario alguno; se les sometía a la disciplina militar y a las prácticas de combate; y en caso de que España participara en alguna guerra, se les obligaba a luchar durante el año de la mili. Incluso para encontrar trabajo era requisito indispensable haber completado el servicio militar. Los políticos seguían prometiendo que se reduciría el tiempo de servicio y que más tarde se suprimiría la mili, pero estos cambios tardaron en llegar y no afectaron a la generación de los nacidos en los sesenta. El servicio social sustitutorio era una opción poco atractiva, pues duraba más tiempo (dieciséis meses) y al principio no estaba muy bien definido. Según avanzaban los años ochenta, el movimiento de oposición a la mili fue cada vez mayor. Comenzaron los arrestos y juicios a insumisos, los debates sociales. Cada vez era mayor el número de jóvenes que se declaraban objetores de conciencia. Así por ejemplo en 1985, sólo un 15% de los hombres jóvenes se declaraba a favor del reclutamiento forzoso.

El modelo del ejército nacional había sido introducido por Felipe V a principios del siglo XVIII. En 1770, ante la pérdida de voluntarios, se creó la Real Ordenanza de Reemplazo Anual del Ejército, con el servicio obligatorio. La ley que afectó a la mayoría de los chiripitifláuticos era la ley de 1984, que establecía las siguientes opciones. Se podía hacer el servicio regular, de doce meses de duración, al cual se optaba una vez cumplidos los dieciocho años de edad. Este servicio podía diferirse por diversos motivos como demostrar que se estaba matriculado en estudios universitarios; por ser necesario el trabajo para el sostenimiento de la economía familiar; por tener otro hermano haciendo la mili; por residir en el extranjero; o por tener un cargo público electo. Una de las estrategias que utilizaron algunos fue la de pedir prórrogas por cualquiera de estas razones hasta la edad de veinte y ocho años cuando se podía cumplir sólo seis meses de mili. Pero la idea de pedir una prórroga era algo que ponía nervioso a más de uno. Se intentaba de todo para librarse, incluso una demanda judicial, como explica Ignacio Elguero:

> Con la mili de fondo hay muchas anécdotas. Recuerdo el caso de un abogado de Alicante que pleiteó durante un tiempo, alegando que el hecho de que los varones tuvieran que hacer la mili era discriminatorio respecto de la mujer. Aquello se saldó con una respuesta del Supremo o el Constitucional contestándole que con el número de varones se cubrían las necesidades de reclutamiento y no hacían falta las mujeres para cubrir necesidades. Claro, la cosa no estaba en que se unieran las mujeres a hacer la mili, sino que dejáramos de hacerla nosotros. (p. 292)

En definitiva, el servicio regular era la opción más popular y a la que se acogía la mayoría de hombres españoles. Se podía hacer también el servicio voluntario, de dieciséis meses de duración, que tenía la ventaja de que el voluntario elegía la región militar en la que quería hacer el servicio y esto le permitía quedarse cerca de la familia y los amigos. En declaraciones de un miembro de la generación de los nacidos en los años sesenta que cita Ignacio Elguero en su libro, este servicio voluntario no fue tan malo, pues le permitió conocer a gente de todo tipo y salir de su reducido círculo social. También habla de dos experiencias diametralmente opuestas, la suya y la de su hermano:

> Yo tenía por delante el ejemplo de mi hermano, que fue pidiendo prórrogas y prórrogas y fue muy tarde a la mili, prácticamente cuando nacía su primer hijo, y encima destinado al Cuerpo de Operaciones Especiales, y las pasó canutas. Entonces yo decidí hacerme voluntario para quitármela cuanto antes de en medio. Y yo tengo que reconocer que hice la mili con enchufe: hice sólo el campamento, que me pareció una experiencia interesante. La mili tenía para mí una ventaja, y era el darte cuenta lo diferente que es tu mundo del mundo en general. Muchos venimos de clases medias más o menos pudientes, con estudios universitarios, que nos hace pensar que el mundo es el entorno en el que nos movemos, y la mili te daba la idea de las dificultades por las que pasaba mucha gente, y de la distinta educación que habían recibido muchas personas, y eso te hacía enriquecerte y enriquecer. (p. 280)

Estaba también el servicio sustitutorio para quienes no querían aprender las técnicas de combate por diversas razones. Este tipo de servicio también duraba dieciséis meses y con frecuencia se realizaba en la Cruz Roja, pero no libraba a los participantes de hacer la primera fase con el resto de los reclutas, la de "instrucción militar". Finalmente, estaban las Milicias Universitarias o IMEC, que eran una opción abierta a los estudiantes en las universidades españolas. Pero para ser aceptado era necesario pasar una serie de exámenes físicos y académicos. La ventaja que tenía esta opción es que se obtenía un rango de oficial, junto con un pequeño sueldo.

La opción de ser excluido por motivos médicos era la que buscaban muchos jóvenes españoles en los ochenta. Esto era posible al sufrir enfermedades graves, por medir más de 2 metros o menos de 1,55. Tener mal la vista, tener alergias, dolores de espaldas, y sobrepeso, entre otros, eran también motivos para "librarse de la mili". Lo más molesto era que se obligaba a los jóvenes a pasar por un hospital militar para realizar las pruebas médicas que certificaran que estaban exentos de cumplir el servicio. Durante los años ochenta, y hasta el final del servicio militar hubo muchos jóvenes que fingieron tener enfermedades tomando pastillas para provocar taquicardias, engordando dramáticamente, y usando todo tipo de trucos.

La última opción posible con respecto al servicio militar, si bien no la más cómoda, era la de acogerse a la objeción de conciencia. Para ello, había que alegar motivos por convicciones de tipo religioso, ético, moral, humanitario, o filosófico. En 1985 se creó un reglamento sobre la objeción de conciencia, el cual establecía la creación de listas de objetores. Más de un millón de jóvenes se declararon objetores entre 1985 y 2000. Hasta ese momento, y por presión de los altos mandos del ejército, se consideraba la "objeción de conciencia" como una deserción y estaba penado con años de cárcel. Pero la generación de la democracia no estaba dispuesta a sufrir, aunque fuera por un periodo mínimo, la menor reducción de sus libertades en la práctica de la disciplina militar. Ya en 1985, la población española estaba a favor de un ejército profesional. Por otro lado, no existía el elemento de coacción que había existido durante el franquismo. En los años ochenta y noventa se veía el servicio militar obligatorio como algo que no tenía lugar en una sociedad libre, pero las voces que se manifestaban contra él eran principalmente las de los objetores de conciencia. El punto más importante en la actitud general con respecto a la mili fue la Guerra del Golfo Pérsico de 1991. Durante esta guerra se vieron en la TV imágenes de soldados jóvenes que cumplían el servicio militar y que embarcaban para dirigirse a la Guerra del Golfo. A ello se sumaban los datos de los accidentes, algunos de ellos mortales, que sufrían los muchachos mientras estaban en la mili, así como las imágenes de otros conflictos armados en los que participó el ejército español, como el de los Balcanes. Por todo ello, las cifras de la objeción de conciencia reflejaban que muchos jóvenes no estaban dispuestos a hacer la mili. No se trataba de un simple antimilitarismo. Era más bien una cuestión de las condiciones en las que se realizaba el servicio, junto a las connotaciones negativas que tenía el ejército en España.

El Gobierno del Presidente José María Aznar llegó también a esta conclusión y decretó el fin del servicio militar obligatorio en enero de 2002. Es decir, declaró la profesionalización del ejército. Un Real Decreto aprobado por el Consejo de Ministros así lo declaraba, y ofrecía además a quienes todavía tenían que cumplir el último servicio militar una serie de compensaciones económicas. El Real Decreto aprobado ponía fin a 231 años de vigencia en España del servicio militar obligatorio. El último servicio regular obligatorio tuvo una duración de nueve meses, en lugar de los doce que habían sido la norma anteriormente. En concreto, a aquellos soldados de reemplazo que se incorporaran en marzo y que aceptaran ahora prolongar su servicio durante tres meses, el Gobierno les ofrecía una paga de 1.200.000 de pesetas. Es decir, si en lugar de estar nueve meses se comprometían a estar un año, hasta marzo del 2002, recibirían el equivalente al salario anual de un soldado profesional.

En realidad, la intención detrás de este gesto del Gobierno era garantizar el número necesario de soldados en las fuerzas armadas, pues hasta esa fecha no se habían recibido suficientes solicitudes de incorporación de voluntarios para ser militares profesionales. Esta situación era más grave si se tenía en cuenta que en los últimos años, es decir, desde finales de los noventa, el número de soldados que se habían incorporado al servicio obligatorio había disminuido considerablemente. De hecho, en 2002, apenas había 16.000. El Gobierno tuvo un gesto más para con los participantes en el último año de la mili y esto consistió en expresar el "agradecimiento a los millones de españoles que, a lo largo de la Historia, han prestado honrosamente su servicio militar para garantizar la seguridad y la independencia de España". Además, el decreto de enero de 2002 incluía una amnistía para los más de un millón de jóvenes que se encontraban en situación de prórroga o en circunstancias análogas. Desde la fecha de publicación del Real Decreto serían un total de 1.039.625 jóvenes los que quedaron totalmente exonerados del servicio militar. Este avance del final de la mili también representaba el final de la prestación social sustitutoria para los objetores de conciencia.

El movimiento de objeción de conciencia no fue un fenómeno de la transición en España, sino que surgió también durante el régimen de Franco. De hecho, se puede decir que surgió en el momento en que el servicio militar se hizo obligatorio para el ciudadano. En particular, en España, el primer caso se dio en 1958, cuando por motivos religiosos, los Testigos de Jehová fueron los primeros en ser procesados por un crimen de desobediencia. Este delito estaba penado con condenas desde los seis meses hasta los seis años de cárcel. Dicho proceso podía repetirse cuando al terminar la condena, se llamaba de nuevo a filas al joven y, al declararse otra vez como objetor de conciencia, tenía que cumplir una nueva condena.

Las primeras protestas vienen de una organización no violenta, la Comunidad del Arca, que en 1967 envió cartas al Ministerio de Defensa con la petición de un Sistema Civil como alternativa al servicio militar. Con la publicidad que fue adquiriendo este movimiento, también se observa un cierto estigma asociado con la objeción. Por ejemplo, cuando en 1970 se presentó un proyecto de ley de objeción de conciencia ante las Cortes franquistas, se llegó a decir que representaba un ataque a la conciencia nacional y que los objetores necesitaban tratamiento psiquiátrico.

El proceso para lograr que se reconociera que había razones de peso para no querer aprender las técnicas de lucha fue largo. En 1971 Pepe Beunza se declaró objetor por defensa de la no violencia y su caso llegó a los medios de comunicación incluso de ámbito internacional. Pero en 1973, cuando se reformó el código de justicia militar, se incluía todavía una pena de tres a cuatro años cuando alguien se negara a prestar el servicio militar obligatorio, aunque se eliminaba la posibilidad de que se volviera a condenar a alguien tras negarse de nuevo a cumplir el servicio. Pepe Beunza siguió insistiendo, y en 1974 diseñó un proyecto de "Voluntariado para el Desarrollo" por el que los jóvenes que por razones de tipo ético, filosófico o ideológico no pudieran prestar el servicio militar, podían realizar dos años de este voluntariado. El Gobierno no hizo caso. De hecho, en 1975, cuando cinco jóvenes pusieron en práctica un servicio civil de más de seis meses y haciendo prácticas de ayuda social, al declararse públicamente como objetores, fueron detenidos. Entre 1958 y 1976 fueron a la cárcel 285 objetores de conciencia. Los que estaban todavía encarcelados en 1976 fueron puestos en libertad cuando se dio la amnistía general a los presos políticos, pero la legislación que los condenaba a prisión todavía estaba vigente.

No fue hasta que se aprobó el Real Decreto sobre Objeción de Conciencia más tarde en 1976 cuando se reconoció que por sólo motivos religiosos se podía prestar un servicio cívico de tres años de duración. Este Real Decreto fue rechazado por los objetores pues consideraban que no ofrecía un sistema regularizado de prestación de servicios, y que limitaba en exceso las razones para declararse objetor. Los arrestos de los objetores continuaron hasta bien entrado 1977, especialmente para quienes se declaraban objetores cuando estaban ya prestando el servicio militar.

En 1977 se creó el Movimiento de Objeción de Conciencia que se oponía a todo tipo de servicio, tanto militar como civil. El mensaje era ahora antimilitarista y no violento. Desde esta posición, no se aceptaba ni la posibilidad de sustituir el servicio militar por otro de cooperación social. Esto se ve como una forma de no cooperación con el ejército, tanto en su forma de lucha, como en los servicios de socorro que éste pudiera prestar. Ya en 1978 se empezaron a formar grupos de acción no violenta, que combinaban tanto el tema de la objeción de conciencia con el de la oposición a la entrada de España en la OTAN y a las bases militares norteamericanas. Este movimiento evoluciona paulatinamente hacia la insumisión.

En el movimiento de insumisión, se trataba de desobedecer la ley de objeción de conciencia, fuera la que fuera. Con este motivo, en 1984 se creó una campaña "antimili" y "mili kk" que buscaba la eliminación del servicio militar obligatorio, en su concepción más general. También se proponía la eliminación total del sistema militar, en un nuevo modelo de sociedad que siguiera consignas feministas y ecologistas. Así pues, el movimiento de objeción de conciencia se integró en un movimiento más general que simplemente la eliminación de las condenas por rehusar la prestación del servicio militar. Sin embargo, incluso durante los años ochenta, las actuaciones de los objetores que rehusaban hacer tanto la mili como el servicio sustitutorio todavía provocaban arrestos basados en lo que se calificaba como desobediencia civil. Así pues, en los ochenta, el movimiento de objeción de conciencia se define como "un movimiento político, radical y alternativo, dedicado específicamente al trabajo antimilitarista, y que participa solidariamente del desarrollo común de otras luchas revolucionarias".

Finalmente, en 1987, el Tribunal Constitucional, ante la queja presentada por el Defensor del Pueblo u Ombudsman español en 1985, declaró que la objeción es un derecho fundamental y no constitucional, que la condición de objetor la concede el Consejo Nacional de Objeción de Conciencia, y que cumplir un servicio sustitutorio de doble duración del militar penaliza al objetor. Pero el momento más crítico llegó en 1988, cuando el Gobierno se encontró con una gran acumulación de objetores, de modo que se vio obligado a conceder la amnistía a 22.000. Ello no fue obstáculo para que en 1988 se realizaran dos Consejos de Guerra a sendos insumisos. Todos estos procesos no terminarían hasta la eliminación del servicio militar obligatorio, algo que hizo feliz a más de un joven español, aunque puso fin a una gran fuente de historias que contar a la familia y amigos.

Para terminar, basten dos testimonios más de dos chiripitiflaúticos sobre sus vivencias con respecto a la mili.

> Fui objetor a la mili e insumiso a la Prestación Social Sustitutoria. Afortunadamente no tuve que pasar por ninguno de los dos trances. Con respecto a las historias que conocidos y amigos me han contado sobre el servicio militar, la mayoría son chuscas y un tanto miserables. Mejor pasarlas por alto.
>
> Joxemari, 1970, profesor de matemáticas

> Pasé muchos años de mi vida amargado porque sabía que algún día llegaría el momento de tener que "ir a la mili". Después de acabarla me lamenté de haberle dado tanta importancia. La viví como una especie de secuestro al que me sometió el Estado español. Al estar conviviendo largo tiempo con más gente sometida a las mismas presiones llegas a sentir una empatía profunda con los compañeros. Llega un momento que una vez "libre" echas de menos aquella "amistad". Éramos utilizados como mano de obra gratuita al servicio de los militares. En mi caso estuve en un economato militar como almacenista, vendedor y encargado de la contabi-

lidad, según iban pasando los meses. Quisieron usarme para dar clases particulares de inglés a la mujer de uno de los sargentos. También fui consciente de la cantidad de analfabetos que había en este país por aquella época.

Xoan, 1965, actor y director de escena

SACADO DEL TEXTO: JERGA Y ESTILO

¡Qué aburrimiento! Para ahora todos estamos cansados de las historias de la mili. El juego siguiente consiste en figurarse qué reacción tendría una persona que escuche las siguientes afirmaciones en el contexto de varias conversaciones sobre la mili. Decida junto con un compañero y comparen sus respuestas con las del resto de la clase.

"*Las pasé canutas* porque teníamos un sargento que era el puro diablo; no nos permitía ni un error."

"Después de una semana de instrucción *nos espabilamos* todos y aprendimos que esa experiencia no era broma."

"Ahora que *tengo la mili calentita*, me acuerdo muy bien de todas las historias, y me encanta compararlas con las de otros amigos."

"La verdad es que *tuve un enchufe*, mi padre conocía a alguien en la Comandancia de Marina, y me pasé la mili trabajando en una oficina, sin guardias ni nada."

"Ignacio *se libró de la mili* por algo así como los pies planos."

"Esa noche me tocaba hacer guardia en el cuartel pero estaba tan cansado que *ni tenía ganas*."

"La verdad es que el tío tiene una suerte que no se puede creer."

"Ya verás como nunca se te olvida, aunque pasen los años, y te acordarás como ahora, con la mili recién cumplida."

"Es que ya era hora de que supieras que la mili es algo serio y no se puede ir a dormir."

"Es normal que no quisieras, a nadie le gusta hacer ese trabajo."

"Claro, ya te entiendo. Es que a veces nos toca trabajar con personas que son unos huesos y realmente nos hacen sufrir."

"¡Qué cara! Con esos contactos, yo también hubiera disfrutado la mili."

Después de completar esta actividad se propone que entre toda la clase determinen el significado de la jerga descubierta.

¿Cuánto han aprendido? Revise las respuestas que dio inicialmente a las preguntas para el análisis y compare con las respuestas que daría tras leer la sección anterior. Compare sus conclusiones con las de otro compañero y hagan una lista de los conceptos aprendidos, y que desconocían antes de la lectura, para presentar al resto de la clase.

Ensayos

Para escribir los textos que se proponen a continuación es necesario investigar en internet para conocer más en profundidad los temas relacionados con el ejército español, la participación de España en alianzas militares, así como las reacciones ante el golpe del 23F. Busque la información y combínela con las ideas que ya ha aprendido a través de las lecturas de este capítulo.

1. **Los militares de la Segunda República.** Investigue en internet las medidas de compensación que el Gobierno español está instituyendo para los militares de la Segunda República, es decir, para los militares que defendieron el orden democrático ante el golpe militar de Franco en 1936. Escriba un informe sobre las penurias que pasaron y las compensaciones que ahora reciben ellos o sus descendientes.

2. **Los peligros de la mili.** Busque información sobre los riesgos que corrían los jóvenes cuando la mili era obligatoria por los accidentes que se producían. De hecho, ocurrían muertes de forma regular, lo cual sensibilizó la opinión pública. Escriba un ensayo sobre este tema, indicando las consecuencias que tuvo en la opinión sobre el servicio militar obligatorio.

3. **Integración de España en la OTAN.** Investigue en internet información sobre el actual nivel de participación de España en la OTAN, y en otras alianzas militares. Incluya también una referencia a la opinión pública sobre el gasto militar que se deriva de estos compromisos.

4. **El 23F.** A casi treinta años de la intentona de 1981, vale la pena examinar las reacciones que suscita todavía este evento. Investigue en internet sobre el golpe, las opi-

niones actuales y, si pudiera encontrar información, sobre la reacción del propio ejército.

5. **Lo que he aprendido.** Al inicio de este capítulo usted respondió a varias preguntas que le hicieron reflexionar sobre lo que ya conocía sobre España o lo que suponía después de haber leído otros capítulos. Tras la lectura de toda la información que se ha ofrecido sobre el tema del ejército, es posible que tenga una respuesta un tanto diferente y posiblemente más complicada. Escriba un ensayo en el que examine todo lo que ha aprendido, así como cuáles eran sus ideas preconcebidas iniciales.

Debate: ¿Servicio militar obligatorio?

Todavía hay países en los cuales hay un servicio militar obligatorio como una forma de suplementar la seguridad nacional, preferentemente en democracias. La conscripción obligatoria es siempre problemática pues supone una forma de coacción, y por eso con frecuencia se suscita el debate. Toda la clase, dividida en dos equipos, investiga el tema en internet: los países, las quejas, la controversia, los aspectos positivos.

Equipo A. Este equipo defiende la postura de que el servicio militar obligatorio es necesario para la seguridad nacional y que resulta del compromiso de la población para con su país. Más que una obligación, se trata de un honor.

Equipo B. Este equipo defiende que no se puede obligar a ningún ciudadano libre a someterse al aprendizaje de cómo matar o de cómo contribuir a perpetuar los conflictos armados. Esto es una opción personal que de ningún modo debería imponerse en el individuo.

Cuéntame cómo pasó – Episodio 36: "B-1 Hundido"

Resumen del episodio: Antonio sigue soñando con comprarse un coche. Don Pablo le enseña sus trampas para comprarse el mítico Seat 1430 sin necesidad de pagar las letras o facturas. Alcántara, más honesto que su jefe, comienza por sacarse el carné de conducir. Lola, la secretaria de la constructora, le aconseja que lleve chuletas al examen teórico.

En el otoño de 1969 muchos españoles son evacuados de Guinea, la antigua colonia, en vista de la política del presidente de aquel país, Francisco Macías. Mientras, en España, Toni intenta librarse del servicio militar.

Mercedes, entre tanto, sigue con su idea de hacerse cargo de una niña que encontró en la calle, a la que va a ver al hospital cada día, lo que la lleva a encariñarse de ella. El cura Eugenio, que la ayuda en las gestiones de la adopción, le recrimina que no haya dicho nada del asunto a Antonio, quien ya empieza a sospechar.

Inés, junto con Pili, intenta modernizar la boutique vendiendo ropa para jóvenes que le han traído desde Londres, lo que provoca un abierto enfrentamiento con su madre, que no quiere permitirlo. Las dos amigas deciden pegar carteles por el barrio para dar salida a las prendas. Sin embargo, a Carlos se le ocurre un mejor destino para la ropa.

Por su parte, Tinín está de viaje por Asturias y deja el bar a cargo del abuelo y de la madre de Josete. Antes de irse, guarda en la bodega un loro que un amigo suyo venido de Guinea ha dejado a su cuidado por unos días. El pájaro es detenido por subversivo.

Contexto: Antonio es un pluriempleado, como muchos españoles de su época. Investigue en la web qué significa este término y explique a la clase la información que ha encontrado.

Reflexiones de Carlitos: En varias partes del episodio es posible oír la voz de Carlitos ya adulto, que reflexiona sobre los cambios vividos por la sociedad española. Escuche con atención durante el episodio y escriba un resumen de lo que Carlitos dice desde la perspectiva del presente. Compare su resumen con el de un compañero. ¿Han entendido algo diferente? Pregunten al profesor si les quedan dudas. ¿En qué áreas dice Carlitos que ha cambiado la sociedad española en estos cuarenta años?

PREGUNTAS PARA EL ANÁLISIS

1. ¿Qué intenta hacer Toni? ¿Por qué es esto tan importante para él? Comenten las acciones de Toni en referencia a los temas vistos en esta lección sobre la mili.

2. ¿Cuál es la postura de Antonio, el padre, con respecto al servicio militar? Comenten las diferencias entre ambas generaciones. ¿Qué creen que ha cambiado en España para explicar estas diferencias?

3. ¿Qué simboliza el episodio del loro en el contexto del final del franquismo?

4. ¿Qué diferencias sociales hay entre don Pablo y Antonio? ¿En qué escenas se observan?

5. ¿Qué temas de los reflejados en este episodio tienen una conexión con lo discutido en este capítulo? ¿Qué nos dicen sobre el cambio en la sociedad española: ocurrió

sólo durante la transición o se podían ver las bases ya a finales de los sesenta? Justifique su respuesta.

Imagine el diálogo: Cuando Antonio decide hacer el examen de conducir para sacarse el permiso, la secretaria de don Pablo le sugiere que use una "chuleta", es decir, que haga trampa llevando un papel con información al examen. Antonio tiene miedo de suspender el examen de conducir porque cree que su familia no le respetaría; es demasiado honesto. En clase, en parejas, se improvisarán diálogos entre don Pablo y Antonio sobre la honestidad siguiendo estos pasos preparatorios:

1. Vea otra vez el episodio y anote todas las expresiones coloquiales que pueda identificar. Compare su lista con las del resto de la clase.

2. Con un compañero, decida dos razones por las que don Pablo considera correcto hacer trampas, y dos razones por las que Antonio no lo considera correcto.

3. Improvisen un diálogo entre estos personajes sobre el tema de la trampa en los exámenes y a la hora de comprar cosas importantes.

Muchos emigrantes y exiliados salieron de España para escapar de la persecución franquista o para buscar mejores oportunidades económicas. © Alain M. Urrutia.

Epílogo
País de emigrantes, país de inmigrantes

Los siglos XX y XXI están llenos de experiencias de desarraigo y traslados forzosos. Esto ha provocado movimientos de gente que fue desplazada por motivos de guerras, conflictos armados y penuria económica. Nuestra propia experiencia personal nos hace conscientes de dichos problemas. Puede que tengamos un amigo, vecino o conocido que haya tenido que abandonar su país de origen.

Aunque la experiencia de los exiliados de la Guerra Civil española no es algo que afectó directamente a la mayor parte de la generación de los nacidos en los sesenta, el renovado interés en las vidas de estas personas es uno de los capítulos pendientes de la posguerra, y sólo ahora recibe la atención que merecía. Sin embargo, los exiliados políticos no fueron los únicos que tuvieron que abandonar su patria. Muchos otros españoles emigraron al norte de Europa en busca de mejores oportunidades de trabajo. Este otro "exilio" económico tuvo lugar entre los años cincuenta y sesenta, y contrasta en gran medida con el fenómeno de inmigración masiva que España ha experimentado en los últimos quince años.

Recientemente se ha comenzado a escribir sobre el olvido de quienes se vieron forzados a abandonar España durante la Guerra Civil y en los años inmediatamente posteriores a ella. Hasta hace poco tiempo, sus historias personales, sus salidas forzadas y sus regresos fueron ignorados, así como sus contribuciones a la cultura y la economía de los países que los acogieron y, por supuesto, a la de la misma España. Valga de tributo este epílogo, aunque sea sólo una breve referencia a las agonías del exilio.

El exilio de los años inmediatamente posteriores a la Guerra Civil dejó a España sin profesores, catedráticos, científicos y pensadores. En efecto, no sólo fueron científicos y académicos quienes salieron de España en los años de la posguerra. Muchos otros españoles llegaron a Francia, México, Argentina, Uruguay, Cuba y Venezuela porque habían perdido su puesto de trabajo o se sentían perseguidos por el régimen. Llegaron sin apenas dinero ni pertenencias, sabiendo que no podrían regresar a su país mientras hubiera una dictadura. Ellos tuvieron que encontrar nuevas formas de ganarse la vida, una nueva sociedad, nuevas costumbres. Su experiencia es la del esforzado trabajo por sacar a la familia adelante, mientras se recordaba a España con una enorme nostalgia.

Ésta es la misma nostalgia que vivió el emigrante que tuvo que buscar oportunidades económicas en otro país, y que mandaba remesas a la familia en España. Ellos, sin embargo, podían aliviar esa nostalgia pasando las vacaciones en el pueblo. Son un ejemplo de cómo muchos españoles no salieron de España por motivos únicamente políticos. La penuria económica de varias regiones españolas hasta bien entrados los años sesenta, combinada con un incipiente pero insuficiente desarrollo económico durante esa década, hizo que muchas familias buscaran en el norte de Europa nuevas oportunidades para ganarse la vida. Su experiencia fue soslayada, tanto por el gobierno franquista que se negaba a reconocer sus fallos en el terreno económico, como por los primeros gobiernos de la democracia, que tenían objetivos de mayor premura. Ya que los primeros años de la democracia representaron un periodo de dificultades económicas – crisis del petróleo, reestructuración industrial, pérdidas de grandes número de empleos – los primeros gobiernos de la democracia no pudieron acoger de regreso a quienes salieron de regiones como Galicia, Extremadura y Andalucía.

Sólo en años recientes, con el crecimiento económico que ha experimentado España, ha sido posible tender una mano a los emigrantes para que regresen a su país de origen. España ha dejado de ser un país de emigrantes, para convertirse en un país con lo que la prensa y el Gobierno consideran "un problema de inmigración." El gobierno español ha tratado de incluir en su programa de bienestar social – subsidio de desempleo, pensiones y asistencia sanitaria – a los emigrantes españoles que llenaron el norte

La nueva realidad de la inmigración no está exenta de peligros y de tragedias, como en la llegada a las costas españolas en pequeños cayucos. © Alain M. Urrutia.

de Europa en las décadas anteriores. Se intenta reconocer y repagar la deuda que el país contrajo con quienes, gracias a sus remesas de dinero, hicieron posible el "milagro español". El dinero que enviaron hizo que sus familiares pudieran estudiar o montar un pequeño negocio. Junto a estos emigrantes económicos, también los exiliados han comenzado a recibir tributos y compensaciones económicas.

Por otro lado, España ha pasado de ser un país de emigrantes a ser un destino de inmigración. Esta masiva llegada de inmigrantes a España ha tomado al país por sorpresa, y los españoles se esfuerzan por integrar, hacer frente o simplemente oponerse a la presencia de personas de variadísimos orígenes. El nuevo fenómeno de la inmigración no es sólo cifras, sino que representa historias personales sobre los motivos que mueven a gente de diversa procedencia a arriesgarse en un viaje frecuentemente hecho por mar y plagado de peligros. La cuestión de la inmigración no pertenece al tema central de este libro, que es el de la transición a la democracia y los cambios políticos y sociales que la hicieron necesaria. Sin embargo, el claro contraste que presenta con las historias de emigración y exilio hace que se incluya esta breve referencia al mismo y que se explore mediante un debate y un episodio de la serie *Cuéntame cómo pasó*.

Debate: ¿Se debe dar compensaciones económicas y beneficios sociales a exiliados y emigrados?

Dos equipos. Se propone investigar sobre los actos de reconocimiento y las medidas de compensación que el gobierno español ha establecido recientemente para rendir homenaje y repagar tanto a exiliados de la Guerra Civil como a emigrantes económicos de los cincuenta y sesenta. Hay una gran variedad de sitios en internet y pueden ofrecer las bases para el razonamiento de las dos posturas en este debate.

Equipo A. Defiende la postura de que el gobierno español actual no está obligado a compensar a la gente que salió de España por decisión propia. Cada uno de ellos ha construido una nueva vida en otros países, y con frecuencia disfrutan de los sistemas de bienestar social que dichos países puedan brindar.

Equipo B. Defiende la postura de que estos españoles que salieron de España no lo hicieron por propia voluntad y que contribuyeron en gran medida al bienestar común, bien por sus contribuciones a la ciencia, o bien con sus remesas de dinero. A ellos se les debe repagar por su sufrimiento y por la ayuda que prestaron a España.

Cuéntame cómo pasó – Episodio 38: "Con la frente marchita"

Resumen del episodio: La familia Alcántara se prepara para la visita de un tío de la Argentina. Como muchos españoles, este tío salió del país y emigró a la Argentina buscando la prosperidad económica que este país prometía. La situación ha cambiado y la fortuna que hizo el tío apenas le da para vivir. La familia no sabe nada de esto y será una gran sorpresa cuando se den cuenta. La situación de la Argentina contrasta ya con la promesa de prosperidad económica en España. En este respecto, Antonio y don Pablo quieren ampliar una empresa de construcción de apartamentos y buscan inversores.

Por otro lado la abuela Pura, madre de Antonio, está pasando unos días con la familia y su presencia y actitud negativa crea tensiones entre todos. Parece como si nada de lo que Antonio ha logrado en la vida tuviera ninguna importancia para ella.

Mercedes sigue adelante con su intento de conseguir la custodia de una niña a la que encontró abandonada en la calle. La bebé ha despertado de nuevo sus deseos maternales, pero Antonio todavía no sabe nada de este tema.

En la parroquia, don Eugenio decide organizar la representación de una obra teatral inglesa y busca actores en el barrio. Inés no quiere participar, pero al final la convencen, y se une a un grupo de gente que empiezan a interesarse por la cultura de más allá de las fronteras de España.

Contexto: La Argentina recibió a muchos emigrantes españoles durante el siglo XX. Ello se debió, en gran parte, a la prosperidad económica de ese país. Investigue en internet las épocas de prosperidad económica que tuvo la Argentina en su relación con las oleadas de inmigrantes llegados de España.

Reflexiones de Carlitos: En varias partes del episodio es posible oír la voz de Carlitos ya adulto, que reflexiona sobre los cambios vividos por la sociedad española, especialmente al final del episodio y en lo referente al fenómeno de la inmigración. Escuche con atención durante el episodio y escriba un resumen de lo que Carlitos dice sobre los emigrantes que salieron de España y los inmigrantes que entran ahora. Compare su resumen con el de un compañero. ¿Han entendido algo diferente? Pregunten al profesor si les quedan dudas. ¿En qué aspectos creen que ha cambiado España en cuanto al tema de emigración / inmigración?

PREGUNTAS PARA EL ANÁLISIS

1. La familia está interesada de una forma un tanto inocente en una posible herencia del tío de la Argentina. ¿Por qué consideran que tendrían derecho a ella?

2. ¿Qué perspectiva de la conquista de las Américas da el maestro a la clase de Carlitos? ¿Qué aprendieron los chiripitifláuticos como Carlitos sobre este periodo de la historia de España?

3. ¿Qué representa la iniciativa de poner en escena una obra teatral en la parroquia?

4. ¿Qué causas hay para la tensión que crea la abuela Pura?

5. ¿Por qué es tan importante que Antonio haga un buen papel cuando le invitan a ver un partido de fútbol en el estadio Santiago Bernabéu?

6. ¿Qué temas de los reflejados en este episodio tienen una conexión con el tema del epílogo?

Imagine el diálogo: En varias partes del episodio se habla de la "coyuntura" económica de España y de la Argentina. Esto significa, a grandes rasgos, un momento de transición o de cambio en las condiciones económicas de un sistema. En clase, en parejas, se improvisará un diálogo basado en este episodio siguiendo estos pasos preparatorios:

1. Vea otra vez el episodio y anote todas las expresiones coloquiales y vocabulario nuevo que pueda identificar. Compare su lista con las del resto de la clase y hagan una lista común.

2. Con un compañero, decida dos razones por las que un español pudo decidir salir de España para irse a la Argentina, y dos razones por las que otro español decidió quedarse.

3. Improvisen un diálogo entre estas personas y usen al menos tres de las expresiones de la lista configurada por la clase.

Bibliography

Aguirre Herreros, Pedro José. "Respuesta a la opinión de siete rectores." *El País*: July 21, 1987. http://www.elpais.com/articulo/sociedad/TRIBUNAL_SUPREMO/Respuesta/opinion/rectores/elpepisoc/19870721elpepisoc_3/Tes/.

Bedoya, Juan. "El poder de los obispos españoles." *El País*: November 21, 2005. http://www.elpais.com/articulo/elpporsoc/20051121elpepisoc_1/Tes.

Cortes Generales. *Constitución española de 27 de diciembre de 1978*. Madrid: 1978. http://www.boe.es/g/es/bases_datos/doc.php?coleccion=iberlex&id=1978/31229.

Cortes Generales. *Ley General de Educación*. Madrid: 1970. http://www.cyberpadres.com/legisla/boe_14.pdf.

Cortes Generales. *Ley Orgánica de Ordenación General del Sistema Educativo*. Madrid: 1990. http://www.mepsyd.es/mecd/atencion/educacion/hojas/E_SistemaEduc/e-1-4.htm.

Cortes Generales. *Real Decreto-Ley 24/1977, Ley de Prensa*. Madrid: 1977. http://www.boe.es/g/es/bases_datos/doc.php?coleccion=iberlex&id=1977/09008.

Díaz-Plaja, Fernando, and William W. Cressey. *La España que sobrevive*. Washington, D.C.: Georgetown University Press, 1997.

Elguero, Ignacio. *Los niños de los chiripitifláuticos*. Madrid: La esfera de los libros, 2004.

Hermoso, Borja. "1977–1997: Dos décadas de cine sin tijeras." *El Mundo*: July 12, 1997. http://www.elmundo.es/1997/12/07/cultura/07N0095.html.

Moliner, Empar. "Liberación femenina." *El País*: May 19, 2008. http://www.elpais.com/articulo/cataluna/Liberacion/femenina/elpepiespcat/20080519elpcat_5/Tes.

Moncada, Alberto. *Religión a la carta*. Madrid: Espasa Calpe, 1996.

313

Moradiellos, Enrique. "Uso y abuso de la historia: la Guerra Civil." *El País*: October 31, 2005. http://www.elpais.com/articulo/opinion/Uso/abuso/historia/Guerra/Civil/elpepiopi/20051031elpepiopi_9/Tes?print=1.

Muñoz Molina, Antonio. "La cara que veía en todas partes." *El País Digital*: November 25, 2000.

Primo de Rivera, Pilar. *Discurso en la concentración de Medina*: 1939. http://www.scribd.com/doc/12741626/Pilar-Primo-de-Rivera-Escritos.

Soto, Álvaro. *Transición y cambio en España: 1975–1996*. Madrid: Alianza Editorial, 2005.

Tarancón, Vicente Enrique (Cardenal). *Homilía ante el Rey, 22 de noviembre de 1975*. http://www.cardenaltarancon.org/descargas/pdf/homilia_rey.pdf.

Vatican. *Concordato entre la Santa Sede y España*. Vatican City: 1953. http://www.vatican.va/roman_curia/secretariat_state/archivio/documents/rc_seg-st_19530827_concordato-spagna_sp.html.

Sitios web de interés

Asociación para la recuperación de la memoria histórica: http://www.memoriahistorica.org

Cuéntame cómo pasó, serie de televisión: http://www.rtve.es

Espacio para el recuerdo: http://www.teacuerdas.com/nostalgia-series-chiripiti.htm

Instituto de la Mujer: http://www.migualdad.es/mujer

Instituto Nacional de Estadística: www.ine.es

Más recursos sobre la memoria histórica: http://leymemoria.mjusticia.es/

Periódico *ABC*: www.abc.es

Periódico *El Correo Español*: www.elcorreodigital.com

Periódico *El Mundo*: www.elmundo.es

Periódico *El País*: www.elpais.es

Sitio del gobierno andaluz: www.juntadeandalucia.es

Sitio del gobierno aragonés: www.aragon.es

Sitio del gobierno asturiano: www.asturias.es

Sitio del gobierno balear: www.caib.es

Sitio del gobierno canario: www.gobiernodecanarias.org

Sitio del gobierno cántabro: www.gobcantabria.es

Sitio del gobierno castellano-leonés: www.jcyl.es

Sitio del gobierno castellano-manchego: www.jccm.es

Sitio del gobierno catalán: http://www.gencat.net/

Sitio de la Comunidad de Madrid: www.madrid.org

Sitio del gobierno extremeño: www.juntaex.es

Sitio del gobierno gallego: www.xunta.es

Sitio del gobierno navarro: www.cfnavarra.es

Sitio del gobierno riojano: www.larioja.org

Sitio del gobierno valenciano: www.comunitatvalenciana.com

Sitio del gobierno vasco: http://www.euskadi.net/r33-2219/es/

Credits

1. Portions of Ignacio Elguero's *Los niños de los chiripi-tifláuticos* reprinted with permission from the author.
2. Portions of Álvaro Soto's *Transición y cambio en España: 1975–1996* reprinted with permission from the author.
3. Pedro José Aguirre Herreros's article "Respuesta a la opinión de siete rectores" (*El País*, July 21, 1987) reprinted with permission from Prisacom, S.A.
4. Juan Bedoya's article "El poder de los obispos españoles" (*El País*, November 21, 2005) reprinted with permission from Prisacom, S.A.
5. Borja Hermoso's article "1977–1997: Dos décadas de cine sin tijeras" (*El Mundo*, July 12, 1997) reprinted with permission from Unidad Editorial Internet, S.L.
6. Empar Moliner's article "Liberación femenina" (*El País*, May 19, 2008) reprinted with permission from Prisacom, S.A.
7. Enrique Moradiellos's article "Uso y abuso de la historia: la Guerra Civil" (*El País*, October 31, 2005) reprinted with permission from Prisacom, S.A.
8. Antonio Muñoz Molina's article "La cara que veía en todas partes" (*El País Digital*, November 25, 2000) reprinted with permission from Prisacom, S.A.